4° Lf 132 176

1886

Waldeck-Rousseau

Rapport... sur l'exécution de la loi du 23 écembre 1874 relative à la protection du premier âge

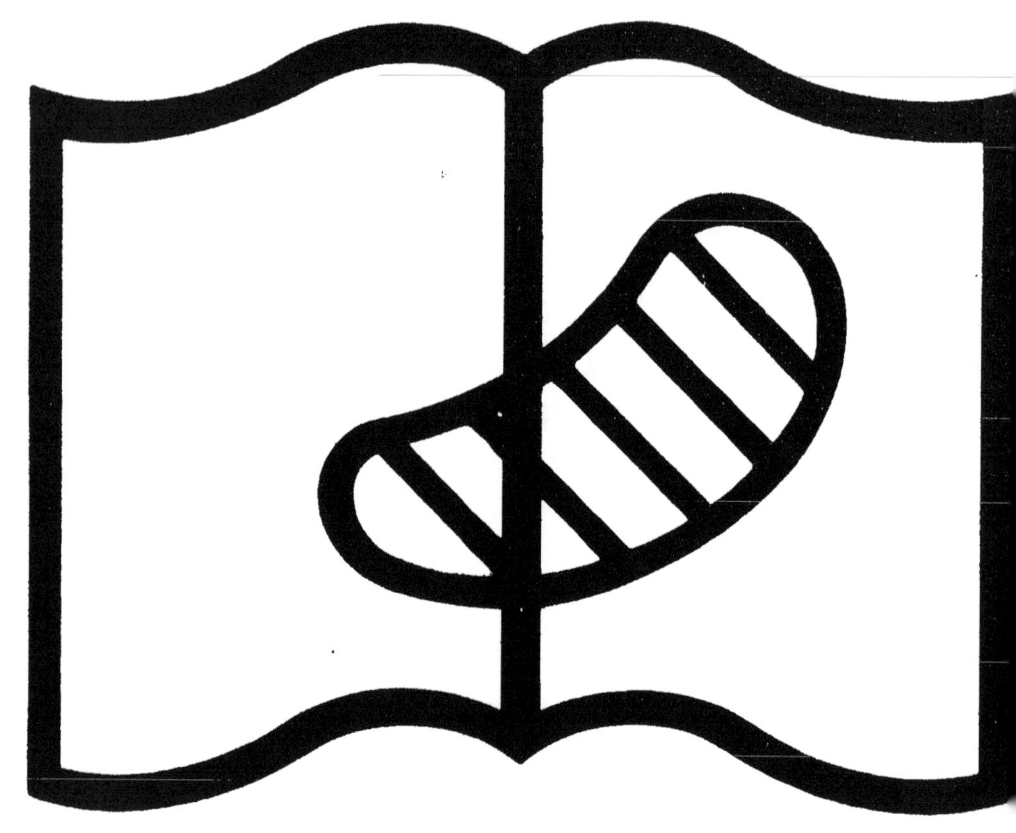

**Symbole applicable
pour tout, ou partie
des documents microfilmés**

Original illisible

NF Z 43-120-10

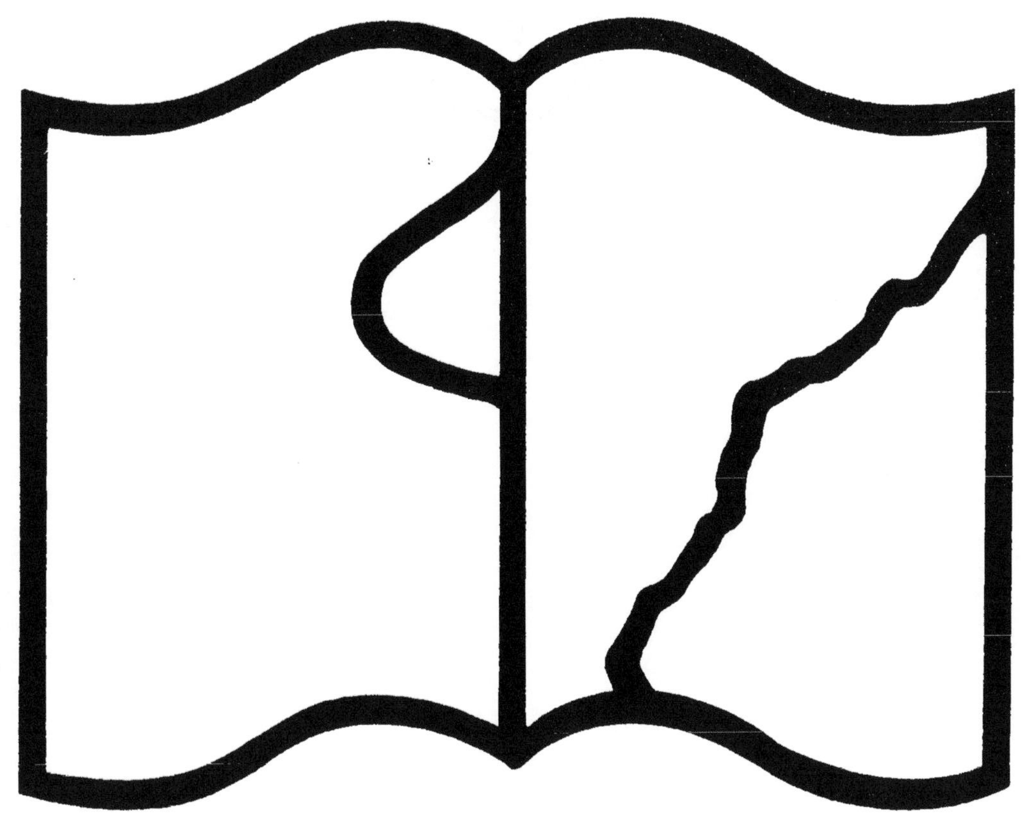

**Symbole applicable
pour tout, ou partie
des documents microfilmés**

Texte détérioré — reliure défectueuse

NF Z 43-120-11

RAPPORT

ADRESSÉ

AU PRÉSIDENT DE LA RÉPUBLIQUE

SUR

L'EXÉCUTION DE LA LOI DU 23 DÉCEMBRE 1874

RELATIVE A LA PROTECTION DU PREMIER AGE

PARIS

IMPRIMERIE DES JOURNAUX OFFICIELS

31, QUAI VOLTAIRE, 31

1886

RAPPORT

AU PRÉSIDENT DE LA RÉPUBLIQUE

SUR

L'EXÉCUTION DE LA LOI DU 23 DÉCEMBRE 1874

RELATIVE A LA PROTECTION DU PREMIER AGE

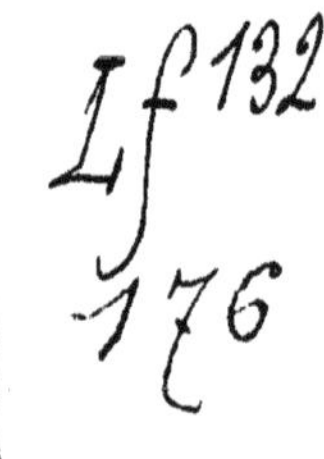

RAPPORT

ADRESSÉ

AU PRÉSIDENT DE LA RÉPUBLIQUE

SUR

L'EXÉCUTION DE LA LOI DU 23 DÉCEMBRE 1874

RELATIVE A LA PROTECTION DU PREMIER AGE

PARIS

IMPRIMERIE DES JOURNAUX OFFICIELS

31, QUAI VOLTAIRE, 31

1886

RAPPORT

ADRESSÉ

AU PRÉSIDENT DE LA RÉPUBLIQUE

SUR

L'EXÉCUTION DE LA LOI DU 23 DÉCEMBRE 1874

RELATIVE A LA PROTECTION DU PREMIER AGE

Paris, le 30 janvier 1885.

MONSIEUR LE PRÉSIDENT,

J'ai l'honneur de vous soumettre mon rapport sur l'application de la loi du 23 décembre 1874, relative à la Protection des enfants du premier âge. Mon intention est de vous présenter ici les considérations générales que me suggère l'état de service et de rappeler, dans ses principaux traits, la réglementation en vigueur; je m'attacherai également à combattre les critiques dont elle est encore l'objet. On prétend qu'elle édicte un véritable luxe de formalités, qu'elle amène des complications excessives; un certain nombre des documents reçus par les préfets, et transmis à mon administration, contiennent l'expression, parfois très vive, de ces griefs. Les réfuter, c'est seconder l'œuvre de la Protection, car ils ne sont pas une des moindres causes du retard que subit son développement.

D'autre part, je ferai suivre le présent rapport d'un travail d'ensemble, de notices spéciales concernant les départements où les éléments d'une étude de détail m'ont été fournis, ceux notamment où l'inspection médicale fonctionne.

A raison de la publicité que mon rapport est appelé à recevoir selon le vœu du législateur, il m'a semblé utile de reproduire dans ce document les observations les plus importantes qui figurent, soit dans les instructions de mes prédécesseurs, soit dans les miennes, et qu'il y a tout avantage à mettre en lumière. C'est ainsi que je crois devoir placer sous vos yeux la plus grande partie des considérations dont je faisais part aux préfets dans ma circulaire du 19 juillet dernier.

Le programme que s'est tracé le législateur se résume, le caractère à la fois bienfaisant et patriotique de son œuvre s'affirme dans l'article 1er de la loi de 1874 aux termes duquel « tout enfant âgé de moins de deux ans, qui est placé moyennant salaire en nourrice, en sevrage ou en garde, hors du domicile de ses parents, devient par ce fait l'objet d'une surveillance de l'autorité publique ayant pour but de protéger sa vie et sa santé ».

La prescription est générale ; elle s'étend à tout le territoire : obligatoire partout, elle sera partout salutaire.

Aucune distinction n'est établie entre les départements où s'exerce l'industrie nourricière proprement dite et ceux où il est admis, souvent sur la foi d'informations très superficielles, qu'il n'existe qu'un petit nombre d'enfants placés en nourrice, en sevrage ou en garde. Tous les enfants, réunissant les conditions fixées par l'article 1er de la loi, ont droit à la protection qu'elle institue : beaucoup d'entre eux ne l'obtiennent pas.

Cette constatation est également commandée par le respect de la vérité et par l'intérêt du service ; pour arriver à combler les énormes lacunes de l'organisation actuelle, il est indispensable de les mettre en évidence avec une entière franchise, de ne point pallier la situation à la faveur de ces appréciations optimistes dont mes prédécesseurs ont reconnu le danger et qui n'ont pas cessé d'avoir cours.

Comme je l'écrivais aux préfets, des efforts énergiques ont été faits, dans un certain nombre de départements, en vue de l'exécution de la loi Roussel, et d'importants résultats ont été obtenus. Toutefois, elle est loin d'avoir porté les fruits qu'en espérait le législateur et qu'elle produirait certainement si elle était partout obéie. Près de dix ans après sa promulgation, il y a des départements où elle n'est appliquée que d'une manière extrêmement défectueuse; il en est même où elle est jusqu'à présent restée lettre morte.

Il ne serait néanmoins ni équitable, ni utile de laisser dans l'ombre les progrès accomplis ; deux faits suffisent à les prouver :

1° L'augmentation des ressources du service ;
2° L'extension de l'inspection médicale des enfants du premier âge.

Le tableau suivant fait ressortir les accroissements successifs, à partir de 1878, des crédits votés par les conseils généraux en vue de la Protection infantile ;

la moitié de la dépense est, je le rappelle, remboursée par l'Etat, en conformité de l'article 15 de la loi :

1878	543.346 13
1879	718.808 »
1880	764.055 »
1881	851.570 »
1882	971.071 50
1883	1.278.160 25
1884	1.394.199 82

La dotation du service s'est donc, pendant cette période de sept ans, élevée de 543,346 fr. à 1,394,199 fr. Il est juste d'ailleurs de prendre l'année 1878 comme point de départ : le règlement d'administration publique est du 27 février 1877 ; il est postérieur de plus de deux ans à la promulgation de la loi. Les budgets départementaux de 1878 sont en conséquence les premiers que les conseils généraux aient voté, en ayant sous les yeux le règlement susvisé, complétement prévu et nécessaire de la loi de 1874.

Dans sept départements, le conseil général n'a pas alloué de crédit pour l'application de la loi pendant les années 1883, 1884 et 1885, ou n'a voté qu'une somme absolument insuffisante même pour le payement des imprimés réglementaires ; on ne peut donc dans ces départements assurer le premier degré du fonctionnement du service (délivrance des certificats et carnets, et tenue des registres.)

Départements qui ne disposent d'aucun crédit.

Ardèche	(depuis	1878)
Dordogne	(—	1881)
Ille-et-Vilaine	(—	1877)
Orne, ...	(—	1877)

Départements où le crédit voté est si exigu qu'il ne peut avoir aucun effet utile.

Corrèze, en 1883 et 1884	400 fr.
— en 1885.	200 fr.
Indre	200 fr.
Tarn.	100 fr.

Dans deux autres départements, le crédit a été supprimé pour 1885 ; le fonctionnement du service, malgré les allocations antérieurement votées par le conseil général, n'avait pu être obtenu.

Ce sont la Charente (crédit supprimé pour 1884 et 1885) et le Maine-et-Loire (crédit supprimé pour 1885.)

Il reste donc 78 départements où la loi est appliquée dans des conditions diverses.

L'inspection médicale des enfants du premier âge, c'est-à-dire l'œuvre essentielle de la Protection n'existait en 1878 que dans 26 départements (20 à titre définitif et 6 en conformité d'une autorisation provisoire); en 1884, elle fonctionnait régulièrement dans 59 départements.

Ces 59 départements sont les suivants :

Honoraire par visite (49 départements).

Ain.	Marne.
Allier.	Mayenne.
Ardennes.	Meurthe-et-Moselle.
Ariège.	Morbihan.
Aube.	Nièvre.
Aude.	Nord.
Aveyron.	Oise.
Bouches-du-Rhône.	Pas-de-Calais.
Calvados.	Puy-de-Dôme.
Cher.	Rhône.
Côte-d'Or.	Saône (Haute-).
Doubs.	Sarthe.
Eure-et-Loir.	Savoie.
Gard.	Savoie (Haute-).
Gers.	Seine-Inférieure.
Gironde.	Seine-et-Marne.
Hérault.	Sèvres (Deux-).
Indre-et-Loire.	Somme.
Isère.	Var.
Jura.	Vaucluse.
Loir-et-Cher.	Vienne.
Loire.	Vienne (Haute-).
Loiret.	Vosges.
Lot-et-Garonne.	Yonne.
Lozère.	

Honoraire par abonnement annuel et par enfant (8 départements).

Aisne.	Garonne (Haute-).
Alpes (Basses-).	Loire (Haute-).
Alpes (Hautes-).	Saône-et-Loire.
Drôme.	Seine-et-Oise.

Indemnité fixe annuelle par circonscription (2 départements).

Alpes-Maritimes.	Seine.

En outre, dans la Charente-Inférieure et dans la Manche, quelques médecins ont bien voulu se charger provisoirement de la surveillance à titre gratuit, jusqu'au vote par le conseil général des fonds nécessaires à une organisation définitive.

Dans deux départements, Eure et Tarn-et-Garonne, le service médical est en voie d'organisation.

Le service de la Protection infantile se partage en deux branches, très distinctes en apparence, étroitement connexes en réalité : l'une comprend l'ensemble des formalités et l'autre l'ensemble des mesures de surveillance dont l'enfant doit être l'objet.

A défaut d'une expression consacrée par la loi, on pourrait désigner l'ensemble des formalités en question sous le nom de comptabilité infantile.

Parmi ces formalités, les unes incombent aux parents et aux nourrices, les autres aux municipalités : elles intéressent à un si haut degré l'économie tout entière de la Protection qu'il me paraît utile de les rappeler ici, en reproduisant les termes mêmes de la loi et du règlement.

« Toute personne qui place un enfant en nourrice, en sevrage ou en garde, moyennant salaire, est tenue, sous les peines portées par l'article 346 du code pénal, d'en faire la déclaration à la mairie de la commune où a été faite la déclaration de naissance de l'enfant, ou à la mairie de la résidence actuelle du déclarant, en indiquant, dans ce cas, le lieu de la naissance de l'enfant, et de remettre à la nourrice ou à la gardeuse un bulletin contenant un extrait de l'acte de naissance de l'enfant qui lui a été confié. » (Article 7 de la loi.)

« Toute personne qui a reçu chez elle, moyennant salaire, un nourrisson ou un enfant en sevrage ou en garde, est tenue, sous les peines portées à l'article 346 du Code pénal :

« 1° D'en faire la déclaration à la mairie de la commune de son domicile dans les trois jours de l'arrivée de l'enfant et de remettre le bulletin mentionné en l'article 7 ;

« 2° De faire, en cas de changement de résidence, la même déclaration à la mairie de sa nouvelle résidence ;

« 3° De déclarer, dans le même délai, le retrait de l'enfant par ses parents ou la remise de cet enfant à une autre personne, pour quelque cause que cette remise ait lieu ;

« 4° En cas de décès de l'enfant, de déclarer ce décès dans les vingt-quatre heures. (Article 9 de la loi.)

« Il est ouvert dans chaque mairie deux registres destinés à recevoir, le premier, les déclarations imposées par l'article 7 de la loi à toute personne qui place, moyennant salaire, un enfant en nourrice, en sevrage ou en garde ; le second, les déclarations imposées par l'article 9 à toute personne qui se charge d'un enfant dans ces conditions. » (Article 39 du règlement d'administration publique.)

Le législateur oblige donc, sous une sanction pénale, les familles et les nourrices à prendre une initiative déterminée ; elles n'ont pas à attendre, elles doivent provoquer l'intervention administrative.

Une déclaration de la personne qui place un enfant en nourrice, une déclaration de celle qui reçoit l'enfant, un enregistrement de ces deux déclarations par l'autorité municipale, voilà le point de départ légal des mesures de protection, voilà également, en fait, leur préliminaire le plus naturel, l'une des conditions nécessaires de leur application méthodique et générale.

Pour connaître les existences à protéger, deux modes de procéder peuvent être employés : la déclaration obligatoire suivie d'un enregistrement, c'est-à-dire le système consacré par la loi, et le recensement à domicile.

La dépense que comporterait cette dernière opération serait hors de proportion avec les ressources très bornées du service, et les résultats seraient fort incomplets. Lorsque l'agent chargé du recensement se présenterait dans une famille, il se serait souvent écoulé des semaines depuis le placement en nourrice ; or, différer l'enregistrement des enfants, c'est différer leur protection.

Le recensement à domicile des nourrissons doit donc être écarté à la fois comme trop dispendieux et comme ne répondant que d'une manière imparfaite au vœu du législateur. Le système établi par la loi, déclaration obligatoire des parents et des nourrices, est le seul qui assurerait, s'il était exactement appliqué, l'enregistrement rapide des nourrissons. Mais les prescriptions des articles 7 et 9 ne sont pas respectées ; soit par ignorance de la loi, soit par incurie, un très grand nombre de parents et de nourrices n'effectuent pas les déclarations réglementaires.

Cet état de choses a des conséquences fort regrettables, tant immédiates qu'indirectes.

La première, la plus évidente, est celle-ci : beaucoup d'enfants dont le placement n'a pas été déclaré ne sont ensuite découverts ni par les administrations municipales, ni par les médecins-inspecteurs ; ils restent totalement privés du bienfait de la surveillance médicale.

L'effectif des enfants inscrits sur les registres de la Protection est donc loin de représenter le chiffre de ceux qui devraient y figurer ; le champ d'action de la loi se trouve, aux yeux du public, des conseils généraux, des administrations, bien moins étendu qu'il ne l'est en réalité. Du petit nombre des déclarations, on conclut par erreur au petit nombre des nourrissons ; et l'on se croit fondé à ajourner l'institution ou le développement de la Protection infantile. Ainsi, le défaut des déclarations réglementaires n'est pas seulement nuisible aux enfants qu'elles devraient viser ; il est grandement préjudiciable à l'ensemble du service.

Enfin, les infractions aux articles 7 et 9 sont du plus fâcheux exemple ; leur fréquence et leur impunité contribuent à maintenir chez les uns l'ignorance, à altérer chez les autres le respect de la loi, à en dissuader l'observation.

Ce que veut le législateur, ce qu'exige le fonctionnement normal de la Protection, c'est que les déclarations de placement en nourrice soient faites avec toute la régularité qui préside aux actes d'état civil. Nous sommes loin de ce but ; et, pour nous en rapprocher, il est nécessaire que les prescriptions imposées aux nourrices et aux parents reçoivent une publicité bien plus large que par le passé.

J'ai recommandé de faire apposer et renouveler dans toutes les communes des affiches mentionnant ces prescriptions, ainsi que de les vulgariser par de fréquentes publications suivant les formes en usage dans les différentes localités.

J'ai également demandé aux préfets d'insister auprès des maires, en vue de l'application intelligente et dévouée de l'article 20 du règlement, aux termes duquel « tout officier de l'état civil qui reçoit une déclaration de naissance doit rappeler au déclarant les dispositions édictées par l'article 7 de la loi du 23 décembre 1874 ».

Cette prescription du règlement est des plus salutaires ; aucune publication imprimée et collective ne saurait produire le même effet qu'une notification verbale et individuelle, adressée aux intéressés. Ceux-ci peuvent ne pas lire, ou déclarer n'avoir pas lu une affiche, un bulletin ; ils ne peuvent rester ou se prétendre dans l'ignorance, lorsqu'ils ont reçu de la bouche d'un délégué de l'autorité un avertissement personnel.

Au point de vue de la Protection infantile, la déclaration de naissance est la seule circonstance dans laquelle l'officier municipal et le membre ou le représentant de la famille se trouvent en relation obligée. Si le premier sait mettre à profit cette occasion qui est unique, s'il fait bien ressortir le caractère obligatoire des formalités établies dans l'intérêt de l'enfant, ainsi que la sanction pénale attachée à leur inobservation, il rend à la cause de la Protection un service dont aucune communication écrite ne saurait tenir lieu.

A l'égard de la vulgarisation de la loi Roussel, j'ai résumé ma pensée dans cette proposition : la publicité ne sera suffisante que lorsqu'elle semblera exagérée.

A côté des personnes qui enfreignent la loi de Protection, parce qu'elles l'ignorent, il en est qui refusent de lui obéir, parce qu'elle les gêne : des rapports de médecins-inspecteurs et de juges de paix constatent les mauvais effets produits par l'impunité jusqu'à présent assurée, sauf de rares exceptions, même à cette catégorie de contrevenants.

J'ai dû inviter les préfets, lorsque leur administration relèverait des infractions qui ne trouveraient pas leur excuse dans l'ignorance, à déférer à l'autorité judiciaire les parents, nourrices et meneuses dont la mauvaise volonté aurait été reconnue ; j'ai motivé en ces termes mes instructions :

« La tolérance générale dont l'administration a fait preuve jusqu'ici à l'égard de ceux qui contreviennent sciemment à la loi de 1874 est trop funeste aux enfants pour qu'elle puisse se prolonger indéfiniment. Il n'est pas admissible que, sous prétexte d'habitudes invétérées, de formalités à éviter, des familles, des nourrices et des meneuses se fassent plus longtemps un jeu des prescriptions tutélaires de la loi. »

Les déclarations des parents et des nourrices forment le point de départ légal, l'élément initial et nécessaire de la comptabilité infantile : ce sont les maires, en droit, les secrétaires de mairie, en fait, qui sont appelés à tenir cette comptabilité.

Justifie-t-elle les critiques dont elle a été l'objet? Pourrait-on l'altérer dans ses dispositions fondamentales sans compromettre l'œuvre même de la Protection ?

La phrase suivante, extraite d'un rapport d'inspection médicale résume l'opinion de beaucoup de personnes qui croient devoir, à la fois, rendre hommage à la pensée du législateur et faire le procès à la règlementation adoptée : « Le but est excellent ; mais on pourrait l'atteindre sans ce luxe de formalités qui fatigue tout le monde. »

J'ai cité plus haut le texte de la disposition qui prescrit l'ouverture dans chaque mairie de deux registres destinés à recevoir, l'un les déclarations imposées par l'article 7, l'autre les déclarations imposées par l'article 9 de la loi.

La nécessité de cet enregistrement résulte de la nécessité même des déclarations. Quelle serait leur portée, si le magistrat municipal ou son délégué omettait de les recueillir, si elles ne prenaient pas, grâce à cette réception, une forme authentique et durable? Sans doute, l'action des municipalités ne peut suppléer que dans une mesure très insuffisante l'initiative, soit des parents, soit des nourrices ; mais cette dernière, à son tour, n'a d'effet que moyennant l'intervention du représentant de l'autorité. Comme en fait d'actes de l'état civil, le concours des déclarants et celui de l'officier municipal sont ici également nécessaires.

Un échange de notifications est prescrit entre la commune d'origine de l'enfant et celle où il est placé ; ces notifications ne sont pas une formalité superflue : elles fournissent un précieux moyen de contrôle.

D'après l'article 23 du règlement, « si l'enfant est envoyé dans une commune autre que celle où la déclaration est faite, le maire qui reçoit la déclaration en transmet copie dans les trois jours au maire de la commune où l'enfant doit être conduit ».

Voici la portée pratique de cette formalité.

Un enfant est conduit de la commune qu'habite ses parents dans celle qu'habite sa nourrice.

Le maire de la première commune se conforme à la disposition précitée ; il adresse, dans les trois jours, à son collègue une copie de la déclaration qu'il a reçue.

La nourrice, au contraire, ne s'acquitte pas de l'obligation qui lui incombe ; elle s'abstient de faire une déclaration à la mairie de son domicile.

L'avis envoyé par la mairie du départ à la mairie de l'arrivée permet de constater cette omission et d'en réparer les conséquences.

L'article 23 du règlement est une sauvegarde, une sorte d'assurance au profit de l'enfant contre l'incurie de la nourrice : son application scrupuleuse augmenterait sensiblement les chances d'inscription, et par suite de surveillance, des nourrissons.

D'après l'article 9 de la loi ci-dessus reproduit, la nourrice doit, quand elle quitte sa commune, en faire la déclaration à la mairie de sa nouvelle résidence ;

elle est également tenue de déclarer, dans le délai de trois jours, le retrait de l'enfant par ses parents ou la remise de cet enfant à une autre personne, pour quelque cause que cette remise ait lieu ; enfin, en cas de décès de l'enfant, elle doit déclarer ce décès dans les vingt-quatre heures.

Le maire qui a inscrit ces déclarations en donne avis, dans le délai de trois jours, au maire de la commune où a été faite la déclaration de placement.

Le maire de cette dernière commune, à son tour, notifie dans le même délai le même avis aux auteurs de la déclaration de la mise en nourrice, en sevrage ou en garde.

Ici encore le législateur veut suppléer éventuellement, par l'action de l'autorité municipale, à l'incurie de la nourrice ; il veut que la famille soit officiellement avertie du changement de résidence de cette dernière, du décès ou de la remise de l'enfant à une tierce personne : ces avis sont une garantie contre des fraudes, contre des abus de confiance.

Les commissions locales ou les maires doivent mettre les parents en demeure de retirer à la nourrice l'enfant dont la vie ou la santé est compromise par la faute de celle-ci. Mais comment ce devoir des commissions et des maires peut-il être rempli si ces autorités ne se trouvent pas, grâce à l'échange des avis réglementaires, en communication avec les parents des nourrissons ? Cette forme de protection ne saurait s'exercer, si le lien entre la commune d'origine et la commune de placement ne se constitue pas ou vient à être brisé.

Serait-il juste de ranger ces notifications au nombre des complications superflues ?

J'arrive à une formalité tellement substantielle qu'elle se confond avec l'acte de protection le plus utile et le plus direct, qu'elle est le point de départ de l'inspection médicale.

« Le maire averti par suite d'une déclaration faite, soit par les parents en exécution de l'article 7 de la loi, soit par la nourrice en exécution de l'article 9, qu'un enfant est placé dans sa commune en nourrice, en sevrage ou en garde, moyennant salaire, doit, dans les trois jours, transmettre une copie de la déclaration au médecin-inspecteur de la circonscription. » (Article 24 du règlement d'administration publique.)

Les instructions ont étendu cette obligation ; elles prescrivent également la notification au médecin-inspecteur des décès et des retraits des enfants. Elles sont loin, d'ailleurs, d'être exactement suivies, et l'observation contenue dans la circulaire du 8 août 1881 n'a pas cessé d'être vraie : « Un des griefs les plus légitimes des médecins-inspecteurs, celui qui détermine leurs réclamations les plus vives, est l'insuffisance des indications que leur transmettent les maires au sujet de l'arrivée et du départ des enfants. » Mais les municipalités elles-mêmes ne sont responsables que du défaut de transmission des déclarations qu'elles ont reçues.

On a ici sous les yeux la preuve tangible de l'étroite connexité qui existe entre les formalités et les actes de protection, de la répercussion certaine des premières sur les seconds.

Si la formalité initiale, la déclaration des parents ou de la nourrice, ne s'accomplit pas, l'enfant est très exposé à ne pas être inscrit sur les registres de la Protection.

Si, malgré l'inscription, le maire néglige de notifier au médecin-inspecteur l'arrivée de l'enfant, celui-ci est très exposé à ne pas bénéficier de la surveillance médicale.

Pour atténuer les conséquences, soit du défaut de déclarations, soit du défaut de notifications, il faut que le médecin-inspecteur, allant au delà des obligations du règlement, prenne la peine de rechercher les nourrissons, au lieu d'attendre que le maire les lui désigne. Ces initiatives si louables se produisent, il est vrai, souvent. Mais elles n'ont pas, elles ne peuvent pas avoir le degré nécessaire d'efficacité.

Lorsque les déclarations ne s'effectuent pas, lorsque les notifications ne se transmettent pas, la Protection infantile n'est plus, comme le veut la loi, un bienfait assuré pour l'enfant ; elle prend un caractère tout aléatoire.

Ce service, tel que l'a compris le législateur, tel que l'expérience en fait connaître la structure intime, ne se compose pas d'éléments juxtaposés, mais plus ou moins indépendants : c'est un organisme dont les parties sont solidaires, où chacun des ressorts exerce une action sur les autres et en subit à son tour l'influence.

Le régulier accomplissement des formalités de déclaration, d'enregistrement et de notification ne constitue pas sans doute la protection directe et matérielle des nourrissons ; mais elle est une des conditions de son exercice, une des conditions d'une surveillance méthodique, générale, salutaire des enfants du premier âge.

Ces formalités reconnues nécessaires en principe, reste la question de leur simplification éventuelle. Ce n'est toutefois qu'à l'égard des municipalités que cette question peut se poser ; elle est sans objet en ce qui concerne les familles et les nourrices. Ce qui leur est prescrit, c'est une démarche à la mairie pour y déclarer l'envoi ou le placement des enfants, et c'est précisément cette démarche qu'il est fort difficile d'obtenir. Qu'un renseignement de plus ou de moins soit demandé aux déclarants par le maire ou son délégué, les intéressés ne montreront ni plus ni moins d'empressement à prendre le chemin de la mairie. En fait, d'ailleurs, le questionnaire n'est nullement compliqué.

Quant aux modifications à introduire dans la comptabilité infantile, je ne pense pas, sans contester leur possibilité, qu'elles soient de nature à atténuer sensiblement le travail des secrétaires de mairie.

C'est une erreur de croire que les placements, les mutations, les décès et les retraits de milliers de nourrissons puissent être enregistrés et notifiés sans de nombreuses écritures. Il y a même de graves inconvénients à entretenir cette illusion ; et ce qu'il faut au contraire bien se dire, c'est que le développement d'un service, qui est surtout une œuvre de détails, entraînera forcément un échange de correspondances de plus en plus actif entre les administrations municipales. Aussi doit-on insister auprès des conseils généraux pour obtenir en faveur des secrétaires de mairie la rémunération, d'ailleurs très modique, réclamée par la circulaire du 21 juillet 1882.

Théoriquement sans doute, on peut soutenir, et on n'a pas manqué de le faire, que le secrétaire de mairie est payé pour assurer le service municipal tel qu'il se comporte, avec la surcharge d'occupations qui résulte de l'adoption de lois nouvelles.

Cette objection n'a arrêté ni le comité supérieur de Protection ni mes prédécesseurs : je partage leur sentiment et je ne la considère pas comme fondée.

A un supplément de travail il est juste de faire correspondre un supplément de rémunération.

Cette raison d'équité a ici d'autant plus de force que dans les communes rurales, celles où sont généralement placés les nourrissons, le secrétaire de mairie est habituellement l'instituteur et qu'ainsi le fardeau de son travail est très pesant.

D'autre part, les secrétaires de mairie sont les coopérateurs nécessaires de la loi de 1874 ; elle ne passera dans les mœurs des populations de nos campagnes qu'autant qu'ils prêteront à son application un concours dévoué, qu'ils seront définitivement conquis à la cause de la Protection infantile. Est-ce le moyen de les y gagner que de leur refuser la très modeste indemnité proposée en leur faveur ?

La raison d'équité et l'intérêt évident du service commandaient donc, et commandent aujourd'hui plus que jamais, de faire fléchir l'objection théorique mentionnée plus haut, et qui n'a pas cessé d'être présentée.

Je crois utile d'indiquer ici le taux et d'analyser les éléments de la rémunération jusqu'à présent adoptée.

Chaque enfant protégé donne lieu à une rémunération de 1 fr. 75, pourvu que toutes les inscriptions et notifications réglementaires aient été effectuées.

Lorsque l'enfant a été placé en nourrice dans une autre commune que celle où a été faite la déclaration des parents, et c'est le cas habituel, lorsque, par suite de changement de secrétaire dans une mairie, le travail commencé par un employé est achevé par un autre, la rémunération de 1 fr. 75 se décompose, au profit des ayants droit, de la manière suivante :

0 fr. 50 pour une déclaration d'envoi en nourrice, en sevrage ou en garde ;
1 franc pour le placement d'un enfant dans la commune ;

0 fr. 25 par enfant ayant quitté la commune pour être placé en nourrice dans une autre, retiré par sa famille, décédé ou parvenu à la fin de la période biennale d'observation.

La rémunération précitée est attribuée aux secrétaires de mairie dans les 52 départements dont les noms suivent :

<table>
<tr><td>Ain.</td><td>Loire (Haute-).</td></tr>
<tr><td>Aisne.</td><td>Loiret.</td></tr>
<tr><td>Allier.</td><td>Lot-et-Garonne.</td></tr>
<tr><td>Alpes (Basses-).</td><td>Lozère.</td></tr>
<tr><td>Alpes (Hautes-).</td><td>Manche.</td></tr>
<tr><td>Alpes-Maritimes.</td><td>Mayenne.</td></tr>
<tr><td>Ardennes.</td><td>Meurthe-et-Moselle.</td></tr>
<tr><td>Ariège.</td><td>Meuse.</td></tr>
<tr><td>Aube.</td><td>Nièvre.</td></tr>
<tr><td>Bouches-du-Rhône.</td><td>Nord.</td></tr>
<tr><td>Cantal.</td><td>Oise.</td></tr>
<tr><td>Charente-Inférieure.</td><td>Pas-de-Calais.</td></tr>
<tr><td>Cher.</td><td>Puy-de-Dôme.</td></tr>
<tr><td>Côtes-du-Nord.</td><td>Pyrénées-Orientales.</td></tr>
<tr><td>Doubs.</td><td>Saône (Haute-).</td></tr>
<tr><td>Drôme.</td><td>Sarthe.</td></tr>
<tr><td>Eure.</td><td>Savoie.</td></tr>
<tr><td>Eure-et-Loir.</td><td>Savoie (Haute-).</td></tr>
<tr><td>Gard.</td><td>Seine-et-Marne.</td></tr>
<tr><td>Gers.</td><td>Somme.</td></tr>
<tr><td>Gironde.</td><td>Tarn-et-Garonne.</td></tr>
<tr><td>Hérault.</td><td>Var.</td></tr>
<tr><td>Isère.</td><td>Vaucluse.</td></tr>
<tr><td>Jura.</td><td>Vendée.</td></tr>
<tr><td>Loir-et-Cher.</td><td>Vienne (Haute-).</td></tr>
<tr><td>Loire.</td><td>Vosges.</td></tr>
</table>

Dans les onze départements suivants, le conseil général a voté en faveur des secrétaires de mairie une rémunération dont le taux n'est pas conforme aux instructions ministérielles.

Haute-Garonne, 1 fr. 20 par enfant inscrit.

Indre-et-Loire, 1 fr. par enfant inscrit.

Marne, 1 fr. par enfant inscrit.

Basses-Pyrénées, 0 fr. 50 par enfant inscrit.

Haut-Rhin (Belfort), 1 fr. par enfant inscrit.

Rhône, 0 fr. 50 par enfant inscrit.

Seine-et-Oise, 0 fr. 50 par enfant inscrit.

Seine-Inférieure, 1 fr. par enfant inscrit.

Yonne, 5 fr. de un à dix enfants placés dans la commune ; 8 fr. au delà de ce nombre.

Calvados, gratifications annuelles aux secrétaires de mairie les plus occupés ou qui montrent le plus de zèle.

Seine, mêmes allocations que dans le Calvados ; en outre le conseil général a voté (art. 41 du chap. VIII du budget départemental) une somme de 34,000 fr. pour rémunérer le surcroît de travail occasionné aux bureaux de mairies par le service de la Protection.

Quinze conseils généraux ont refusé toute rémunération aux secrétaires de mairie :

<table>
<tr><td>Aude.</td><td>Loire-Inférieure.</td></tr>
<tr><td>Aveyron.</td><td>Haute-Marne.</td></tr>
<tr><td>Corse.</td><td>Morbihan.</td></tr>
<tr><td>Côte-d'Or.</td><td>Hautes-Pyrénées.</td></tr>
<tr><td>Creuse.</td><td>Saône-et-Loire.</td></tr>
<tr><td>Finistère.</td><td>Deux-Sèvres.</td></tr>
<tr><td>Ille-et-Vilaine.</td><td>Vienne.</td></tr>
<tr><td>Landes.</td><td></td></tr>
</table>

Les registres de la Protection tenus dans les mairies sont cotés, parafés et vérifiés tous les ans par le juge de paix. Ce magistrat fait un rapport annuel au procureur de la République, qui le transmet au préfet, sur les résultats de cette vérification. (Article 10 de la loi.)

Dans la circulaire du 21 juillet 1882 et à la suite d'un accord intervenu avec le département de la Justice, un de mes prédécesseurs proposait et justifiait l'allocation d'indemnités de déplacement aux juges de paix, à raison de ce travail de vérification. Le taux naturellement indiqué était celui des transports en matière criminelle, il a été adopté et maintenu. En conséquence, 12 francs sont alloués au delà de 20 kilomètres, 9 francs au delà de 5 kilomètres ; pour les parcours qui ne dépassent pas 5 kilomètres, il n'est attribué aucune indemnité.

Malgré les instances de mon administration, les allocations dont il s'agit ne sont jusqu'à présent accordées que dans quarante-trois départements ; elles ont été formellement refusées par un certain nombre de conseils généraux. Il y a dès lors un véritable intérêt pratique à faire ressortir l'utilité de ces indemnités et à réfuter les objections qu'elles soulèvent.

Et d'abord, contrairement à une opinion très accréditée, il n'est pas exact que les besoins du service judiciaire appellent tous les ans les juges de paix dans toutes les communes de leurs cantons respectifs. Les circulaires n'ont pu encore rectifier cette appréciation, l'une des causes des refus qui nous sont opposés.

D'autre part, on ne saurait équitablement imposer aux juges de paix les frais d'une tournée spéciale motivée par la vérification sur place des registres de la Protection.

Que ces magistrats doivent prêter à l'application de la loi Roussel un concours désintéressé, ils sont les premiers à le comprendre ; mais serait-il juste que, de ce chef, ils eussent des frais de voyage, une perte d'argent à supporter ? Je tiens à dissiper les malentendus qui se sont produits à cet égard. Il ne s'agit nullement de transformer les juges de paix en agents salariés de la Protection, mais seulement de leur tenir compte d'une certaine catégorie de dépenses ; ce n'est pas une rémunération, c'est une simple indemnité qui est demandée. L'administration peut la réclamer, les magistrats peuvent la recevoir, sans qu'une atteinte quelconque soit portée à leur dignité.

Maintenant, pour quels motifs la vérification des registres de la Protection doit-elle être opérée à la mairie de chaque commune, et non au greffe de la justice de paix, comme on le fait souvent encore malgré les instructions?

Même en écartant les chances de perte des registres, on est amené à reconnaître qu'ils doivent être constamment tenus à jour, que, par suite, ils ne doivent jamais être déplacés. Pendant qu'ils sont au greffe, comment le maire les consultera-t-il? comment y puisera-t-il les indications nécessaires à la marche quotidienne du service? Il faudra de plus obliger les secrétaires de mairie, pendant cette période, à inscrire d'abord les déclarations sur une feuille volante, puis à les recopier sur les registres, lorsque ceux-ci auront été réintégrés à la mairie : c'est à la fois augmenter inutilement le travail de ces employés et s'exposer à de nombreuses chances d'omissions ou d'erreurs.

Toutefois, la défense de déplacer les registres de la Protection est motivée moins encore par les inconvénients de ce mode de procéder que par les avantages de la vérification à la mairie de la commune.

La vérification au greffe de la justice de paix n'est qu'un moyen de constater les erreurs, la vérification à la mairie permet d'en prévenir le retour.

Comme toute comptabilité, la tenue des écritures de la Protection doit être enseignée à ceux qui en sont chargés. Aux plaintes que fait naître et que justifie l'irrégularité de ces écritures, les secrétaires de mairie répondent souvent en se plaignant eux-mêmes de ce que personne ne soit venu leur apprendre cette comptabilité. Et, de fait, si une instruction écrite est pour eux un guide nécessaire, elle ne saurait tenir lieu d'une explication verbale, d'un entretien avec le juge de paix, entretien où le mécanisme de la Protection sera clairement exposé, où les questions de détail qui peuvent embarrasser le secrétaire de mairie seront posées par lui et résolues par le magistrat.

Voilà donc un précieux avantage qui résulte de la vérification des registres à la mairie de la commune : cet avantage n'est pas le seul.

Souvent, le juge de paix voudra bien ne pas limiter son rôle à la vérification des registres et à l'explication des formalités légales; souvent, il prendra à cœur de démontrer aux maires et aux secrétaires de mairie la nécessité du travail qui leur est demandé, de mettre en lumière les bienfaits de la loi, de combattre enfin cette inertie qui paralyse le développement de la Protection infantile.

Beaucoup de juges de paix ont le dévouement de remplir cette mission de propagande, et je tiens à leur en exprimer ici mes remerciements. La coopération de ces magistrats, ainsi comprise, est déjà et sera surtout bien plus efficace qu'on ne le supposait : elle contribuera, dans une large mesure, à inculquer aux populations de nos campagnes le respect de la loi de 1874.

Les indemnités de déplacement sont attribuées aux juges de paix dans les quarante-trois départements suivants :

Ain.	Loiret.
Aisne.	Lot-et-Garonne.
Allier. .	Lozère.
Alpes (Basses-).	Marne.
Alpes (Hautes-).	Mayenne.
Alpes-Maritimes.	Meurthe-et-Moselle.
Ardennes.	Nord.
Bouches-du-Rhône.	Oise.
Cantal.	Pas-de-Calais.
Corse.	Pyrénées-Orientales.
Doubs.	Rhône.
Drôme.	Saône (Haute-).
Eure.	Sarthe.
Eure-et-Loir.	Savoie.
Gard.	Savoie (Haute-).
Gironde.	Seine-Inférieure.
Hérault.	Seine-et-Marne.
Isère.	Tarn-et-Garonne.
Landes.	Var.
Loir-et-Cher.	Vaucluse,
Loire.	Vosges.
Loire (Haute-).	

En outre, un conseil général, celui du Gers, a voté une indemnité spéciale, savoir : 12 francs par groupe de communes pouvant être visitées le même jour et dans un parcours de 20 kilomètres.

Vingt-huit conseils généraux ont refusé l'indemnité de déplacement :

Ariège.	Loire-Inférieure,
Aube.	Lot.
Aude.	Manche.
Aveyron.	Meuse.
Calvados.	Morbihan.
Charente-Inférieure.	Nièvre.
Cher.	Pyrénées (Basses-).
Côte-d'Or.	Rhin (Haut-) (Belfort).
Côtes-du-Nord.	Saône-et-Loire.
Creuse.	Sèvres (Deux-).
Finistère.	Somme.
Garonne (Haute-).	Vendée.
Indre-et-Loire.	Vienne.
Jura.	Vienne (Haute-),

Quatre conseils généraux ont ajourné leur vote :

Hautes-Pyrénées.	Seine-et-Oise.
Puy-de-Dôme.	Yonne.

Deux conseils généraux n'ont pas examiné la question :

Haute-Marne.	Seine.

Comme je l'ai exposé plus haut, beaucoup d'enfants ne sont pas déclarés ni par leurs parents, ni par leurs nourrices, échappent aux investigations bénévoles du médecin-inspecteur, et sont ainsi frustrés du bienfait de la Protection.

Pour atténuer la gravité d'un semblable état de choses, pour accroître l'effectif des nourrissons protégés, on a exprimé le vœu, et il serait effectivement très utile, surtout dans les communes où la population est disséminée dans de nombreux hameaux, qu'une prime fût accordée au garde champêtre par chaque enfant dont il aurait procuré l'inscription.

Dès à présent, je n'hésiterais pas à autoriser la participation de l'État au payement de ces primes de découvertes ; mais il me semble difficile de prendre, à cet effet, l'initiative d'une proposition d'ensemble vis-à-vis des conseils généraux, tant qu'un grand nombre de ces assemblées refuseront encore les allocations réclamées en faveur des secrétaires de mairies et des juges de paix : l'utile ne doit être demandé que lorsque le nécessaire est obtenu.

J'ai retracé l'objet et prouvé l'importance des diverses formalités qui ne sont pas la Protection infantille elle-même, mais une des conditions de son exercice ; j'aborde maintenant l'analyse des différents éléments qui constituent l'œuvre même de la Protection.

Cette œuvre comprend deux catégories de mesures, les unes préventives, les autres de surveillance.

D'après l'article 27 du règlement, « toute femme qui veut prendre chez elle un enfant en nourrice doit préalablement obtenir un certificat du maire de sa commune et un certificat médical. Elle doit, en outre, se munir du carnet spécifié à l'article 30 ».

Les articles 28 et 29, ci-après reproduits, déterminent les mentions que ces certificats doivent contenir.

« Art. 28. — Le certificat délivré par le maire doit être revêtu du sceau de la mairie et contenir les indications suivantes :

« 1° Nom, prénoms, signalement, domicile et profession de la nourrice, date et lieu de sa naissance ;

« 2° État civil de la nourrice, nom, prénoms et profession de son mari ;

« 3° Date de la naissance de son dernier enfant, et si cet enfant est vivant.

« Le certificat fera connaître si le mari a donné son consentement ; il contiendra les renseignements que pourra fournir le maire sur la conduite et les moyens d'existence de la nourrice, sur la salubrité et la propreté de son habitation. Il constatera la déclaration de la nourrice qu'elle est pourvue d'un garde-feu et d'un berceau.

« Sur l'interpellation du maire, la nourrice déclarera si elle a déjà élevé un ou plusieurs enfants moyennant salaire ; elle indiquera l'époque à laquelle elle a été chargée de ces enfants, la date et les causes des retraits, et si elle est restée munie des carnets qui lui auraient été précédemment délivrés. Le maire mentionnera dans le certificat les réponses de la nourrice.

« Art. 29. — Le certificat médical est délivré par le médecin-inspecteur, ou, à défaut de médecin-inspecteur habitant la commune où réside la nourrice, par un docteur en médecine ou par un officier de santé ; il peut également être délivré dans la commune où la nourrice vient prendre l'enfant ; il est dûment légalisé et visé par le maire ; il doit attester :

« 1° Que la nourrice remplit les conditions désirables pour élever un nourrisson ;

« 2° Qu'elle n'a ni infirmités, ni maladie contagieuse ; qu'elle est vaccinée. »

Beaucoup de nourrices négligent de se pourvoir de ces certificats ou ne se les procurent qu'à titre de régularisation, lorsqu'elles ont déjà pris un nourrisson, c'est-à-dire à une époque où maires et médecins ont souvent la main forcée , où, en tout cas, la mesure préventive est devenue sans objet.

Les familles, de leur côté, en n'exigeant pas la production de ces pièces, se privent imprudemment de la double et précieuse garantie que leur donnerait l'exécution du règlement.

On a demandé que, dans les départements où l'inspection médicale fonctionne, le médecin-inspecteur ait seul qualité pour délivrer aux nourrices de sa circonscription le certificat prévu par l'article 29. Beaucoup de médecins-inspecteurs ont signalé le danger des attestations de complaisance que les nourrices peuvent aller quérir, loin de leur domicile, dans les grands centres notamment, auprès de tel docteur ou officier de santé qu'elles préfèrent. Absolument étrangers à la commune, au département même où habite la nourrice, ces médecins, en délivrant trop facilement des certificats, engagent dans une moindre mesure leur responsabilité morale vis-à-vis du public, de l'administration, de leurs confrères.

Il y a là un véritable intérêt, je le reconnais, à ce que la nourrice, pour l'obtention du certificat médical, s'adresse au médecin-inspecteur de la circonscription où elle réside ; aussi ai-je proposé de décider que la délivrance de la pièce en question par le médecin-inspecteur serait pour la nourrice une formalité entièrement gratuite. L'examen de l'impétrante comportera le payement au médecin d'un honoraire imputé sur le budget de la Protection ; et il n'y aura pas lieu, bien entendu, de rechercher si le certificat d'aptitude a été accordé ou refusé.

Vingt-quatre conseils généraux ont voté à la session d'août les fonds nécessaires à la délivrance gratuite aux nourrices sevreuses et gardeuses du certificat médical prescrit par l'article 8 de la loi de 1874 et les articles 27 et 29 du règlement d'administration publique, savoir ;

D'après un tarif (18 départements).

Ain.	2 »
Aisne.	1 »
Allier.	1 »
Basses-Alpes.	1 50
Ardennes	2 »
Bouches-du-Rhône.	1 50
Doubs.	2 »
Gers.	1 »
Loir-et-Cher.	1 50
Lozère.	2 »
Oise.	1 »
Pas-de-Calais.	1 »
Puy-de-Dôme	1 50

Somme totale votée sans fixation de tarif (2 départements).

Loire	500 fr.
Vaucluse	3.000 fr.

Dépense comprise dans le crédit général du service (9 départements).

Eure.	Haute-Saône.
Gard.	Saône-et-Loire.
Gironde.	Seine.
Haute-Loire.	Tarn-et-Garonne.
Lot-et-Garonne.	

Dans les huit départements suivants, le préfet n'a pas cru devoir soumettre de proposition au conseil général, la gratuité existant de fait par l'effet d'une mesure bienveillante de la part des médecins-inspecteurs :

Calvados.	Loiret.
Eure-et-Loir.	Haute-Savoie.
Hérault.	Seine-Inférieure.
Isère.	Somme.

Dans les six départements suivants, l'examen de la question de délivrance gratuite du certificat a été ajournée par le conseil général à une autre session :

Hautes-Alpes.	Seine-et-Oise.
Drôme.	Haute-Vienne.
Mayenne.	Yonne,

Dans les quatorze départements suivants, le conseil général a refusé l'allocation pour la délivrance gratuite du certificat médical :

<table>
<tr><td>Ariège.</td><td>Marne.</td></tr>
<tr><td>Aude.</td><td>Meurthe-et-Moselle.</td></tr>
<tr><td>Charente - Inférieure.</td><td>Nord.</td></tr>
<tr><td>Cher.</td><td>Rhône.</td></tr>
<tr><td>Haute-Garonne.</td><td>Sarthe.</td></tr>
<tr><td>Indre-et-Loire.</td><td>Seine-et-Marne.</td></tr>
<tr><td>Jura.</td><td>Var.</td></tr>
</table>

Dans les dix départements suivants, le conseil général n'a pas pris de délibération au sujet de la communication du préfet :

<table>
<tr><td>Alpes-Maritimes.</td><td>Nièvre.</td></tr>
<tr><td>Aube.</td><td>Savoie.</td></tr>
<tr><td>Aveyron.</td><td>Deux-Sèvres.</td></tr>
<tr><td>Côte-d'Or.</td><td>Vienne.</td></tr>
<tr><td>Morbihan.</td><td>Vosges.</td></tr>
</table>

Confier aux médecins-inspecteurs le privilège de la délivrance du certificat dans la limite de leur circonscription, ce serait incontestablement accroître leur autorité et mettre un terme à l'abus mentionné plus haut. Mais, d'autre part, l'exercice d'un tel privilège ne soulèverait-il pas, dans la pratique, des difficultés ? Ne serait-il pas de nature à amener chez les médecins d'une même zone des divisions, toujours regrettables en elles-mêmes, et particulièrement nuisibles à l'œuvre de la Protection qui a besoin du concours de toutes les bonnes volontés ?

Par exemple, lorsque deux ou plusieurs médecins se partagent la clientèle des communes formant une même circonscription, les refus de certificats, émanés du médecin-inspecteur, seraient-ils toujours ou du moins, ce qui a bien son importance, paraîtraient-ils toujours des décisions irréprochables ?

En tout cas, ces décisions seraient-elles sans aucun recours, de telle sorte que la nourrice atteinte par l'une d'elles n'aurait d'autre alternative que d'abandonner son gagne-pain ou d'émigrer dans une autre circonscription ?

Que ferait-on, lorsque le conflit surgirait entre deux médecins-inspecteurs du département ? La compétence territoriale de l'un devrait-elle exclure toute autre considération ? Et toutefois, il n'y aurait pas seulement chez les deux médecins une compétence professionnelle égale : tous deux seraient, au même titre, les collaborateurs de l'administration ; tous deux auraient reçu d'elle le même témoignage de confiance.

Quoi qu'il en soit, en présence des vœux multipliés et pressants qui me sont parvenus, des plaintes motivées par la délivrance d'attestations de complaisance à certaines nourrices, je soumettrai de nouveau la question au comité supérieur ;

et, sur son avis, j'apprécierai s'il convient de proposer une modification à l'article 29 du règlement d'administration publique,

J'arrive à l'examen des mesures directes de protection.

La surveillance incombe aux commissions locales et aux médecins-inspecteurs.

Aux termes de l'article 2, *in fine*, de la loi « des commissions locales sont instituées par un arrêté du préfet, après avis du comité départemental, dans les parties du département où l'utilité en est reconnue, pour concourir à l'application des mesures de protection des enfants et de surveillance des nourrices et gardeuses d'enfants. »

Deux mères de famille font partie de chaque commission locale.

Les fonctions instituées par le présent article sont gratuites.

Les devoirs et les attributions des commissions locales sont déterminés, en détail, par les articles 5, 6, 7 et 8 du règlement d'administration publique.

Ce rôle de comités remplissant par dévouement une tâche gratuite et souvent ingrate procède assurément d'une conception d'un ordre très élevé : leur intervention effective donnerait des résultats que ne peut produire aucun des autres organes de protection créés par la loi. Le fonctionnement régulier de ces comités procurerait aux enfants le bienfait d'une surveillance en quelque sorte permanente dont ne saurait tenir lieu le contrôle, nécessairement intermittent, exercé par les médecins-inspecteurs.

Les faits n'ont pas jusqu'à présent répondu, dans leur ensemble, à l'espoir qu'on avait mis dans l'institution des commissions locales, et, si je dois rendre hommage à certains dévouements très méritoires qu'elle a suscités, je suis obligé de reconnaître que ces dévouements sont relativement restés rares.

Dans beaucoup de centres de placement, les commissions n'ont pu être créées et n'existent que sur le papier. Même parmi celles qui donnent signe de vie à l'administration départementale, qui lui transmettent des rapports, il en est un grand nombre dont la coopération est plus nominale qu'effective ; la teneur de ces documents suffit à le prouver. Beaucoup d'entre eux ne renferment pas ces articulations précises, ces observations particulières que suggère l'étude des faits ; ils énoncent, avec des différences de pure forme, les mêmes appréciations optimistes.

Les nourrices, est-il dit, s'acquittent généralement bien de leurs devoirs ; les enfants sont généralement entourés de bons soins. Aucune plainte n'a été recueillie. Pris à la lettre, ces témoignages d'une satisfaction que parfois aucune réserve ne tempère, n'aboutiraient à rien moins qu'à faire considérer comme inutile la loi de 1874 ; ils prouvent seulement que la surveillance ne s'exerce pas.

Deux causes principales entravent la création ou paralysent le fonctionnement des commissions locales : le manque de loisirs chez les personnes qui font ou pourraient faire partie de ces comités; la crainte d'encourir l'inimitié de gens avec lesquels on se trouve et avec lesquels on doit rester en relations obligées, avec lesquels souvent on vit, pour ainsi dire, porte à porte.

La circulaire du 8 août 1881 a autorisé les préfets à instituer, quand ils le jugeraient utile, des commissions locales embrassant plusieurs communes. Mon prédécesseur manifestait l'espoir qu'à raison de cette latitude nouvelle, il serait possible, tout en restreignant l'effectif nominal des commissions, d'en accroître l'influence et les services.

Cet espoir ne s'est pas réalisé. Augmenter le rayon de surveillance, c'est évidemment laisser moins de prise à la crainte des haines de voisinage; mais, en même temps, c'est imposer aux visiteurs plus de fatigues, des sacrifices de temps plus considérables. On perd d'un côté ce qu'on gagne de l'autre; aussi l'innovation autorisée par la circulaire susvisée a-t-elle jusqu'à présent échoué.

Suivant l'observation fort juste présentée au sein du comité supérieur, les difficultés que rencontrent la formation et le fonctionnement des commissions locales seraient sensiblement atténuées le jour où ces commissions disposeraient de fonds de secours en faveur des nourrices les plus méritantes et les plus pauvres. La tâche serait manifestement plus attrayante, elle serait plus souvent acceptée et plus exactement remplie, si à côté de la surveillance pouvait se placer le bienfait; mais les crédits affectés au service ne sauraient, tant à raison de leur spécialité qu'à raison de leur modicité, se prêter à l'institution de semblables fonds de secours.

L'expérience prouve de plus en plus que l'inspection médicale est l'organe essentiel de la Protection du premier âge.

Aux termes de l'article 10 du règlement, « le médecin-inspecteur doit se transporter au domicile de la nourrice, sevreuse ou gardeuse pour y voir l'enfant, dans la huitaine du jour où, en exécution de l'article 24, il est prévenu par le maire de l'arrivée de l'enfant dans la commune ».

Il doit ensuite « visiter l'enfant au moins une fois par mois et à toute réquisition du maire ».

Constater l'état de l'enfant, adresser à la nourrice les observations que cet état comporte, signaler à l'administration les abus, refaire en quelque sorte l'éducation professionnelle des femmes, souvent ignorantes, que les mères se substituent; soutenir une lutte incessante contre les pratiques d'élevage anti-hygiénique, contre les funestes procédés d'alimentation si répandus encore : voilà le programme de l'inspection médicale.

Souvent même, comme je l'ai dit plus haut, le médecin-inspecteur dépasse ce programme; il n'attend pas que le maire lui notifie l'arrivée des nourrissons : il s'impose la fatigue de les rechercher. Grâce à ces investigations, beaucoup d'enfants qui n'avaient pas été déclarés ont pu être découverts et protégés. C'est au zèle des médecins-inspecteurs qu'il faut surtout attribuer le progrès du service : j'ai le devoir de le constater et je suis heureux de leur en témoigner publiquement toute ma satisfaction. Si, au lieu de s'inspirer d'un dévouement remarquable, ils avaient préféré s'en tenir à la lettre du règlement, s'ils avaient en conséquence subordonné leur intervention à l'initiative des maires, le fonctionnement de la Protection serait bien souvent resté à l'état rudimentaire.

Le payement des médecins-inspecteurs par visite est le mode de rémunération justement recommandé par les circulaires, sur l'avis du comité supérieur, comme étant à la fois le plus équitable et le plus pratique.

Des bulletins, relatant les observations faites, sont détachés d'un carnet à souche que le médecin emporte dans ses tournées, puis transmet à la préfecture ; il suffit, en fin d'exercice, du calcul le plus simple pour déterminer le montant des honoraires auxquels chaque médecin a droit.

L'envoi régulier des bulletins de visite à la préfecture a le grand avantage de tenir l'administration départementale au courant des observations faites par les médecins-inspecteurs, de la mettre à même d'adopter ou de provoquer en temps utile les mesures qu'autorise la loi ou le règlement.

Mais il est nécessaire qu'à l'exactitude des médecins-inspecteurs réponde le zèle des administrations départementales ; la plus scrupuleuse ponctualité dans la transmission des bulletins devient sans intérêt, lorsque les observations produites ne reçoivent pas leur sanction.

J'ai indiqué plus haut les départements où l'inspection médicale est rémunérée par visite, ceux où le système de l'abonnement par an et par enfant est en vigueur, ceux enfin où des indemnités fixes sont attribuées aux médecins-inspecteurs.

Dans quelques départements l'obligation d'une visite mensuelle a été déclarée trop lourde, et les préfets m'ont demandé l'autorisation de réduire le nombre des visites périodiques réclamées du médecin-inspecteur.

Je n'ai pu, par un double motif, accueillir cette proposition.

En droit, il ne dépend pas du ministre d'atténuer une prescription édictée par un règlement d'administration publique.

En fait, le chiffre de douze visites par an n'est nullement exagéré.

J'ai dû reconnaître, toutefois, sur l'avis conforme du comité supérieur, que s'il était impossible de consacrer par une décision officielle une dérogation au règlement, il était en revanche indispensable d'user provisoirement de tolérance, de créer ou de laisser fonctionner des inspections médicales, lors même que le chiffre réglementaire de visites ne serait ni promis ni obtenu.

Procéder autrement, c'eût été sacrifier l'esprit à la lettre, l'intérêt évident des nourrissons à un scrupule de forme ; il n'était pas permis d'hésiter. Mais, je le répète, il ne s'agit et il ne peut être question que d'une tolérance transitoire dont l'administration doit s'efforcer de restreindre le champ et d'abréger la durée. Quand on veut bien réfléchir aux graves et nombreux dangers qui menacent les enfants du premier âge auxquels les soins d'une mère font défaut, on acquiert la conviction que le règlement est dans le vrai, que le chiffre de visites prescrit n'est pas excessif, qu'il ne constitue même en réalité qu'un minimum.

Aujourd'hui, on doit l'avouer, ce minimum n'est souvent pas atteint; il n'est que le but, encore éloigné, de nos efforts.

Quant aux visites faites sur réquisition, on est obligé de constater, même en tenant compte de leur caractère de mesures d'exception, qu'elles sont extrêmement rares; une augmentation, même faible, de leur nombre, serait un heureux symptôme; elle serait la preuve d'une surveillance plus active exercée par les municipalités.

Le travail d'écritures demandé par l'administration aux médecins-inspecteurs n'a pas échappé au reproche de complication et de formalisme dont a été l'objet la comptabilité infantile, et dont j'ai examiné la valeur au cours du présent rapport.

Ces critiques sont-elles plus fondées en ce qui concerne le travail d'écritures des médecins-inspecteurs? Elles se retrouvent sous la plume d'un certain nombre d'entre eux et ont parfois le caractère de plaintes assez vives.

Je n'ai plus à démontrer l'intérêt qu'offre, à un double point de vue, la transmission à la préfecture des bulletins de visite détachés du carnet à souche. Ces bulletins servent, d'une part, à constater les droits du médecin à liquider sa créance avec une scrupuleuse exactitude; d'autre part, ils remplissent à l'égard de l'administration départementale le rôle d'avertisseurs rapides et permanents.

Après chaque visite, le médecin-inspecteur vise le carnet délivré à la nourrice, sevreuse ou gardeuse, et y inscrit ses observations; il transmet au maire un bulletin indiquant la date et les résultats de sa visite. Ce bulletin est communiqué à la commission locale. (Article 11 du règlement.)

La mention apposée sur le carnet de la nourrice est certainement utile; cette constatation, à une date déterminée, de la santé de l'enfant et des soins qu'il reçoit, est précieuse pour les parents du nourrisson ou pour leurs représentants. Elle forme pour eux le seul témoignage écrit, officiel, de la visite d'inspection médicale; car ils n'ont ni les moyens, ni le droit de consulter, soit le carnet, soit le livre du médecin-inspecteur. L'observation consignée sur le carnet des nourrices a également son importance, au point de vue de ces dernières; elle constitue pour elles, selon qu'elles s'acquittent bien ou mal de leur devoir, une récompense ou une sanction dont la valeur n'est pas purement morale. C'est ainsi, par exemple, qu'une nourrice dévouée, attaquée injustement par les parents ou leurs délégués, pourra trouver un moyen facile et sûr de se disculper, en invoquant les attestations faites en leur temps par le médecin-inspecteur, juge à la fois compétent et impartial.

Par le double motif que je viens d'exposer, il ne me semblerait pas rationnel de supprimer l'obligation où se trouve le médecin-inspecteur de viser, après chaque visite, le carnet de la nourrice et d'y inscrire ses observations.

Aux termes de l'article 12 du règlement, second paragraphe, le médecin-inspecteur « adresse, chaque année, un rapport, sur l'état général de sa circonscription au préfet, qui le communique à l'inspecteur départemental du service des enfants assistés et au comité départemental ».

De tous les documents concernant la Protection, le plus important, celui qu'aucun autre ne peut remplacer, c'est le rapport du médecin-inspecteur.

Au double point de vue de la compétence et de l'indépendance, personne n'est aussi à même que le médecin-inspecteur de connaître et de signaler les abus de l'industrie nourricière, leur gravité, leurs causes et leurs remèdes. De plus, les observations individuelles libellées à la suite de chaque visite, si utile que soit leur examen, ne sauraient tenir lieu d'un rapport d'ensemble où le médecin produit et motive ses appréciations et ses conclusions générales.

Beaucoup de médecins-inspecteurs ne se conforment pas encore à la disposition précitée de l'article 12; je le regrette d'autant plus que les rapports d'inspection médicale adressés aux préfets offrent souvent un intérêt considérable et sont étudiés avec grand fruit.

Les emprunts faits à ces documents forment la partie principale des notices spéciales qui accompagnent mon rapport et dont chacune est exclusivement consacrée à un département. Il a semblé, généralement, préférable de donner des extraits textuels, au lieu de se borner à une analyse : l'exposé des opinions et des faits devient ainsi plus fidèle et plus vivant. De même, préoccupée de l'exactitude des tableaux à présenter, mon administration n'a pas hésité à accueillir des appréciations nettement divergentes; ces notices ne sont pas des thèses, mais des comptes rendus dont la sincérité doit être le premier mérite. C'est dire que mon administration ne se rend à aucun degré solidaire de toutes les déclarations et opinions qu'elle a enregistrées : une réserve formelle est faite à cet égard, aussi bien pour les extraits des rapports des maires, des commissions locales et des juges de paix que pour les extraits des rapports des médecins-inspecteurs.

Ces divers documents, ainsi que les rapports des inspecteurs des enfants assistés, n'ont pas encore été rédigés d'après un plan uniforme. D'un département à un autre, d'une circonscription médicale ou d'une commune à une autre, les cadres où les renseignements se distribuent varient sensiblement; tels renseignements même, fournis dans un département, ne le sont pas dans un autre ou n'ont pas assez de précision pour qu'on puisse en tirer parti.

A raison de cette divergence des méthodes, de cette variété des cadres, il serait aujourd'hui difficile de faire une œuvre synthétique, malgré le très grand intérêt qu'offrirait un semblable travail.

Cette grave lacune sera comblée partiellement dans mon prochain rapport; il sera possible, cette année, d'établir une synthèse pour le groupe des départements où la protection fonctionne avec le plus de régularité. En effet, sur l'avis conforme, ou plutôt grâce à l'initiative du comité supérieur, deux questionnaires ont été préparés, dont l'un sera rempli par les médecins-inspecteurs, et l'autre par les commissions locales ou, à défaut de commissions locales, par les maires. Un autre questionnaire sera rempli par l'inspecteur départemental et résumera, en grande partie, le travail des juges de paix, des commissions et des maires.

Il ne s'agit nullement d'ailleurs de restreindre l'indépendance d'appréciation et de langage des hommes dévoués qui coopèrent à la Protection ; j'attache, au contraire, un prix tout particulier à ce qu'ils continuent d'exposer leurs vues personnelles avec une entière latitude. Sous la rubrique « Observations générales », ils pourront, après avoir répondu aux questions du cadre, entrer dans tous les développements que leur semblera motiver le sujet.

Malgré le caractère de fragments que présentent les notices jointes à mon rapport d'aujourd'hui, malgré les nombreuses et inévitables redites qu'elles contiennent, elles seront lues avec intérêt, je l'espère, par les personnes que leur situation rattache officiellement ou que leur bonne volonté a spontanément associées à l'œuvre de la Protection.

En résumé, le fonctionnement normal de ce service comporte essentiellement :

1° Les déclarations réglementaires des parents et des nourrices ;

2° Les inscriptions et notifications prescrites aux administrations municipales ou, plus brièvement, la comptabilité infantile ;

3° Les mesures directes de protection, la surveillance matérielle des enfants.

Les déclarations des parents et des nourrices sont les éléments constitutifs de la comptabilité infantile, et la tenue exacte de cette comptabilité est elle-même une condition nécessaire de mesures de protection efficaces et générales.

La partie administrative du service est incontestablement celle qui est le plus en souffrance.

Comme je l'ai dit plus haut, comme il ne faut pas se lasser de le répéter, beaucoup de familles, beaucoup de nourrices ignorent les obligations que la loi de 1874 leur impose : souvent elles ne font pas des déclarations règlementaires ; souvent aussi ces déclarations sont irrégulières ou tardives.

La publicité des dispositions légales qui intéressent les nourrices et les parents est fort insuffisante ; il est indispensable de lui donner, par l'emploi des moyens ci-dessus indiqués, une large extension et notamment de lui assurer une véritable permanence.

D'autre part, il ne faut plus reculer devant les sanctions édictées par la loi, quand on se trouve en présence de personnes qui l'enfreignent volontairement ; des médecins-inspecteurs et des juges de paix ont affirmé avec une sincérité courageuse la nécessité de faire des exemples.

Quant à la comptabilité infantile, envisagée à un point de vue d'ensemble, le seul naturellement où j'aie à me placer ici, elle est tenue encore d'une manière très défectueuse ; et, à cet égard, bien qu'un certain progrès soit constaté, les documents qu'on suppose être, d'après leur titre, un compte rendu de l'application de la loi et du règlement, ne sont souvent qu'un aveu plus ou moins formel de leur inexécution.

Pour remédier au mal, des appels plus nombreux et plus instants devront être adressés aux municipalités : il serait également bien utile que l'attribution des émoluments et des indemnités de déplacement, proposés en faveur des secrétaires de mairie et des juges de paix, fût prochainement votée dans tous les départements.

En ce qui concerne les mesures directes de protection, la surveillance matérielle des enfants, les résultats sont meilleurs. Il subsiste encore assurément dans l'industrie nourricière des abus d'une extrême gravité : l'insalubrité des habitations, les pratiques d'élevage anti-hygiéniques, la malpropreté, la mauvaise qualité du lait, enfin et surtout l'alimentation solide prématurée coûtent chaque année la vie à des milliers de nourrissons.

Moins que personne, je ne voudrais autoriser pour ma part les appréciations optimistes dont, au début de ce rapport, j'indiquais le danger et qui sont accueillies avec tant d'empressement, des uns, parce qu'elles les rassurent ; des autres, parce qu'elle semblent excuser leur inaction.

Néanmoins, dans les départements où l'inspection médicale fonctionne régulièrement, les témoignages sont trop nombreux, trop concordants, trop formels pour qu'il ne soit pas permis d'en conclure, sans optimisme, à une sensible amélioration dans les soins et dans l'alimentation que reçoivent les enfants du premier âge. La cause manifestement prépondérante du progrès accompli, c'est, je le répète, le zèle déployé par les médecins-inspecteurs, c'est leur propagande assidue des règles de l'hygiène infantile.

L'ignorance de beaucoup de nourrices et de parents, l'inertie de beaucoup de municipalités, tels sont en définitive les deux obstacles les plus redoutables qui entravent le développement de la Protection.

Par ma circulaire précitée du 19 juillet dernier, j'avais recommandé aux préfets d'insister auprès des conseils généraux en vue d'obtenir de ces assemblées le vote des crédits nécessaires, soit à la création, soit à l'extension du service.

L'augmentation de crédits afférente à l'exercice 1885, par comparaison avec l'exercice 1884, est de 69,844 fr. ; et, dans ce total, le département de l'Eure figure à lui seul pour 27,000 francs. Abstraction faite de ce département, le supplément de dotation voté d'une année à l'autre se trouve ramené à 42,844 francs.

Cette progression est jugée bien lente, quand on considère les énormes lacunes du service ; quand on constate, par exemple, que dans 24 départements l'inspection médicale n'a pas encore reçu même un commencement d'organisation, et que dans 24 également toute indemnité est refusée aux secrétaires de mairie pour la coopération indispensable et quotidienne qui leur est demandée. Mais il y a des missions devant lesquelles le découragement n'est pas permis ; aussi mon administration devra-t-elle multiplier son intervention, afin de convaincre les assemblées départementales, les municipalités, de la nécessité de la loi de Protection et de l'utilité des différents rouages qui assurent son fonctionnement ; elle est d'ailleurs puissamment secondée par le comité supérieur, qui ne cesse de lui accorder son plus bienveillant concours et dont je ne saurais trop signaler le dévouement.

Le patrimoine des existences, le capital humain, c'est la richesse la plus précieuse, ou plutôt, dans l'acception rigoureuse du terme, c'est la substance même d'une nation. Protéger la vie de l'enfant, sauvegarder ainsi l'avenir, c'est pour tous les peuples, quelque exubérante que soit leur natalité, à la fois donner satisfaction à un intérêt de premier ordre et accomplir un devoir étroit. Dans les pays tels que le nôtre, où le mouvement ascensionnel de la population est extrêmement faible, cet intérêt est plus vital encore, ce devoir est encore plus impérieux.

Le Gouvernement de la République doit donc entourer d'une sollicitude toute particulière l'œuvre de la Protection infantile : les différentes administrations auxquelles l'exécution de la loi de 1874 incombe, les municipalités notamment, sauront désormais, je l'espère, proportionner leurs efforts à la grandeur du but et à la grandeur des obstacles.

Je vous prie d'agréer, monsieur le Président, l'hommage de mon respect.

Le ministre de l'intérieur,

WALDECK-ROUSSEAU.

ANNEXES

DU

RAPPORT ADRESSÉ PAR LE MINISTRE DE L'INTÉRIEUR

AU PRÉSIDENT DE LA RÉPUBLIQUE

Et inséré au « Journal officiel » du 2 février 1885.

AIN

Crédits successivement votés par le conseil général.

1877	300 fr.
1878	300
1879	2.021
1880	1.000
1881	4.000
1882	4.000
1883	8.000
1884	15.624

Le crédit de 15,624 fr. proposé par le préfet, à la session d'août 1883, a été voté sans discussion par le conseil général.

L'inspection relève, pour l'année 1883, un nombre total de 2,492 enfants inscrits sur les registres de la Protection.

Ce nombre n'a été, en 1882, que de 1,433.

L'effectif présent, à la date du 1er janvier 1884, était de 1,349, y compris les enfants assistés de l'Ain d'un jour à deux ans.

Ces derniers étaient au nombre de 166; le chiffre des enfants placés par leurs parents en nourrice, en sevrage ou en garde était donc à la date précitée de 1,183.

Ces 1,183 enfants se répartissent ainsi :

1° Suivant le sexe :

Garçons	592	1.183
Filles	591	

Suivant l'état civil :

Légitimes	992	1.183
Naturels	191	

3° Suivant le département d'origine :

Ain	367	1.183
Autres départements	816	

4° Suivant le mode d'élevage :

Au sein	923	
Au biberon	130	1.183
En sevrage ou en garde	130	

Dix commissions locales ont transmis leur rapport. Elles déclarent que les soins donnés aux enfants sont, en général, satisfaisants.

La vérification par les juges de paix des registres de la Protection a été faite en 1883, pour la première fois, sur place, dans les communes du département de l'Ain.

L'appréciation générale des magistrats est que beaucoup de municipalités étaient, jusque dans le cours de cette année, restées indifférentes à l'application de la loi Roussel et que les écritures du service étaient fort négligées.

Les juges de paix déclarent, d'autre part, qu'un changement heureux s'est produit et qu'un grand nombre de maires et de secrétaires de mairie semblent devoir prêter un concours dévoué à l'œuvre de la Protection infantile : ils expriment toutefois le vœu que les prescriptions de la loi et du règlement soient fréquemment rappelées au public.

L'organisation d'une inspection médicale a rencontré dans l'Ain de très graves difficultés ; elles ont été aplanies grâce au désintéressement du corps médical, au zèle déployé par les représentants de l'administration.

58 circonscriptions sont maintenant instituées; le nombre des bulletins de visite transmis à la préfecture, en 1883, est de 2,800, et plusieurs médecins ont fait des visites qu'ils n'ont pas rele-

vées; on peut affirmer que le chiffre total des visites effectuées est supérieur à 3,000.

Un certain nombre d'enfants arrivent encore à l'âge de dix-huit mois à deux ans sans avoir été vaccinés; les médecins-inspecteurs combattent énergiquement, à ce point de vue, la négligence des parents et des nourrices.

A la suite d'une intervention de l'autorité administrative, une nourrice a été condamnée à l'amende pour refus d'obéissance aux prescriptions de la loi du 28 novembre 1874, prescriptions qui lui avaient été rappelées par la municipalité.

En janvier 1884, 865 bulletins de visite ont été adressés à la préfecture par les médecins-inspecteurs; et l'on est en droit d'espérer pour 1884 un nombre de bulletins trois fois plus considérable qu'en 1883.

D'autre part, ainsi qu'il a été dit plus haut, de 1882 à 1883, le nombre des enfants inscrits sur les registres de la Protection s'est élevé de 1,433 à 2,492, c'est-à-dire a augmenté dans une proportion de 74 p. 100.

Ces renseignements sommaires suffisent à prouver la vigueur de l'impulsion qu'a reçue dans le département de l'Ain le service de la Protection du premier âge.

AISNE

Crédits successivement votés par le conseil général :

1877...............................	4.000 fr.
1878...............................	6.000
1879...............................	13 000
1880...............................	13.000
1881...............................	14.000
1882...............................	15.500
1883...............................	16 000
1884...............................	26.000

L'effectif total des enfants ayant figuré en 1883 sur les registres de la Protection est de 3,489.

L'effectif présent au 31 décembre 1883 était de 1,636.

Ces 1,636 enfants se répartissent de la manière suivante :

Au point de vue de l'état civil :

Légitimes......................	1.162	} 1.636
Naturels......................	474	

Au point de vue du sexe :

Garçons......................	800	} 1.636
Filles......................	836	

Au point de vue de l'élevage :

Au sein......................	575	
Au biberon..................	1.023	} 1.636
Autre mode..................	5	
En élevage ou en garde..........	33	

Au point de vue de l'origine :

Nés dans le département........	463	} 1.636
Nés hors du département........	1.173	

Sur les 1,173 enfants étrangers au département de l'Aisne, présents à la date du 31 décembre 1883, 1,073, soit environ 91,47 p. 100, étaient originaires de celui de la Seine.

Sur les 3,489 enfants formant l'effectif total des enfants protégés pendant le cours de l'année 1883, 1,218, soit 34,90 p. 100, étaient élevés au sein; 2,271, soit 65 p. 100, étaient nourris au biberon, au verre ou à la chèvre, ou étaient placés soit en sevrage, soit en garde.

Le comité départemental a demandé, notamment, que les certificats médicaux ne pussent être délivrés aux nourrices que par le médecin-inspecteur de leur circonscription. « La latitude laissée aux nourrices par l'article 29 du règlement d'administration publique, de pouvoir se procurer des certificats auprès de n'importe quel médecin, donne lieu à trop d'abus auxquels on doit remédier. »

Sur 150 commissions locales, 143 ont adressé leur rapport de fin d'année. Le département de l'Aisne paraît un de ceux où ce rouage du service fonctionne le mieux; on y a fait cette observation intéressante que les commissions qui témoignent de la meilleure volonté sont précisément celles qui ont le plus de nourrissons à visiter. Malgré les éloges que méritent beaucoup de commissions locales de l'Aisne, l'inspecteur des enfants assistés remarque judicieusement « qu'en général elles ne sont pas assez sévères. Les maires, ainsi que les secrétaires de mairie, hésitent à signaler les manquements et les négligences des nourrices; ils sont trop portés à ne voir que le bien et à ne signaler que les bonnes éleveuses. »

La plupart des juges de paix ont procédé sur place, en 1883, à la vérification des registres: les progrès constatés ont été encore très sensibles.

Un juge de paix a néanmoins le regret de déclarer que les maires se soucient généralement fort peu des observations présentées au sujet de la tenue des registres; ils s'en reposent le plus souvent sur les secrétaires de mairies. D'autre part, il semble fréquemment à ces derniers « que ce n'est pas là une partie sérieuse de leur travail, et que les registres qu'ils possèdent et tout ce qu'on leur demande d'y inscrire, ne sont que paperasseries sans nécessité. Il y a près de dix ans que la loi existe, et il est temps, ce me semble, de la faire appliquer à la lettre; autrement vos vérifications seraient dérisoires. On pourrait se moquer de nos observations; et il est toujours dangereux de laisser entraîner les gens sur cette pente, voire même les fonctionnaires chargés d'assurer un service public ».

D'après deux rapports, beaucoup de nourrices ignorent ou feignent d'ignorer qu'il leur faut, pour nourrir au sein deux enfants à la fois, une autorisation spéciale du médecin-inspecteur de la circonscription.

Dans une commune où le secrétaire de mairie est particulièrement dévoué à l'œuvre de la protection, il n'a été signalé qu'une seule omission de détail sur neuf déclarations.

L'inspecteur des enfants assistés déclare que les vérifications ont été faites par les juges de paix et « avec le soin le plus minutieux; les moindres omissions ou infractions ont été relevées scrupuleusement ». Ce même fonctionnaire ne doute pas que « par suite de la vérification sur place des registres, les observations verbales de MM les juges de paix n'obtiennent d'excellents résultats ».

Sept condamnations ont été prononcées en 1883, dans le département de l'Aisne, pour infractions à la loi du 23 décembre 1874 ou au règlement d'administration publique.

Il existait 102 circonscriptions d'inspection médicale : 88 médecins-inspecteurs ont adressé leur rapport de fin d'année.

Un médecin regrette, pour beaucoup de nourrissons, l'insuffisance de vêture : « Le froid est fatal aux enfants en bas-âge, chez lesquels il détermine des broncho pneumonies et des affections gastro-intestinales. Il y a donc lieu d'exiger des parents une layette mieux fournie ».

Un médecin fait connaître que, dans sa circonscription, « la mortalité des enfants du premier âge mis en nourrice est moins grande que celle des enfants qui restent chez leur mère. Ainsi, sur plus de 40 nourrissons, il y a eu 8 décès, un cinquième, et sur 235 enfants soignés par leur mère, on compte 65 décès, soit un quart. C'est donc commettre une grande injustice que de lancer contre les nourrices et contre la loi de Protection les accusations publiées dans les journaux ».

« Il serait bien plus urgent de combattre l'ingratitude et la négligence de ces parents qui se débarrassent de leurs enfants, ne s'acquittent pas ou s'acquittent mal des engagements qu'ils ont pris, font attendre le salaire dû aux nourrices, et, ce qui est plus odieux, les en privent trop souvent. Quant aux résultats obtenus par la loi, ils sont incontestables : la surveillance s'exerce, elle agit comme moyen d'intimidation, elle a déjà détruit « un grand nombre d'abus ».

« Il serait bien désirable, dit un autre inspecteur, que, dans les villes tout au moins, les enfants ne fussent confiés aux nourrices qu'après avoir subi un examen médical. Beaucoup de ces enfants étaient plus ou moins malades quand on les a remis à leurs nourrices. Un voyage accompli dans de telles conditions, et pour beaucoup dans la saison rigoureuse, n'a pu que leur être funeste. — Il arrive encore trop souvent que quand on fait observer à une nourrice que l'enfant qui lui est confié pourrait être beaucoup mieux soigné, elle vous répond : Je le soigne encore mieux que sa mère ne me paye. »

D'une manière générale, les médecins-inspecteurs de l'Aisne se plaignent de l'irrégularité avec laquelle un grand nombre de parents payent aux nourrices le salaire convenu ; assez souvent même celles-ci ne peuvent rien obtenir.

Le corps médical exprime le vœu que des mesures soient prises pour remédier à cet état de choses.

Un rapport mentionne les conditions défectueuses où se trouvent bien des enfants, au point de vue de l'habitat. « Que de fois, arrivant à l'improviste, n'ai-je pas trouvé des enfants relégués dans des cabinets noirs, sans ouvertures extérieures ni cheminées ! Dans ces cabinets s'entassent le berceau et le linge sale de la famille. »

Un médecin-inspecteur a fait, dans un village, une conférence populaire sur la manière d'élever les enfants. Encouragé par le succès de ce premier essai, il annonce son intention de multiplier ces réunions dont les mères de famille autres que les nourrices sont également appelées à profiter.

Un rapport signale la trop grande facilité avec laquelle les maires accordent des certificats « à des personnes très mal logées et dans un état de pauvreté tel qu'elles ne peuvent donner aux nourrissons les soins nécessaires ».

Un médecin déclare avoir regretté bien des fois que la loi Roussel n'étendît pas sa protection sur les enfants élevés dans la famille. Il se plaint également de voir les nourrices et les mères de famille à la campagne ne demander le médecin que « lorsque l'enfant a maigri considérablement et qu'elles ont épuisé tous les remèdes de commères ».

Dans une circonscription, trois retraits d'office ont eu lieu sur les diligences du médecin-inspecteur : celui-ci a également adressé à cinq autres nourrices des réprimandes qui ont porté leurs fruits ; « car les enfants confiés à leurs soins ont été trouvés depuis dans de bonnes conditions. »

Le même médecin cite « entre dix » le fait suivant, vraiment significatif, comme exemple de « mauvaise foi et d'audace » de certains parents à l'égard des nourrices.

Une d'elles, « lasse de garder l'enfant pendant sept mois sans payement, s'est décidée à le reporter à ses parents. Ceux-ci, pour tout argent, lui ont donné des sottises, lui reprochant de leur avoir rendu le nourrisson, déclarant qu'ils ne savaient qu'en faire et qu'elle devait encore le garder jusqu'à nouvel ordre. Ils intimidèrent tellement la bonne femme que celle-ci aimant beaucoup son nourrisson, et craignant qu'il ne fût maltraité chez ses parents, l'a repris et est revenue au pays la bourse plus légère qu'en partant ».

D'après un rapport, « il faut lutter, et lutter à peu près sans espoir, pour amener les braves femmes de la campagne à oser plonger un enfant dans une eau tiède qui le débarrassera de toutes les saletés accumulées. C'est un préjugé invétéré que l'eau, employée extérieurement, est nuisible ».

Un médecin mentionne, comme cause fréquente de mortalité, la fatigue résultant du transport de l'enfant chez la nourrice. « Sur les 13 décès qu'il a observés en 1883, il en a trouvé 6 qui se sont produits quelques jours seulement après l'arrivée de l'enfant.

« De toutes les causes, dit un autre médecin-inspecteur, auxquelles la mortalité des nouveau-nés doit être attribuée, la débilité originelle est la plus fréquente... Cette cause est trop méconnue par les journaux politiques qui s'occupent de la mortalité des enfants du premier âge, et c'est ainsi qu'ils imputent aux nourrices seules les décès des nourrissons et déclarent illusoires les effets de la loi qui a été faite pour les protéger. Voilà à quelles accusations irréfléchies conduit une étude superficielle des faits. Pendant de longues années, il y a eu des abus et des erreurs déplorables, mais aujourd'hui, quoi qu'on en dise, les habitudes se sont améliorées à tous les points de vue ».

Au cours de son remarquable rapport d'ensemble, l'inspecteur des enfants assistés de l'Aisne remercie, à bon droit, les médecins de ce département « de leur zèle et du dévouement qu'ils montrent dans l'accomplissement d'une mission si humanitaire et si patriotique, dont ils ont depuis longtemps compris toute l'importance ».

———

ALLIER

Crédits successivement votés par le conseil général :

1877	6.900 fr.	»
1878	»	»
1879	»	»
1880	1.000	»
1881	»	»
1882	7.000	»
1883	7.000	»
1884	13.322	57

Le crédit de 13,322 fr. 57 proposé par le préfet à la session d'août 1883 a été voté sans discussion par le conseil général.

Le chiffre total des enfants ayant figuré en 1883 sur les registres de la Protection est de 1,840.

L'effectif présent à la date du 31 décembre 1883 était de 1,109, comprenant 517 garçons et 592 filles.

Dans le total de 1,840, les enfants non assistés figurent pour 1,030.

L'effectif des enfants non assistés présents au 31 décembre 1883 était de 540, comprenant 253 garçons et 287 filles.

Dans le chiffre total de 1,840 enfants, ayant figuré en 1883 sur les registres de la Protection, on compte 810 enfants assistés, parmi lesquels 12 enfants assistés de l'Allier et 798 enfants assistés étrangers à l'Allier.

Parmi ces 798 enfants, 31 appartiennent à la Loire, 185 au Rhône et 582 à la Seine.

Ce dernier département place, on le voit, un très grand nombre de pupilles dans l'Allier.

A raison de ce fait, les enfants assistés forment près de la moitié de l'effectif inscrit sur les registres de la Protection (810 sur 1,840).

Les 1,030 enfants non assistés, qui ont eu droit à la protection légale, se répartissent ainsi :

1° D'après le sexe :

Garçons	494	
Filles	536	1.030

2° D'après le mode d'élevage :

Au sein	386	
Au biberon	243	1.030
En sevrage ou en garde	481	

3° D'après l'origine :

Nés dans le département	817	
Nés hors du département	213	1.030

Voici, pour les enfants placés par leurs parents en nourrice, en sevrage ou en garde dans l'Allier, la progression constatée par l'inspection départementale :

Années	Enfants.
1878	600
1879	709
1880	715
1881	856
1882	899
1883	1.030

25 commissions locales sont instituées dans l'Allier ; deux seulement ont adressé leur rapport de fin d'année. L'une exprime une affirmation de tout point favorable à la manière dont sont traités les nourrissons ; l'autre déclare qu'ils « sont, en général, bien soignés », mais reconnaît que les déclarations des nourrices sont loin d'être faites régulièrement.

Une municipalité fait connaître que « la commission de Trévol n'a jamais fonctionné et que la moitié au moins de ses membres donneraient leur démission s'ils étaient astreints à des réunions périodiques et à rédiger des rapports ».

Les registres de la Protection ont été vérifiés avec soin par les juges de paix : un rapport a été transmis par chacun des 28 cantons de l'Allier.

Il est constaté que, dans cinq cantons, les registres sont généralement bien tenus ; mais le service des écritures de la Protection est encore très défectueux dans un fort grand nombre de communes de l'Allier : il fait même absolument défaut dans un certain nombre d'entre elles.

On verra, par les observations suivantes, que cette appréciation n'a rien d'exagéré.

Canton de............, dans six communes sur huit aucune déclaration n'a été faite.

Canton de............, d'après les renseignements que le juge de paix a pris la peine de recueillir, 30 enfants au moins auraient dû être inscrits sur les registres, qui n'en mentionnent que 18.

Canton de............, treize communes : aucune inscription sur les registres.

Dans un autre canton où l'industrie nourricière est importante, le juge de paix donne des indications attristantes sur la manière dont elle s'exerce.

« Quelques nourrices ont deux et trois nourrissons ; elles doivent certainement les obtenir sans certificat ou elles font à la mairie de fausses déclarations. Quelquefois elles déclarent vouloir nourrir au biberon, et elles n'ont chez elles ni chèvres, ni vaches, et ne doivent pas acheter de lait. Aussi elles doivent donner à l'enfant une nourriture trop abondante, qui est peut-être la cause de décès aussi nombreux. »

Le conseil général de l'Allier a inscrit à son budget de 1884 une somme de 2,132 fr., en vue de l'attribution aux secrétaires de mairie des émoluments prévus par la circulaire du 21 juillet 1882 ; on a l'espoir que, grâce à ces allocations, la tenue des registres ne tardera pas à devenir moins défectueuse.

Un arrêté préfectoral du 1er août 1882 a divisé le département de l'Allier en 57 circonscriptions d'inspection médicale : 23 médecins-inspecteurs ont adressé leur rapport de fin d'année et il n'a été transmis à la préfecture que 1,434 bulletins de visite.

Abstraction faite des 810 enfants assistés dans l'intérêt desquels fonctionne une inspection spéciale, qu'est-ce que 1,434 visites pour les 1,030 enfants non assistés qui avaient droit à la protection légale ?

Ces chiffres donnent la mesure de l'énergie des efforts qui restent à accomplir pour assurer l'application de la loi Roussel dans le département de l'Allier.

ALPES (BASSES-)

Crédits successivement votés par le conseil général :

1877	1.800 fr.
1878	1.200
1879	1.200
1880	1.200
1881	1.200
1882	1.200
1883	2.000
1884	26.500

Le crédit de 25,500 fr., proposé par le préfet, a été voté sans discussion par le conseil général, à la session d'août 1883.

Les registres du service accusent, pour l'année 1883, un nombre total de 1,051 enfants placés en nourrice, en sevrage ou en garde. — Ce nombre était de 799 pour 1880, de 845 pour 1881, de 937 pour 1882.

L'effectif présent au 1er janvier 1883 était de 470 enfants ; il s'élevait à 537 le 1er janvier 1884.

Les 1,051 enfants susvisés se répartissent ainsi :

1° Suivant le sexe :

Garçons	547 }	1.051
Filles	504 }	

2° Suivant l'état civil :

Légitimes	883 }	1.051
Naturels	168 }	

3° Suivant le département d'origine :

Basses-Alpes	422	
Bouches-du-Rhône	462	
Var	123	
Alpes-Maritimes	24	
Vaucluse	14	1.051
Hautes-Alpes	4	
Pyrénées-Orientales	1	
Gard	1	

Cinq rapports seulement de commissions locales ont été transmis pour 1883 : ils contiennent une appréciation favorable sur la manière dont l'industrie nourricière s'exerce dans le rayon de leur surveillance.

Quinze juges de paix sur trente ont adressé des rapports concernant la vérification des registres de la Protection : il résulte du travail de ces magistrats que, dans un grand nombre de communes, les registres sont tenus très irrégulièrement ou même ne le sont pas. Dans certaines mairies, les registres transmis par l'administration préfectorale étaient encore sous bande.

Sur 39 médecins-inspecteurs, 5 seulement ont adressé leur rapport de fin d'année.

L'un de ces médecins a visité 39 enfants, parmi lesquels 5 sont morts, 3 d'intérite et 2 d'une affection pulmonaire.

Aux termes d'un rapport, « beaucoup de nourrices reçoivent encore des nourrissons sans se munir préalablement des divers certificats nécessaires, ce qui laisse la voie libre à beaucoup d'abus. Les registres des mairies laissent beaucoup à désirer sous le rapport de l'exactitude, et bien des communes n'en tiennent aucun. »

Un médecin-inspecteur « se plaît à reconnaître que les enfants sont mieux soignés et que la mortalité diminue ».

Dans une circonscription, sur 44 enfants dont la présence a été constatée, 7 sont morts. Trois de ces derniers n'ont reçu aucuns soins médicaux ; quatre ont été visités, mais seulement *in extremis*.

« En général, dit un médecin-inspecteur, la plupart des nourrices, sinon toutes, n'ont jamais eu la velléité de lire ou le désir d'entendre lire les instructions et les recommandations si claires et précises, si faciles à suivre, formulées par l'académie de médecine..... Je me suis heurté dès le début et durant toute l'année contre une difficulté sérieuse : l'impossibilité d'obtenir des secrétaires de mairie les indications relatives à l'arrivée et au retrait des nourrissons. Un seul, plus zélé, m'a communiqué le tableau du mouvement des enfants du premier âge dans sa commune en 1882. Or, ce tableau, plein d'erreurs et d'inexactitudes, n'a fait que compliquer une tâche déjà fort ingrate et laborieuse ; c'est grâce seulement à mes efforts individuels et aux indications recueillies çà et là, que j'ai découvert et inscrit sur mon registre, depuis le 1er janvier 1883, les 25 nourrissons répartis sur vingt quartiers différents. »

Comme on l'a vu plus haut, le conseil général des Basses-Alpes a bien voulu inscrire à son budget de 1884 un crédit de 26,000 francs, permettant l'organisation sur de larges bases du service de la Protection infantile.

ALPES (HAUTES-)

Crédits successivement votés par le conseil général.

1877	6.000 fr.
1878	6.000
1879	6.000
1880	6.000
1881	6.000
1882	6.000
1883	12.000
1884	13.200

Le crédit de 13,200 fr., proposé par le préfet à la session d'août 1883, a été voté par le conseil général après un échange d'observations relatives au mode de payement des médecins inspecteurs.

Les registres mentionnent 1,488 enfants ayant eu droit à la protection légale au cours de l'année 1883.

Le nombre des enfants protégés était :

En 1879 de 688.
En 1880 de 883.
En 1881 de 1.242.
En 1882 de 1.268.

Il a donc presque doublé depuis 1879.

L'effectif présent à la date du 31 décembre 1883 était de 909.

Les 1,488 enfants protégés se répartissent suivant l'état civil :

Les enfants légitimes................ 871) 1.488
— naturels.................. 617)

Cette proportion d'enfants naturels est assurément une des plus considérables.

On ajoute immédiatement que le département des Bouches-du-Rhône envoie un grand nombre de ses enfants assistés dans les Hautes-Alpes

Plus des deux tiers des enfants, 1,091 sur 1,488, sont originaires des Bouches-du-Rhône ; 354 sont nés dans les Hautes-Alpes; 43 seulement viennent d'autres départements.

Pendant l'année 1883, 656 enfants âgés de moins d'un an ont été placés en nourrice dans les Hautes-Alpes.

470 étaient originaires des Bouches-du-Rhône :

Légitimes............... 194) 470
Naturels.................. 276)

161 étaient nés dans les Hautes-Alpes :

Légitimes.............. 149) 161
Naturels .... 12)

25 seulement, parmi lesquels 19 légitimes et 6 naturels, étaient originaires d'autres départements.

Sur ces 656 enfants, 217 ont été placés par des meneuses et 314 par les parents : pour 125, il n'y a pas eu indication des intermédiaires.

24 commissions locales ont été instituées : 3 seulement ont adressé leur rapport de fin d'année.

Les juges de paix ont procédé, en 1883, pour la première fois sur place, à la vérification des registres : cette opération a été faite avec beaucoup de soin.

De plus, ces magistrats ont bien voulu la mettre à profit pour expliquer le jeu des écritures de la Protection aux maires et aux secrétaires de mairie, ainsi que pour leur démontrer la portée bienfaisante de la loi. L'administration départementale n'a pas tardé à constater l'heureux effet de cette intervention.

La tenue des registres s'améliore ; mais elle est encore très défectueuse dans un grand nombre de communes.

On croit utile de mentionner ici trois faits aussi regrettables que caractéristiques :

Dans la plupart des communes d'un canton, les maires considéraient la loi Roussel « comme devant rester à l'état de lettre morte ». Les registres avaient été perdus de vue et relégués dans un coin de la mairie jusqu'au commencement de l'année 1883.

Dans un autre canton, un magistrat municipal a fait placer en nourrice trois enfants sans provoquer aucune déclaration et sans que les nourrices eussent accompli la moindre des formalités. Deux de ces enfants sont morts en nourrice sans avoir reçu de soins médicaux.

Enfin, dans un troisième canton, où les nourrices négligent le plus souvent de se rendre à la mairie et d'y faire les déclarations légales, où les maires « sont obligés de se mettre eux-mêmes à leur recherche », le juge de paix avait proposé avec raison aux magistrats municipaux de faire poursuivre les contrevenants ; mais tous ont refusé de les lui indiquer, « voulant, disaient-ils, les prévenir une fois encore avant d'en arriver à ce moyen de rigueur, espérant que, sa visite connue, les intéressées seraient plus exactes à remplir leurs obligations ».

Il existe 25 circonscriptions d'inspection médicale : 18 médecins-inspecteurs ont adressé leur rapport de fin d'année.

Comme le montre le tableau suivant, le nombre des enfants visités par les médecins-inspecteurs a augmenté, depuis 1879, de 33,73 p. 100; et ce qui prouve l'amélioration notable du revenu dans le service de l'inspection, c'est la diminution progressive de l'écart constaté entre le nombre des enfants inscrits sur les registres de la Protection et celui des enfants visités.

L'écart était en 1879 de plus de moitié (314 enfants visités sur 688 inscrits) : il n'est plus en 1883 que de 1/5 environ (1,181 enfants visités sur 1,488 inscrits.)

	Enfants inscrits.	Enfants visités.
1879......................	688	314
1880......................	883	485
1881......................	1.242	860
1882......................	1.268	1.066
1883......................	1.488	1.181

ALPES-MARITIMES

Crédits successivement votés par le conseil général :

1877......................	500 fr.
1878......................	5.000
1879......................	5 000
1880......................	11.000
1881......................	11.000
1882......................	11.000
1883......................	11.000
1884......................	14.000

L'effectif total des enfants ayant figuré, en 1883, sur les registres de la Protection, a été de 1,625, dont 848 garçons et 777 filles.

L'effectif présent au 1er janvier 1884 était de 1,064. dont 564 garçons et 500 filles ; l'augmentation sur l'année précédente était de 21 nourrissons, l'effectif au 1er janvier 1883 ayant été de 1,043.

Le chiffre susvisé de 1,625 enfants ne comprend que 63 nourrissons originaires d'un autre département que celui des Alpes-Maritimes.

D'après les rapports transmis par les juges de paix, la tenue des écritures est relativement satisfaisante dans quinze cantons ; elle laisse beaucoup à désirer dans les onze autres : un grand nombre de parents, soit par ignorance de la loi, soit par indifférence, omettent encore de faire les déclarations réglementaires.

Le département est divisé en 22 circonscriptions d'inspection médicale ; 21 médecins-inspecteurs ont adressé leur rapport de fin d'année.

Une de ces circonscriptions est de beaucoup la plus importante ; elle a englobé, en 1883, 375 enfants, c'est-à-dire 23,07 p. 100 de l'effectif total, qui a été de 1,625. Le médecin-inspecteur constate que généralement le service de la « Protection fonctionne assez convenablement, l'application de cette loi si bienfaisante entrant de plus en plus dans les habitudes des populations. » Il a dû refuser le certificat d'aptitude à deux filles-mères pour cause d'affection contagieuse ; il a dû également, à plusieurs reprises, provoquer le retrait d'enfants par suite de grossesse, d'abcès au sein « de gale invétérée allant jusqu'à compromettre l'existence de la frêle créature ».

Un autre médecin-inspecteur reconnaît que, dans sa circonscription, « les habitations des gens de la campagne laissent beaucoup à désirer sous le rapport de l'hygiène ; mais, ajoute-t-il, l'atmosphère de nos montagnes convient merveilleusement aux sujets à constitution faible ; sous son influence les constitutions rachitiques, et, en première ligne, les petits sujets scrofuleux, s'améliorent promptement ». Le même docteur se félicite justement de voir « que les nourrices commencent à vaincre la répugnance qu'elles avaient à baigner les jeunes enfants. L'usage qu'ont généralement les parents de fournir le savon aux nourrices en sus de leur salaire contribue puissamment à l'amélioration des soins de propreté. »

Après s'être plaint de l'omission ou de l'irrégularité des déclarations qui incombent aux nourrices et aux parents, un médecin exprime la conviction que, si l'on faisait quelques exemples, la loi Roussel ne tarderait pas à pénétrer complètement dans les mœurs ; car ce qui est de nature à toucher profondément l'apathie des habitants de la campagne, ce sont bien les punitions pécuniaires.

Un médecin demande l'allocation « de petites primes aux agents de police qui rechercheraient les nourrissons non inscrits ». Mais il voudrait surtout que l'on encourageât la création de sociétés maternelles ou protectrices de l'enfance.

Un médecin signale la nécessité « d'appliquer parfois les pénalités édictées par la loi, pénalités qui sont, jusqu'à ce jour, demeurées lettre morte ». Après avoir rappelé que le nombre des déclarations est encore bien loin de répondre à celui des mises en nourrice, le même docteur exprime l'avis qu'il n'y a qu'un moyen de remédier à cette situation ; il faut, dit-il, « que le règlement donne au maire le droit d'envoyer un de ses agents au domicile de tout nouveau-né quinze jours ou un mois après la déclaration à la mairie et que cet agent puisse se faire présenter l'enfant et s'assurer ainsi s'il a été ou n'a pas été mis en nourrice hors du domicile de ses parents. Cette mesure n'aurait absolument rien de vexatoire et donnerait certainement un résultat complet ».

ARDENNES

Crédits successivement votés par le conseil général :

1877	1.000 fr.
1878	1.000
1879	1.000
1880	2.500
1881	2.500
1882	2.500
1883	5.000
1884	10.000

Le vote, à la session d'août 1883, du crédit de 10,000 fr. n'a donné lieu à aucun débat au sein du conseil général.

Les registres des mairies mentionnent, pour 1883, 306 enfants ayant eu droit à la protection légale : le chiffre, en 1882, était de 311.

Les deux tiers des 306 enfants susvisés sont originaires des Ardennes ; le dernier tiers est fourni par d'autres départements.

Les secrétaires de mairie recevront, à partir de 1884, les émoluments prévus par la circulaire du 21 juillet 1882.

Des notifications de placement ont été adressées à 47 médecins-inspecteurs : 29 d'entre eux seulement ont fourni des bulletins de visite. Parmi les 18 qui n'en ont pas envoyé, 4 ont fait des visites aux enfants.

Cinquante-neuf nourrissons paraissent avoir été visités dans ces conditions ; mais il n'a pas été possible à l'administration départementale de mesurer l'exactitude de cette surveillance.

En définitive, 140 enfants seulement, sur les 306 qui ont été enregistrés, ont été, en 1883, l'objet de visites médicales certifiées par l'envoi des bulletins : le chiffre de ces visites a été de 824.

ARIÈGE

Crédits successivement votés par le conseil général :

1877	5.260 fr.
1878	5.260
1879	8.000
1880	8.000
1881	8.000
1882	8.000
1883	12.000
1884	12.000

Le crédit de 12,000 fr. proposé par le préfet à la session d'août 1883 a été voté sans discussion par le conseil général.

En 1883, le service d'inspection relève la présence de 1,430 enfants placés hors du domicile de leurs parents en nourrice, en sevrage ou en garde.

On compte :

296 nourrissons de plus qu'en 1882.
305 nourrissons de plus qu'en 1881.
379 nourrissons de plus qu'en 1880.

De ces 1,430 enfants, 781 sont nés dans l'Ariège et 649 dans d'autres départements ; et sur les 649 enfants étrangers à l'Ariège, 469 (parmi lesquels 291 illégitimes) sont originaires de la Haute-Garonne.

Plus de la moitié, d'ailleurs, des nourrissons étrangers à l'Ariège, 326 sur 649, sont des enfants naturels.

L'effectif total de 1430 se répartit :

1° Suivant le sexe....... { Garçons... 716 } 1.430
{ Filles .... 714 }

2° Suivant l'état civil.... { Légitimes. 970 } 1.430
{ Naturels.. 460 }

L'effectif au 31 décembre 1883 était de 656, dont 335 nés dans l'Ariège et 321 dans d'autres départements.

L'administration départementale constate l'extension, à un double point de vue, de l'industrie nourricière dans l'Ariège.

On voit augmenter le nombre des femmes qui prennent des nourrissons chez elles et surtout de celles qui vont se placer comme nourrices dans les familles.

19 commissions locales ont adressé leur rapport : elles s'accordent à déclarer que les irrégularités deviennent moins nombreuses, et que les enfants sont l'objet de soins plus empressés et plus intelligents que par le passé.

22 médecins-inspecteurs ont transmis leur rapport.

Un médecin déclare que « les commissions de surveillance, s'il en existe, ne fonctionnent pas, et que les maires comptent sur le bon vouloir des médecins-inspecteurs. »

D'après un rapport, « on empêche maintenant ces arrivées d'enfants naturels, importés de Toulouse pour la plupart et jetés dans nos montagnes à des nourrices indignes. Ces tristes usages, cette industrie meurtrière, tendent tous les jours à disparaître ; et il n'en restera plus trace bientôt, grâce aux efforts dirigés de tous côtés, grâce à l'influence d'une loi bienfaisante » Dans la circonscription confiée à l'auteur de ce rapport, sur 47 enfants surveillés, 2 seulement sont décédés.

On lit dans un autre rapport : « Les sages-femmes et les placeuses qui, les autres années, commettaient de nombreuses infractions à la loi et au règlement, se mettent, depuis quelque temps, à l'abri de tout reproche, en exigeant des nourrices, sevreuses ou gardeuses, les pièces nécessaires avant de leur confier les enfants dont elles disposent. Aussi pouvons-nous, à juste titre, constater que les soins sont plus assidus de la part des nourrices que par le passé. »

Un médecin mentionne le décès d'une enfant « qui n'ayant pu être vaccinée en temps utile, avait été prise de variole, en était guérie, et qui,

atteinte une seconde [fois de la même maladie, trois mois après, y a succombé ». Le même inspecteur a fait opérer, en 1883, onze changements de nourrices : « les unes étaient devenues enceintes, les autres — et c'est le plus grand nombre, — avaient un lait insuffisant. Je me suis on ne peut mieux trouvé de cette détermination, attendu que les nourrissons, qui étaient devenus tristes et chétifs avec les premières nourrices, ont repris au bout de peu de jours leur gaieté et leur force avec les nouvelles. »

Un autre médecin déclare que « dans sa circonscription aucune nourrice n'a le soin de se munir, en temps voulu, du certificat médical. Les nourrices prennent d'abord l'enfant, après quoi, quelque temps après, lorsque le maire ou l'inspecteur leur en fait la remarque, elles se procurent le certificat. » Le même médecin se plaint de n'être presque jamais avisé du retrait des nourrissons.

Un de ses confrères fait remarquer « que les nourrissons qu'on va chercher à Toulouse sont, en général, dans les plus mauvaises conditions de santé. Il faut, pour qu'ils résistent, que les nourrices prennent d'eux un soin tout particulier : ce qui démontre les grands services déjà rendus par la loi de 1874, c'est que la mortalité, parmi ces pauvres déclassés, devient moindre chaque année ».

Aux termes d'un rapport : « Le service de Protection commence à fonctionner assez bien. Les demandes de certificats se font régulièrement ; mais il est une chose qu'il est fort difficile d'obtenir, c'est la déclaration du retrait. MM. les maires ne sont pas plus heureux que nous ; ces omissions nous obligent à des déplacements inutiles...

« Je demanderai toujours que les enfants, avant d'être confiés aux nourrices, soient examinés par le médecin de la circonscription où ils sont nés, qu'ils soient nantis d'un certificat de santé analogue à celui qu'on exige des nourrices ». L'auteur de ce rapport signale une nourrice qui a successivement élevé quatre enfants « les a reçus dans un état déplorable et les a tous rendus bien portants ».

Dans une circonscription, sur 57 enfants surveillés en 1883, six sont morts, trois de faiblesse congénitale quelques jours après la naissance, et les trois autres « de maladies résultant du sevrage ou de la dentition. » Le médecin-inspecteur a provoqué trois déplacements de nourrissons, pour insuffisance de lait ou défaut de soins.

Dans une autre circonscription, sur 21 enfants, surveillés en 1883, aucun n'est décédé ; huit retraits ont été opérés. Trois enfants faibles ou malades ont été déplacés et confiés à d'autres nourrices. La santé de tous est devenue meilleure.

Un médecin-inspecteur se plaint de voir souvent échouer son action « contre le mauvais vouloir des nourrices et l'indifférence de quelques maires. C'est ainsi qu'à deux reprises il ne m'a pas été possible d'obtenir un changement de nourrice que j'avais énergiquement réclamé dans une demande motivée. Je dois ajouter que les familles s'opposent parfois au déplacement des enfants, bien que reconnu urgent, indispensable par le médecin. » Le même inspecteur mentionne le dévouement d'une nourrice qui a adopté un enfant naturel abandonné par sa mère, et pour lequel aucun salaire n'était payé depuis longtemps.

Un autre médecin constate que, sur douze nourrissons surveillés par lui en 1883, un seul était élevé au biberon. Il n'a eu, le plus souvent, qu'à se louer des soins donnés et des résultats obtenus : il a dû néanmoins provoquer trois déplacements de nourrissons.

Les contraventions relevées par l'autorité administrative ont été déférées aux parquets : il s'en est suivi quelques condamnations; et chaque fois le préfet les a fait mentionner au recueil des actes administratifs, en supprimant le nom des contrevenants.

C'est une mesure salutaire qu'il conviendra de généraliser.

AUBE

Crédits successivement votés par le conseil général :

1877	5.820 fr.
1878	5.000
1879	2.500
1880	6.500
1881	8.000
1882	8.000
1883	9.200
1884	9.200

Le conseil général, dans sa session d'août 1883, n'a pas cru devoir accueillir une proposition du préfet, ayant pour objet le vote d'une allocation de 1,800 fr. destinée à rémunérer les secrétaires de mairie.

L'effectif total des enfants ayant figuré en 1883 sur les registres de la Protection a été de 1,421.

L'effectif présent au 31 décembre 1883 a été de 625.

Le nombre des enfants protégés a suivi, dans l'Aube, la progression ci-après :

1879	694
1880	934
1881	1.186
1882	1.352
1883	1.421

Il a ainsi plus que doublé en cinq ans.

Sur les 1,421 enfants surveillés en 1883, 214 seulement étaient nourris au sein, soit 15,05 p. 100.

La proportion des enfants soumis à l'allaitement naturel, déjà bien faible en 1882 (17,67 p. 100) a donc encore diminué en 1883.

Sur 1,421 enfants protégés, 1,079 appartenaient à l'Aube ; 310 étaient originaires de la Seine; les autres, soit 39, venaient de onze départements.

Le comité départemental s'est réuni deux fois en 1883 : après avoir constaté les heureux effets de la loi, il a exprimé sa vive satisfaction pour les résultats obtenus; il a également déclaré que

le vœu du législateur semble atteint dans le département de l'Aube et qu'il n'y a aucune nouvelle mesure importante à introduire dans l'organisation et la marche du service.

Il existe 262 commissions locales ; 121 ont fonctionné d'une manière plus ou moins régulière : il a été tenu 254 séances, soit 8 de plus qu'en 1882.

Dans 4 communes, la commission s'assemble tous les mois; dans d'autres localités, si les réunions ne sont pas nombreuses, les enfants n'en paraissent pas moins recevoir exactement la visite mensuelle des dames surveillantes. L'administration départementale reconnaît, d'ailleurs, « qu'il reste encore beaucoup à faire dans cette partie du service. »

Tous les juges de paix ont adressé leur rapport à la suite de la vérification des registres : il résulte des constatations faites par ces magistrats que, d'une manière générale, la tenue des écritures de la Protection dans les mairies est relativement satisfaisante.

Il existe 53 circonscriptions d'inspection médicale; 46 rapports sont parvenus à la préfecture : prises dans leur ensemble, les appréciations qu'ils contiennent sont favorables à l'industrie nourricière dans l'Aube.

Un médecin-inspecteur mentionne le fait suivant : « Il arrive que, pendant le cours d'une année, la mère d'un enfant désire le voir. La nourrice ou gardeuse, qui voit avec plaisir le voyage parisien à effectuer, se prépare et effectue ce voyage; et l'enfant étant bien portant au départ, elle revient deux fois sur cinq avec un athreptique. »

Des médecins se plaignent encore de ce que certaines nourrices ne se munissent de certificat médical qu'après avoir reçu leur nourrisson. Ils regrettent, d'autre part, de ne pas être avisés du retrait des enfants.

A l'égard des nourrices contrevenantes, un médecin s'exprime ainsi : « Tant que les infractions ne seront pas déférées aux tribunaux, tant que quelques nourrices n'auront pas été condamnées au moins à l'amende, les mêmes contraventions seront toujours commises. »

Un rapport constate que la plupart des nourrissons de la circonscription « ont été atteints de rougeole compliquée, de bronchite assez grave. Tous ont guéri grâce aux soins intelligents des nourrices. »

Un médecin fait connaître que plusieurs personnes cherchent à « exploiter la teneur de l'article 1er de la loi de Protection où se trouvent les mots « moyennant salaire ». Certaines mères de filles-mères veulent se soustraire à l'inspection médicale, en prétendant qu'elles n'ont aucune rétribution pour les soins qu'elles donnent à l'enfant dont les a gratifiées leur fille. »

Un médecin exprime le vœu que « dans leurs berceaux les jeunes enfants soient un peu moins privés d'air par les rideaux que les nourrices s'ingénient à fermer de leur mieux, que même elles recouvrent souvent de draps, châles ou jupons. »

D'après un rapport, les mauvais résultats de l'élevage au biberon dans la ville de Troyes tiennent, non à l'instrument, « mais bien au lait dont on l'emplit. Celui qu'on apporte à la ville chaque matin est un lait mélangé, tandis que, dans les communes suburbaines, les enfants boivent, le matin, un lait du matin, et le soir, un lait [du soir. Les réactions sont toujours les mêmes et plusieurs vaches ne coopèrent pas à l'œuvre de nutrition. »

AUDE

Crédits successivement votés par le conseil général :

1877	» fr.
1878	6.000
1879	2.000
1880	4.000
1881	6.000
1882	9.000
1883	9.000
1884	9.000

Le crédit de 9,000 fr., proposé par le préfet à la session d'août 1883, a été voté sans discussion par le conseil général.

L'administration départementale a relevé, pour 1883, un nombre de 853 enfants appelés à bénéficier de la Protection légale : les enfants originaires de l'Aude représentent dans ce total un chiffre de 788.

Les 853 enfants se répartissent ainsi :

1° Suivant le sexe :

Garçons.......................... 451 } 853
Filles............................ 402 }

2° Suivant l'état civil :

Légitimes........................ 687 } 853
Naturels......................... 166 }

3° Suivant le mode d'élevage :

Au sein.......................... 786 }
Au biberon....................... 39 } 853
En sevrage ou en garde.......... 28 }

Dans l'effectif de 853 enfants ayant droit à la Protection légale figurent 62 pupilles hospitaliers.

Les commissions locales existent dans 73 communes : toutes celles qui ont fourni des rapports (65) déclarent, à l'exception d'une, que les enfants sont l'objet de bons soins.

C'est la première fois que les juges de paix ont été appelés à fournir leurs rapports sur la vérification des registres.

Deux de ces magistrats, toutefois, n'ont pas procédé à cette opération.

29 cantons sur 31 ont donc été inspectés à ce point de vue.

D'après la vérification effectuée, les registres, dans 7 cantons, sont généralement bien tenus; dans 10, ils le sont d'une manière défectueuse; dans les autres cantons, au nombre de 12, la tenue des registres est généralement médiocre.

Il existait, en 1883, 44 circonscriptions d'inspection médicale dans le département de l'Aude; 38 rapports de médecins-inspecteurs ont été transmis à la préfecture.

« Malgré ma demande, dit un médecin, adressée à tous les maires, de vouloir bien me faire savoir s'il y avait dans leur commune des nourrissons étrangers, un seul m'a envoyé une liste de deux nourrices; quelques autres m'ont répondu par la mention « néant » alors que j'ai appris plus tard qu'il y avait des nourrices mercenaires dans leur commune ».

Un autre inspecteur s'est assuré « que les principales obligations imposées aux nourrices par le décret de 1877 étaient absolument inconnues dans sa circonscription ».

Une constatation tout opposée est faite à l'égard d'une autre circonscription; car, d'après le rapport, « les prescriptions de la loi sont de mieux en mieux observées, notamment en ce qui concerne les livrets des nourrices. » L'auteur de ce document ajoute : « de quinze enfants que j'ai eu à surveiller, un seul ne m'avait pas été signalé par l'administration. La faute en est d'ailleurs aux parents ou à la nourrice; il en est de même pour les enfants qui m'ont été signalés tardivement ».

Un autre médecin attribue le défaut d'inscription des enfants, non à la mauvaise volonté, mais à l'ignorance des parents et des nourrices; il déclare que les visites d'inspection « rendent un immense service, au point de vue hygiénique et par suite préventif des maladies ».

Aux termes d'un rapport, « les enfants sont soignés avec affection et dévouement par les nourrices. Le médecin-inspecteur est averti par ces dernières, dès que survient le moindre dérangement dans la santé des nourrissons ».

Dans nos montagnes, dit un médecin, « les enfants en nourrice sont généralement bien soignés. Il arrive même souvent qu'on envoie ici des enfants que l'on retire à d'autre nourrices. Certainement, si les femmes qui les prennent me consultaient avant d'accepter, je leur conseillerais quelquefois de ne pas se charger d'un si lourd fardeau, tant l'état de ces pauvres nourrissons est pitoyable. Cependant, à force de soins, beaucoup parviennent à se remettre, et j'ai cru assister parfois à de véritables résurrections ».

Un inspecteur mentionne le décès d'une petite fille morte de la variole, trois semaines après son placement en nourrice, et dont la mère avait succombé à Carcassonne, à la même maladie. Ce médecin a provoqué le changement de nourrice de deux enfants ; « la mesure a été on ne peut plus favorable et ceux-ci se trouvent aujourd'hui dans d'excellentes conditions ».

Le même inspecteur déclare « n'avoir qu'à se louer du soin avec lequel les secrétaires de mairie lui font parvenir l'état nominatif des enfants placés dans leurs communes respectives ».

Suivant l'opinion d'un autre médecin, le rappel des obligations qui incombent aux maires et la rémunération promise aux secrétaires de mairie ont cette année produit un grand effet.

Un médecin reconnaît que les nourrices « mettent un peu plus de bonne volonté pour faire les déclarations voulues et se procurer les pièces règlementaires; mais elles ne préviennent jamais quand elles rendent l'enfant ».

Un autre inspecteur se plaint à juste titre « de ne pouvoir obtenir qu'il soit délivré aux nourrices un livret où le médecin soit à même d'inscrire ses visites et ses observations. Ce livret serait pour l'administration tant locale que centrale, un moyen de contrôle, pour les familles une preuve bien évidente que les enfants sont surveillés, et aussi pour les nourrices une certitude qu'elles ne peuvent pas tromper sur leur manière de soigner les enfants ».

Un médecin déclare qu'il est assez régulièrement avisé du placement des nourrissons, mais qu'il n'est presque jamais informé de leur retrait.

Dans une circonscription, sur 26 enfants surveillés, 2 sont décédés, l'un de faiblesse congénitale, l'autre d'une diarrhée incoercible, compliquée de muguet.

Le médecin-inspecteur ajoute : « 2 morts sur 26 enfants, c'est fort peu, si l'on compare les résultats à ceux des villes et surtout à la mortalité à Paris ».

Dans une autre circonscription, sur 24 enfants surveillés, un seul a succombé ; il est mort de la dyssenterie.

Un médecin constate que dans certaines communes de la circonscription, « l'élevage des enfants est devenu un véritable commerce; les nourrices se les passent sans en avertir ni l'autorité locale, ni l'inspecteur ». Ce praticien signale la nécessité urgente d'obliger la nourrice à se pourvoir du carnet ainsi que des certificats règlementaires.

Il nous arrive fréquemment dans nos visites, dit un inspecteur, « de trouver des enfants malades, sans que la nourrice ait songé à avertir le médecin ou même la famille ; cependant quelque jours suffisent pour transformer un cas bénin en cas mortel. Les mères devraient réagir contre cette fâcheuse indifférence ».

Un médecin exprime le vœu que les gardes champêtres soient chargés désormais de rechercher et de faire inscrire d'office les nourrissons.

Un autre inspecteur déclare s'être trouvé dans l'impossibilité de remplir sa mission, « n'ayant reçu de la part des maires aucun avis relatif au placement des enfants.

Un rapport signale la nécessité de provoquer une condamnation à l'amende contre les nourrices qui négligent de déclarer les enfants qu'elles reçoivent « Les nourrissons, a-t-il dit fort justement, sont quelquefois mal soignés, malgré notre surveillance ; que doivent devenir ceux dont personne ne soupçonne l'existence. »

AVEYRON

Crédits successivement votés par le conseil général :

1877..........................	»
1878..........................	»
1879..........................	»
1880..........................	600 fr.
1881..........................	1.500
1882..........................	1.500
1883..........................	4.000
1884..........................	4 000

Le préfet avait insisté auprès du conseil général en vue de l'allocation d'une somme de 1,200 francs destinée à indemniser les juges de paix des déplacements qu'entraîne la vérification des registres de la Protection infantile.

Les conclusions contraires de la commission furent adoptées; et un crédit de 4,000 fr. fut seulement inscrit au budget de 1884.

L'effectif total des enfants ayant figuré, en 1883, sur les registres de la Protection est de 1,404. Ces 1,404 enfants se répartissent ainsi :

1° Suivant l'état civil :

Légitimes.............	914 } 1.404
Naturels.............	490 }

2° Suivant le département d'origine :

Aveyron.............	1.048 } 1.404
Autres départements.	356 }

Parmi les 356 enfants étrangers à l'Aveyron, 323 sont originaires, soit de l'Hérault, soit de la Seine (Hérault : 232, Seine : 91).

L'effectif présent, à la date du 31 décembre 1883, était de 769 et faisait ressortir une augmentation de 85 sur le chiffre constaté l'année précédente à la même date.

Le comité départemental fait preuve d'un vétable dévouement à l'œuvre de la Protection infantile.

Il existe 109 commissions locales : elles étaient, en 1882, au nombre de 90.

48 rapports de fin d'année ont été adressés par les commissions locales, 25 par les maires qui, à défaut de commissions, en remplissent les fonctions.

Les visites faites aux nourrissons par les membres des commissions locales et « certifiées par des bulletins datés et signés », sont au nombre de 727.

Bien que ne touchant pas d'indemnités de déplacement, la plupart des juges de paix de l'Aveyron se sont rendus à la mairie de chaque commune pour y vérifier les registres de la Protection.

Des rapports de ces magistrats, il résulte que, d'une manière générale, la tenue des écritures s'améliore, tout en offrant encore de graves défectuosités dans un certain nombre de communes.

Les déclarations de placement en nourrice reçues dans les mairies ont été de 720 en 1883 ; elles avaient été de 623 l'année précédente.

Sur les 720 enfants dont le placement a été déclaré, 538 étaient originaires de l'Aveyron et 182 d'autres départements.

L'inspection médicale fonctionne, depuis le 1er juillet 1883, dans 53 communes du département de l'Aveyron, qui en compte 301.

Il a été institué six circonscriptions : mais l'une d'elles n'a pu être pourvue d'un titulaire en 1883.

Pendant le second semestre de cette année, les cinq médecins-inspecteurs ont vu 242 enfants ; les visites effectuées sont au nombre de 1,365. Ce chiffre représente plus de cinq visites par enfant pour une période de six mois, chiffre qui n'est encore que très rarement atteint.

De plus, 18 visites ont été faites à des nourrissons, sur réquisition de l'autorité municipale.

Les cinq médecins-inspecteurs ont tous adressé leur rapport.

L'un de ces praticiens estime que les soins donnés aux nourrissons laissent encore bien à désirer, au point de vue de l'hygiène, « quoique le milieu aveyronnais dans lequel s'opère la surveillance de la loi ne soit pas tombé dans l'abaissement moral constaté dans quelques pays où l'industrie nourricière est un commerce de lucre et de misère, mortel pour les jeunes enfants ». Un autre médecin-inspecteur a constaté que « deux enquêtes faites par la gendarmerie pour négligence et manque de soins de la part des nourrices ont produit de bons effets, en éveillant l'attention des autres communes ».

58 placements occultes ont été relevés, soit par les médecins-inspecteurs, soit par l'inspection départementale; c'est une nouvelle preuve que beaucoup de parents et de nourrices ne font pas les déclarations que la loi leur impose.

L'inspection départementale a visité sur place, en 1883, 319 enfants répartis dans 140 communes; ne sont pas compris dans ce chiffre les enfants assistés.

Quatre enfants ont été déplacés à la suite des visites de l'inspection.

L'ouverture de 3 bureaux de nourrices a été autorisée dans le département, et 13 personnes ont obtenu la permission de placer des enfants en nourrice dans l'Aveyron. 10 de ces personnes appartiennent au département de l'Hérault; 2 à celui du Gard et 1 est domiciliée dans la Haute-Garonne.

On veille avec soin à ce qu'elles se conforment aux prescriptions réglementaires.

Deux autorisations ont été retirées pour négligence, abus et inobservation du règlement.

Une femme avait continué, malgré le retrait de son autorisation, à faire des placements; elle a été l'objet de trois condamnations à l'amende. (Le montant des amendes et des frais a été de 334 fr.)

Indépendamment de ces trois condamnations, dix autres ont été infligées pour infractions à la loi du 23 décembre 1874.

De plus, l'administration départementale a saisi l'autorité judiciaire d'une infraction relevée à la charge d'un maire; celui-ci a été condamné à l'amende.

L'exemple de l'Aveyron prouve qu'il a été possible, grâce surtout au dévouement de l'inspection départementale et des médecins-inspecteurs, d'obtenir, avec des allocations extrêmement restreintes, un premier résultat relativement important.

BOUCHES-DU-RHONE

Crédits successivement votés par le conseil général :

1877	» fr.	»
1878	12.000	»
1879	80.000	»
1880	17.725	»
1881	40.220	»
1882	61.102	50
1883	70 888	25
1884	74 994	25

L'effectif total des enfants protégés en 1883 a été de 3,675.

L'effectif présent au 31 décembre 1883 a été de 1,483.

D'après les états produits par les municipalités, l'effectif présent au 31 décembre de l'année précédente était de 3,193; mais l'inspecteur des enfants assistés ouvrit en janvier 1883 un registre-contrôle, afin de pouvoir vérifier le mouvement de la population protégée; il rapprocha le nombre d'enfants inscrits sur les états des maires de celui des enfants visités en janvier par des médecins-inspecteurs. Il s'est assuré ainsi que « 1.988 enfants, quoique inscrits sur les feuilles des maires, avaient été rendus à leur famille avant l'accomplissement de leur seconde année ».

Le chiffre susvisé de 3,193 devait donc être diminué de 1,988 et ramené à 1,205 : le chiffre résultant des états fournis par les municipalités représente, par rapport au chiffre réel, une majoration de 64 p. 100.

On a sous les yeux un exemple très frappant de l'énormité des erreurs que l'on est exposé à commettre en cette matière, quand on enregistre purement et simplement les chiffres donnés par les administrations municipales.

« A l'aide du registre-contrôle, tenu dans mes bureaux, dit l'inspecteur des enfants assistés, et des bulletins mensuels de visite des médecins-inspecteurs, je puis vérifier chaque jour la situation exacte des enfants surveillés. Si, en compulsant ces bulletins, je m'aperçois qu'un enfant n'a pas été visité, j'en demande immédiatement le motif au maire de la commune et au médecin ; et, dans ce cas, j'apprends presque toujours que l'enfant a été rendu à sa famille avant l'accomplissement de sa deuxième année. »

Pendant l'année 1883, 10.758 naissances ont été déclarées à l'état civil de Marseille.

Ont été enregistrés :

1.233 placements en nourrice dans les Bouches-du-Rhône.

626 placements en nourrice dans d'autres départements.

De plus, 577 enfants ont été admis dans le service des enfants assistés.

8,522 enfants, soit 79,21 p. 100 des 10,758 naissances, avaient été gardés par la famille.

Le nombre des enfants assistés qui ont passé, en 1883, par l'hospice dépositaire de Marseille, a été de 621 : 186 de ces enfants sont décédés. Cette mortalité, encore effrayante, de près de 30 p. 100 (29,95) est inférieure de 11 p. 100 à la mortalité constatée l'année précédente.

L'inspecteur des enfants assistés attribue cette diminution des décès à l'augmentation du salaire des nourrices internes, qui reçoivent 40 fr. par mois au lieu de 30 fr., avec une indemnité de 5 fr. pour chacun des mois de forte chaleur (juin, juillet et août).

Le recrutement des nourrices, rendu plus facile par cette mesure, a permis de nourrir au sein presque tous les enfants recueillis.

En 1883, 2,526 nourrices ont été inscrites sur les registres des bureaux de nourrices; il n'y en avait eu que 1,853 pendant l'année 1882.

Les rapports des juges de paix font généralement ressortir une amélioration dans la tenue des registres.

De la vérification opérée par ces magistrats, il résulte qu'en 1883, 3,464 déclarations ont été faites par des parents, 2,338 par des nourrices, et que 2,219 avis de retrait ou de décès d'enfants ont été notifiés à qui de droit.

L'inspecteur des enfants assistés reconnaît que, dans la plupart des communes et malgré les instructions réitérées de l'administration préfectorale, les commissions locales sont restées inactives : quelques-unes d'entre elles ont cependant fait preuve de dévouement.

Une commission, celle de la Ciotat, a dû organiser une loterie qui a rapporté, tous frais déduits, 2,500 fr. « Cette somme, est-il dit dans le rapport annuel, permettra de ne laisser en souffrance de linge et de soins aucune des petites créatures confiées à la vigilance des membres de la commission. »

Il n'est que juste de mettre en lumière la charitable initiative que cette commission a bien voulu prendre.

Dans une commune, l'adjoint au maire a tenu à accompagner le médecin-inspecteur dans ses tournées mensuelles.

Une commission se plaint de la négligence que mettent les parents et les nourrices à faire vacciner les enfants, et cependant « la vaccination est opérée gratuitement dans la commune ».

Les médecins-inspecteurs ont fait parvenir, pour 1883, à la préfecture 15,795 bulletins de visite concernant les 3,675 enfants protégés : pendant la même période, ils ont délivré des certificats à 2,920 nourrices.

Un médecin-inspecteur a eu la satisfaction de voir « beaucoup de parents venir lui demander des renseignements et s'informer de l'état de leurs enfants. » Il fait ressortir également l'excellent résultat des récompenses décernées aux nourrices les plus méritantes. Malheureusement, ajoute-t-il, les nourrices croient que, pour obtenir une récompense, « il faut un nourrisson gras et gros. Cette idée leur fait repousser les enfants chétifs et malades. Aussi me suis-je efforcé de leur faire comprendre que l'on récompensait surtout les soins donnés à l'enfant, et qu'une nourrice qui donne des soins maternels à un enfant maladif est plus digne de récompense que celle qui, favorisée par la chance, avait un bel enfant. Je pense qu'il serait bon de répandre cette idée : on éviterait ainsi cette antipathie qu'ont les nourrices pour les enfants malingres. »

D'après un rapport, « le service d'examen des nourrices produit le résultat le plus avantageux ; cette visite médicale diminue de plus en plus les chances de transmission de maladies contagieuses de la nourrice aux nourrissons ; et d'autre part, on observe que, depuis l'établissement de ce service, les changements de nourrice sont beaucoup moins fréquents. »

Des inspecteurs se plaignent de ne pas recevoir d'informations suffisantes sur le domicile des nourrices ; dans la banlieue (de Marseille) il est souvent impossible de trouver les nourrices, qui échappent ainsi aux visites médicales.

Un médecin fait connaître que, dans sa circonscription (une de celles de Marseille), les trois quarts des enfants ne sont pas vaccinés.

Le même inspecteur demanderait que la liste des logements insalubres fût dressée et affichée dans le cabinet d'inspection des médecins à la mairie.

Une remarque digne d'attention, dit également un inspecteur de Marseille, c'est que « les vaccinations sont très tardives et souvent refusées par les nourrices ou les parents des enfants. »

Un rapport mentionne en ces termes les salutaires effets de la loi de Protection : « La commission locale et moi, nous avons pu sauver certains enfants soumis à une mauvaise alimentation, les changer de nourrice et diminuer ainsi le nombre des décès. Nous n'avons pas toujours réussi, il est vrai ; pour quelques enfants, il était trop tard ; mais il en est d'autres qui sont aujourd'hui pleins de vie et de santé. »

Un médecin fait connaître que, dans le canton où il exerce, beaucoup de nourrices n'ont pas de carnets et prennent des enfants sans être pourvues d'un certificat médical.

La vaccination, dit un autre inspecteur, n'a pas fait de progrès cette année : « La faute en est moins aux nourrices qu'aux parents qui refusent de laisser vacciner leurs enfants avant un certain âge, un an au moins. »

« Nous avons la certitude, » lit-on dans le même rapport, « que quelques nourrices savent se soustraire d'une manière absolue aux obligations de la loi, en ne faisant pas de déclaration. Cet abus pourrait disparaître si l'administration municipale se décidait à faire poursuivre les délinquants. Quelques exemples suffiraient ; mais malheureusement il n'a jamais été pris de mesures dans ce sens. »

Après avoir déclaré que le service de la Protection est de mieux en mieux organisé et apprécié, un médecin cite le fait suivant : « Sur mes conseils, un enfant est retiré à sa nourrice par la famille. Un mois après, la même nourrice est allée à Marseille, a obtenu un certificat médical et a ramené un enfant. Celui-ci est mal soigné ; la nourrice est mauvaise : que faire ? »

Un autre inspecteur regrette l'inertie des commissions locales : « Si elles remplissaient leur devoir, la tâche nous serait bien plus facile ; mais elles n'existent que de nom. »

Un de ses confrères signale, à ce point de vue, une situation toute différente dans sa circonscription : « Grâce à la surveillance active des personnes qui composent les commissions locales, je n'ai eu, comme l'année dernière, qu'à me louer des bons soins donnés aux nourrissons. »

Les sage-femmes, dit un inspecteur, « se rendent utiles, sur les recommandations que je leur adresse, aux nourrissons placés hors de ma résidence et qui ont besoin d'une surveillance assidue. »

Aux termes d'un rapport, « les déclarations de placement ne se font pas régulièrement à la mairie ; il m'arrive de visiter des enfants que j'inscris d'office sur mon carnet et dont les bulletins d'avis de placement ne me parviennent jamais ou me sont envoyés trois ou quatre mois après que l'enfant est soumis à ma surveillance. »

Un médecin-inspecteur exprime l'avis que « tant que la vaccination ne sera pas rendue obligatoire, on ne pourra rien obtenir des parents et des nourrices. Dans la commune de..., il y a deux ans que l'on n'a pas vacciné. Des nourrices auxquelles je demandais si leur enfant était vacciné, me répondaient que, depuis trois ans, elles n'avaient pas entendu parler de vaccination. »

CALVADOS

Crédits successivement votés par le conseil général :

1877....................... 10.700 fr.
1878....................... 10.700
1879....................... 10 710
1880....................... 10.000
1881....................... 10.000
1882....................... 19 560
1883....................... 29.000
1884....................... 30.200

L'effectif total des enfants ayant figuré en 1883 sur les registres de la Protection est de 3,211.

Sur ces 3,211 enfants, 407 seulement étaient originaires d'un autre département que le Calvados ; parmi ces derniers, 281 étaient originaires du département de la Seine.

L'effectif présent à la date du 31 décembre 1883 était de 1,678, soit une augmentation de 95 par comparaison avec le chiffre relevé à la date du 1er janvier de la même année.

198 décès ont été notifiés à l'administration départementale.

Le service de la Protection du premier âge a reçu, dans le Calvados, l'impulsion la plus remarquable, grâce à l'énergique initiative du préfet et de l'inspecteur des enfants assistés et au dévouement du corps médical : le comité départemental a prêté, de son côté, un concours très actif à l'application de la loi Roussel.

Il existait, en 1883, 117 commissions locales dans le Calvados ; il a été transmis 39 rapports de commissions et 9 rapports de maires suppléants de droit de ces comités.

Presque tous ces documents renferment des appréciations favorables sur les soins dont les enfants sont l'objet de la part des nourrices.

Tous les enfants, lit-on dans un rapport, « ont été généralement bien soignés ; et la tâche de la commission a été assez facile. Ce qui est le plus difficile à obtenir, c'est l'exactitude dans les déclarations à faire à la mairie et la remise des livrets, malgré tout le soin pris pour faire connaître aux familles et aux nourrices les obligations que la loi leur impose. »

Une commission locale a exprimé un vœu en faveur de la délivrance gratuite des médicaments aux nourrissons pauvres.

37 juges de paix, sur 38, ont transmis leur rapport concernant la vérification des registres de la Protection.

La tenue de ces registres est généralement satisfaisante.

« Dans toutes les communes de mon canton, dit un juge de paix, les registres sont régulièrement tenus et aucune observation n'a été faite. »

Un magistrat exprime le vœu « que les écritures soient simplifiées et que les registres fournis aux mairies soient établis dans un petit format, celui en usage étant peu commode ».

L'expression de ce dernier vœu se retrouve dans plusieurs autres rapports des juges de paix. MM. les maires, lit-on dans un de ces documents,

« continuent à se plaindre des dimensions du format adopté et de ce que, par suite, l'usage des registres est peu commode et leur conservation difficile. »

Dans beaucoup de communes, dit un juge de paix, « il n'y a pas eu de déclarations pendant l'année 1883. Il est surprenant que dans quelques-unes, dont la population est relativement nombreuse, il n'y ait pas eu d'enfants placés en nourrice en 1883.

« On est amené à conclure que tous les parents et nourrices ne font pas les déclarations que leur prescrit la loi. Il y a lieu d'espérer que les conférences qui auront lieu dorénavant pour la protection des enfants du premier âge apporteront un remède à cet état de choses et qu'à l'avenir la loi sera plus complètement exécutée. »

On lit dans un autre rapport : « J'ai constaté avec plaisir que, dans ma circonscription, tous les maires, sans aucune exception, tiennent la main à l'exécution de la loi du 23 décembre 1874, et que pas une femme ne reçoit d'enfants en nourrice, en sevrage ou en garde, sans avoir fait au préalable la déclaration prescrite par ladite loi. Il paraît cependant que les nourrices n'obtiennent pas toujours assez tôt le certificat médical, et que MM. les maires délivrent le livret sans avoir visé cette pièce très importante. J'ai cru devoir recommander à ces derniers la plus grande prudence à cet égard et leur conseiller de n'agir ainsi que pour les femmes qui, à leur connaissance personnelle, avaient déjà élevé des enfants et avaient précisément obtenu le certificat exigé. »

Je suis heureux de constater, dit un autre juge de paix, « le bon vouloir de MM. les maires qui se sont empressés de réparer, pour la majeure partie, les omissions ou erreurs signalées par mon prédécesseur. En un mot, ils font leur possible pour arriver à la bonne exécution de la loi Roussel ; mais ils sont généralement mal secondés par les parents et nourrices qui ne font pas toujours les déclarations prescrites ou les font d'une manière incomplète. »

Cette dernière appréciation est fort accentuée dans le passage suivant qui est emprunté à un autre rapport :

« Les maires et les secrétaires de mairie sont unanimes à se plaindre de la difficulté qu'ils éprouvent à se faire remettre les pièces exigées ou à obtenir des parents et des nourrices les indications nécessaires à la bonne tenue des registres. Il semble que la négligence à cet égard augmente tous les jours ; et il est assez probable qu'elle ne sera vaincue que par la publicité donnée aux condamnations qui seront prononcées pour l'inobservation de la loi. »

En résumé, dit un autre magistrat, « de l'ensemble de ma vérification, il ressort clairement qu'en 1883 les maires ont mieux compris et appliqué la loi de 1874 que les années précédentes. Sans doute, il reste des imperfections et des irrégularités ; mais elles ne sont pas essentielles et ne vicient pas le fonctionnement de la Protection des enfants du premier âge. »

Ainsi, l'inspection médicale, contrairement à ce qui se passait jusqu'à ce jour, a été facilitée par l'application stricte de l'article 24 du règlement de 1877, qui prescrit au maire d'envoyer au médecin, dans les trois jours, copie de la déclaration de mise en nourrice. Autrefois, ou cet avertissement était oublié, ou il n'était envoyé que trop tard. Deux ou trois fois seulement, les maires ont outrepassé, dans deux communes, de quelques jours le délai rigoureux de trois jours, sans que l'enfant ait eu à en souffrir.

De leur côté, les médecins-inspecteurs ont rivalisé de zèle.

Ces efforts réunis ont obtenu un magnifique résultat : sur 74 nourrissons, dans l'ensemble du canton, 2 ou 3 au plus sont décédés en nourrice. Le temps n'est pas loin où la mortalité atteignait 30 à 40 p. 100.

Les appréciations et les renseignements qui suivent sont empruntés aux rapports des médecins-inspecteurs.

Il existait 51 circonscriptions : 36 rapports ont été transmis.

Circonscription A. — Au cours de l'année 1883, dit le médecin-inspecteur, « 87 enfants ont été soumis à la surveillance dans ma circonscription, 7 au sein et 80 au biberon.

« Sur ce nombre, 2 seulement sont décédés : l'un, l'enfant X..., succombe à une affection de la gorge, à l'âge d'environ 15 jours; le second, l'enfant de XX..., élevé au biberon, succombe, frappé par la fièvre intermittente, à l'âge de 22 mois. Trois autres enfants, placés comme celui-ci dans le marais et dans son voisinage, étaient également malades, atteints d'impaludisme. Je fis immédiatement un rapport et demandai le renvoi de ces enfants et la remise à leur famille ; cette mesure, que M. le préfet voulut bien faire mettre à exécution, sauva peut-être la vie de ces enfants. Gloire en soit au sénateur Roussel ! »

Circonscription B. — 42 enfants surveillés (21 garçons et 21 filles, 30 élevés au biberon et 12 au sein) : 6 décès.

« Cette mortalité, exceptionnellement considérable, s'explique par le peu de vitalité des enfants confiés aux nourrices : 4 enfants sont morts d'athrepsie, n'ayant pu supporter l'allaitement artificiel, et n'ayant pu même prendre le sein, 2 ont succombé à une attaque de méningite. Tous les six sont morts dans les deux ou trois premiers mois de la vie. Dans tous les cas, les nourrices ont fait les plus louables efforts pour lutter contre les mauvaises dispositions des enfants, dont le décès ne peut être attribué ni aux mauvais soins, ni à la négligence ».

Circonscription C. — 54 enfants surveillés : (44 élevés au biberon et 10 au sein). — « Sur ces 54 enfants, 14 ont été malades. Un seul a succombé... D'après les renseignements que j'ai pu recueillir, il est mort d'une fluxion de poitrine et a reçu les soins du médecin de sa famille.

« Toutes les nourrices de ma circonscription s'acquittent avec dévouement de leur mission et se conforment volontiers aux conseils qui leur sont donnés. Aujourd'hui, tous les vieux préjugés se rapportant aux soins à donner aux enfants du premier âge sont sur le point de disparaître complètement. Ce résultat a été obtenu par la publication, dans les livrets, des conseils de l'Académie de médecine, par les recommandations mensuelles de se conformer à ces conseils, par l'affichage de ces avis dans la demeure des nourrices. Aussi ces dernières ont-elles fini par s'approprier ces connaissances ; elles en parlent sûrement et sont devenues des auxiliaires puissants pour déraciner de vieux préjugés que le temps avait consacrés. »

Circonscription D. — 50 enfants surveillés : 3 décès. L'un des enfants décédés est mort à l'âge de 4 mois ; « il n'a été que 15 jours en nourrice et était arrivé mourant d'athrepsie. Le second, âgé de deux mois, avait toujours été très chétif et est mort d'entérite ; enfin, le troisième est mort à 18 mois de bronchite capillaire ».

On lit dans le même rapport : « Tout le monde connaît maintenant la loi Roussel. Les dernières affiches données aux nourrices leur font mieux observer, ce qui était bien difficile à obtenir, les soins que réclame la propreté. Les enfants assistés sont, je dois le dire, ceux qui sont tenus le plus proprement : les parents défendent souvent aux nourrices des lavages qui seraient très utiles; et ils croiraient la santé de leurs enfants compromise si on les guérissait de certaines affections de la peau qu'ils prétendent, comme ils ont l'habitude de le dire, qu'il faut laisser courir. »

Circonscription E. — 113 enfants surveillés (58 garçons et 55 filles : 69 légitimes et 44 naturels ; 108 au biberon et 5 au sein.) — 9 décès.

« La mortalité a été bien plus grande en 1883 que pendant les années précédentes, et elle n'a frappé que les enfants naturels qui sont plus exposés que les autres à rencontrer de mauvaises nourrices. »

Le médecin-inspecteur termine son rapport en ces termes : « La loi Roussel, loi tutélaire de l'enfance qui a déjà produit tant d'heureux résultats, est appelée par la suite à en produire encore de meilleurs, si MM les maires, qui ont déjà beaucoup fait pour l'application de cette loi, continuent à donner tout leur appui aux médecins-inspecteurs et stimulent le zèle de MM. les instituteurs et des commissions locales. »

Circonscription F. — 45 enfants surveillés (37 élevés au biberon et 8 au sein) : 3 décès.

Le médecin-inspecteur constate que la loi de 1874 est certainement de mieux en mieux exécutée; il a néanmoins « le regret d'avoir encore à signaler quelques infractions, notamment à l'article 27 du règlement concernant la délivrance des certificats, une des prescriptions les plus importantes ».

On lit dans le même rapport : « Un préjugé difficile à déraciner, d'autant plus que souvent les parents le partagent, c'est la préférence du lait froid au lait chaud qui, dit-on, est indigeste. Il est parfois bien malaisé de faire comprendre combien cet usage de lait froid peut être pernicieux, combien la chaleur est indispensable à l'enfant chez qui la puissance de calorification est si faible.

« Deux fois je me suis trouvé aux prises avec une autre vieille habitude qui, je l'espère, aura bientôt disparu, celle de remplir le biberon de cidre et du meilleur ! »

Le médecin-inspecteur voudrait que dans les

mairies il fût remis à tous les parents venant faire une déclaration, une simple feuille volante où seraient relatés tous les inconvénients du biberon à long tube, « et surtout cette fâcheuse facilité qui favorise si bien la négligence des nourrices et leur donne le moyen de s'occuper de toute autre chose que de leur nourrisson. »

Circonscription G. — 33 enfants surveillés : 2 décès. — L'un des enfants décédés a succombé, âgé de six mois, à un emphysème pulmonaire ancien ; l'autre est mort à l'âge de dix mois, d'un eczéma chronique.

On lit dans le rapport : « Il y a quelques années, alors qu'il n'y avait pas d'inspection, plusieurs nourrices avaient la réputation de laisser mourir les enfants qui leur étaient apportés. C'était à tel point, pour ne citer qu'un exemple, que le maire d'une commune voisine de ma résidence menaça plusieurs fois une nourrice de faire intervenir la justice si elle continuait à occuper le fossoyeur de la commune.

« Actuellement, toutes les nourrices de ma circonscription paraissent attachées à leur nourrisson ; mais plusieurs sont d'un entêtement tel que je serai obligé d'agir avec moins de douceur.

« Peu de nourrices ont une vache, quelques-unes ont une chèvre : les autres se procurent du lait de vache chez leurs voisins. Dans ma circonscription, je ne compte que deux ou trois enfants au sein. »

Après avoir constaté que « toutes les nourrices se servent du biberon avec tube en caoutchouc » le médecin-inspecteur signale les dangers qu'entraîne l'emploi de cet appareil.

Circonscription H —120 enfants surveillés : 46 légitimes et 74 naturels. Ce dernier chiffre, dit le médecin-inspecteur « serait vraiment attristant s'il n'était dû à ce que presque toutes les filles-mères mettent leurs enfants en nourrice, pour pouvoir se placer, tandis que presque tous les enfants légitimes ou du moins la plupart sont élevés par leur mère. »

Sur les 120 enfants surveillés, 9 sont décédés, l'un aussitôt après sa naissance, les autres au bout de 2 à 6 mois, un seul dans la deuxième année, à 16 mois. Ils ont été emportés par des maladies des voies respiratoires ou du tube digestif : presque tous étaient nés chétifs.

Le médecin-inspecteur constate que « la loi de Protection est de mieux en mieux connue et exécutée. Il y a peu de retards dans les déclarations ; la délivrance des pièces de mairie à mairie se fait assez vite ; et le médecin, prévenu de bonne heure, peut visiter l'enfant peu de temps après sa naissance, sauf le placement au bout de quelques semaines ou de quelques mois. »

On lit dans le même rapport :

« Les commissions locales existent dans quelques communes ; mais, s'il y a réunion à la mairie, il n'y a pas d'inspection. Les membres ne veulent pas s'imposer la fatigue d'aller de maison en maison.

« Pour changer cet état de choses, il faudrait que le maire eût assez d'énergie pour donner l'exemple et entraîner les autres membres ; mais chacun a ses occupations, et je ne pense pas que nous puissions attendre un concours quelque peu actif. »

Circonscription I. — 55 enfants surveillés : 3 décès. — Deux des enfants décédés sont morts de l'entérite. « L'un, venu au monde très chétif, n'a jamais pu tolérer le lait de vache, malgré toutes les précautions prises. Comme je conseillais le sein, on m'a répondu que les parents ne pouvaient payer. Dans la commune de***, l'un des enfants X…, jumeaux nés avant terme, a succombé également à une entérite ; l'autre, mis au sein pendant quelque temps, va très bien. L'enfant XX…, malgré tous les soins dont elle était entourée, a succombé aux suites d'une pneumonie aiguë. »

Le médecin-inspecteur déclare « avoir vu chez tout le monde le désir de bien faire ; il n'a eu qu'à se louer, comme précédemment, de l'activité de MM. les maires à le tenir au courant des besoins des nourrissons et des secours médicaux qu'ils réclamaient. »

Circonscription J. — 38 enfants surveillés : 1 décès, « survenu dans le premier mois de la naissance ; enfant faible, athrepsique, que les soins les mieux entendus, aidés de l'allaitement au sein, n'ont pu sauver. »

Le médecin-inspecteur constate que « le biberon à long tube est exclusivement employé. Son usage a besoin d'être surveillé, parce qu'il exige de grands soins de propreté, et d'un autre côté, parce que les nourrices le laissent trop à la disposition des enfants, alors qu'ils n'ont plus besoin de téter. »

Circonscription K. — Frappé des dangers du biberon à long tube, le médecin-inspecteur voudrait voir « imposer le biberon tout en verre et infliger en séance publique, lors de la distribution des récompenses, un blâme sévère aux nourrices qui auraient été signalées comme récalcitrantes. Si les récompenses données chaque année aux plus méritantes engagent les autres à bien faire, un blâme public serait une mesure encore plus efficace par la défaveur dont elle frapperait celles qui l'auraient encouru. »

Circonscription L. — 72 enfants surveillés, 5 décès (abcès multiples, 1 ; sclérème, 1 ; bronchite capillaire, 1 ; entérite, 1 ; athrepsie, 1.) 67 enfants étaient élevés au biberon et 5 au sein. Tous les enfants décédés, à l'exception de celui qui est mort d'entérite, ont reçu les soins médicaux.

Le médecin-inspecteur reconnaît que « l'inscription des nourrissons à la mairie s'est faite en 1883 plus régulièrement qu'au cours des années précédentes ; mais il regrette de voir encore beaucoup de nourrices prendre d'abord chez elles l'enfant qui leur est confié, puis, après un nombre variable de jours, en faire la déclaration à la mairie, souvent sans être munies du certificat médical réglementaire. »

Circonscription M. — 22 enfants surveillés : 3 décès. C'est, dit le médecin-inspecteur, « un nombre considérable. Les causes de mort sont les suivantes, autant qu'il m'est permis de baser un diagnostic sur les renseignements que j'ai recueillis.

« L'enfant X… a succombé au rachitisme ; l'enfant XX… était atteint de malformation ; l'enfant XXX… a succombé à une attaque de choléra infantile. »

Circonscription N. — « La loi de Protection continue à être de mieux en mieux appliquée ; cependant les notifications de retrait sont faites un peu tard. »

Circonscription O. — 82 enfants surveillés : 6 décès. « Ces enfants sont tous morts de la cholérine. Elle a été occasionnée par l'excès de nourriture ou la trop grande faiblesse des enfants. On les bourre toujours, les avertissements du médecin n'y peuvent rien. Si les affiches pouvaient convertir les nourrices ! » (Il est fait allusion aux affiches apposées dans la demeure des nourrices sur l'initiative de l'administration départementale et où se trouvent notamment reproduits les préceptes élémentaires de l'hygiène infantile.)

Circonscription P. — 34 enfants surveillés : pas de décès. En 1883, dit le médecin-inspecteur, « plusieurs enfants et deux en particuliers ont réclamé mes soins pour des affections graves. Il s'agissait d'entérites pour lesquelles, je dois le reconnaître, j'ai été appelé de bonne heure et dont j'ai été assez heureux pour triompher : je n'ai donc pas eu de mortalité à enregistrer dans le courant de l'année. Si l'on considère que, dans les deux années précédentes, j'avais perdu cinq enfants, tous Parisiens, à leur arrivée en Normandie, ayant apporté avec eux la maladie qui les faisait succomber sans me laisser le temps de donner mes soins, j'en arrive à conclure que je n'ai pas eu de mortalité depuis trois ans, dans ma circonscription, parmi les enfants que j'ai réellement inspectés.

« Ce résultat, que l'on chercherait en vain pour les enfants élevés dans leurs familles, est dû certainement à l'application de la loi Roussel, aux bons soins dont sont en général entourés les enfants dégagés des abus de la routine et à l'empressement mis par les nourrices à avertir le médecin, lorsque leur nourrisson est indisposé. »

Circonscription Q. — On a déjà beaucoup fait, dit le médecin-inspecteur ; mais combien ne reste-t-il pas encore à faire ! La loi Roussel, qui a protégé les enfants du premier âge, devrait ajouter comme corollaire : placement des enfants parisiens sans le concours des bureaux. — Qu'arrive-t-il, en effet ? C'est que des nourrices de ma circonscription, qui élèvent des Parisiens pris dans ces bureaux, sont forcées de payer 25 à 30 fr. pour avoir un enfant ; de plus, on leur garde de quatre à cinq jours. De là, de grands frais pour elles, lesquels n'existeraient pas, si un comité de protection du premier âge se chargeait d'envoyer dans le Calvados des enfants qui ne seraient confiés qu'aux nourrices pourvues de certificat du maire et du médecin-inspecteur de la commune. »

Circonscription R. — 168 enfants surveillés ; 14 décès (entérite, 5 ; athrepsie, 2 ; érésipèle, 1 ; diphtérie, 1 ; faiblesse congénitale, 1 ; abcès de la cuisse, 1 ; cause inconnue, 3).

« Si les causes de la mort demeurent inconnues chez trois enfants, c'est que ni moi, ni aucun médecin, n'avons été appelés, et que les renseignements fournis par les nourrices ont été trop vagues pour permettre d'établir un diagnostic quelque peu précis. Il serait à désirer que

toute nourrice qui a laissé mourir un enfant sans secours médicaux fût, par ce fait seul, rayée de la liste et dans l'impossibilité de reprendre un nourrisson. Nous pouvons, en tous cas, nous devons même lui refuser un certificat.

« Sur 14 enfants, 12 sont morts dans les deux premiers mois de la vie. C'est à ce moment, en effet, que le danger est le plus grand ; d'où la nécessité de prévenir le médecin dans le plus bref délai et l'obligation pour lui de faire sa première visite le plus tôt possible.

. . . .

Les maladies aiguës prédominantes ont été la bronchite, qui a sévi épidémiquement, mais sans présenter de complications ni de gravité ; la gastro-entérite, toujours trop fréquente et se rattachant la plupart du temps à une mauvaise alimentation.

« Parmi les maladies chroniques, il faut noter l'eczéma et l'impétigo qui ne sont, par le fait, que deux variétés de la même maladie et dont la fréquence est assez grande parmi les nourrissons de notre région.

« En somme, pour le nombre de maladies, le résultat est assez satisfaisant et la mortalité s'est maintenue à un niveau peu élevé.

« Les nourrices pourvues d'enfants ont été au nombre de 115. J'ai dressé un tableau nominatif qui est transmis avec les notes en regard de chaque nom. Il peut se résumer ainsi : Bien, 32. — Assez bien, 59. — Passable, 18. — Mal, 6.

« Cette année encore (1883), il y a une amélioration dans l'industrie nourricière. Ce progrès s'accomplit lentement, il est vrai ; mais il ne s'arrête pas et continuera, il faut l'espérer, d'une façon régulière. »

Circonscription S. — 78 enfants surveillés : 5 décès (40 enfants légitimes, 38 enfants naturels).

« Je ne puis croire que tous les enfants en nourrice soient signalés au médecin-inspecteur. Il est beaucoup de nourrices qui se dérobent à la surveillance avec la complicité des parents, lesquels ne s'expliquent pas bien l'importance de la loi.

« Les nourrices se passent volontiers de nous, qui contrarions leurs habitudes ou leur adressons des reproches : les parents se laissent persuader que leurs nourrices sont les plus capables du monde, qu'il faudra payer nos visites, que nous condamnons à tort un système d'allaitement avec lequel ils ont été élevés, que la loi n'existait pas autrefois et que les enfants venaient tout de même à bien. »

On lit dans le même rapport : « Les parents changent quelquefois les enfants de nourrice sans autre motif que leurs convenances ; il me semble que les nourrices, en ces circonstances, seraient fondées à demander une indemnité et pourraient être appuyées par nous, car elles perdent ainsi du jour au lendemain une source de revenus et sont parfois obligées d'attendre longtemps avant de retrouver des occupations au dehors. »

Le médecin-inspecteur résume ses appréciations en disant « que le service de la Protection n'a cessé de donner d'excellents résultats et qu'il y aurait lieu d'être pleinement satisfait si l'on pouvait obtenir plus de sévérité dans la délivrance des certificats réglementaires aux nourrices. »

Circonscription T. — 251 enfants surveillés : 9 décès. Les 9 enfants décédés ont succombé à la suite d'affections intestinales.

« Aujourd'hui, dit le médecin-inspecteur, parlant de cette mortalité si extraordinairement faible, je suis presque tenté de dire avec l'honorable directeur de l'assistance publique (M. Quantin), que nous avons accompli un miracle, et je suis sûr que l'administration sera heureuse, comme moi, d'avoir à constater cette année nos résultats.

« ... Les progrès obtenus dans la circonscription sont d'autant plus remarquables que le plus grand nombre des enfants soumis à la loi de Protection sont issus de parents peu aisés, ne pouvant, en conséquence, donner absolument à leurs enfants que le strict nécessaire : de plus, tous les enfants, sauf quatre, ont été élevés au biberon.

« Le médecin-inspecteur signale, d'autre part, le triste état du linge servant à nombre d'enfants, et même le dénûment presque absolu de certains d'entre eux. »

Préoccupé de cette situation, il s'est demandé si l'on ne pourrait point « prier les dames qui veulent bien visiter les enfants de consacrer chez elles quelques instants à travailler pour eux ou d'intéresser d'autres dames à cette œuvre. Des layettes seraient faites et distribuées par les soins du maire aux nourrices pour les enfants dont l'indigence serait reconnue. Note serait prise de ce qui aurait été confié à chaque nourrice ; et les dames, dans leur inspection mensuelle, constateraient l'état du petit trousseau dû à leur générosité.

Le médecin-inspecteur lui-même pourrait aider les dames patronesses dans l'accomplissement de cette tâche et exiger par suite de ce bien-être apporté une plus grande propreté de la part de la nourrice. Ce serait une garantie de santé pour l'enfant.

Elargissant l'idée d'une semblable intervention, l'honorable docteur estime « qu'à côté de la caisse des écoles, qui réussit parfaitement, il serait possible d'établir la caisse des nouveau-nés. Chaque commune aurait sa caisse formée de dons volontaires. Le maire recueillerait les fonds. Les membres des commissions locales, ainsi que le médecin-inspecteur, en visitant les enfants et les nourrices, constateraient la misère et réclameraient auprès du maire qui pourrait disposer des fonds pour les infortunes signalées ».

Circonscription U. — 145 enfants surveillés : 8 décès. « En 1882, dit le médecin-inspecteur, 9 enfants sont morts dans ma circonscription sur 99 ; 8 seulement sur 145 succombent en 1883. Ces chiffres parleront plus éloquemment que ne pourraient le faire mes faibles paroles pour démontrer l'utilité et, j'ajouterai même, la nécessité de la loi Roussel. »

Dans une autre partie de son rapport, le médecin-inspecteur déclare que « beaucoup de nourrices se plaignent de ne pas avoir une layette suffisante — quelques-unes même sont obligées de la fournir. Il serait utile que les parents dussent justifier, devant le maire et le médecin-inspecteur, d'une quantité et d'une qualité suffisantes de linge pour élever un enfant. On ajouterait au carnet une colonne dans laquelle serait inscrit le minimum de la layette ».

Le même docteur met en lumière l'importance du rôle bienfaisant des commissions locales ; il exprime le vœu qu'il puisse en être créé dans toutes les communes.

En 1883, trois condamnations ont été prononcées dans le Calvados pour infractions à la loi de 1874 : la première à 1 fr. d'amende contre une nourrice non munie des certificats règlementaires ; la seconde, à 1 fr. d'amende également contre une personne qui avait placé un enfant en nourrice sans faire de déclaration à la mairie et sans remettre à la nourrice un bulletin de naissance de l'enfant ; la troisième, à 10 fr. d'amende contre une nourrice qui avait reçu un enfant et n'en avait pas fait la déclaration à la mairie dans les trois jours.

Il se fait annuellement une distribution solennelle de récompenses aux personnes qui, dans le Calvados, ont apporté le plus de zèle à l'application de la loi du 23 décembre 1874 : ces distributions ont été successivement présidées par l'éminent promoteur de la loi de Protection, M. le sénateur Théophile Roussel, par M. Charles Quantin, alors directeur de l'Assistance publique à Paris, et par M. le professeur Brouardel, président du comité consultatif d'hygiène publique de France.

Le comité supérieur de Protection du premier âge s'est félicité des heureux résultats produits par ces distributions de récompenses ; et il a exprimé le vœu que l'exemple donné par le département du Calvados fût promptement suivi.

CHARENTE-INFÉRIEURE

Crédits successivement votés par le conseil général :

1877	2.400
1878	»
1879	»
1880	»
1881	500
1882	600
1883	1.400
1884	1.400

Le préfet avait proposé au conseil général l'inscription au budget du département, pour l'exercice 1884, d'un crédit de 3,200 fr.

Sur ce crédit, une somme de 2,000 fr. était prévue pour l'allocation d'indemnités de déplacement aux juges de paix chargés de la vérification des registres ; 600 fr. devaient être attribués aux secrétaires de mairie ; 400 fr. distribués en récompenses aux nourrices ou sevreuses les plus méritantes ; enfin, une somme de 200 fr. était prévue pour frais d'impression.

La commission du conseil général proposa de réduire le crédit de 3,200 fr., demandé par le préfet, à 1.400 fr., qui recevraient l'emploi des années précédentes :

1° Pour imprimés....................	600
2° Pour indemnités aux secrétaires de mairie........................	400
3° Pour récompenses aux nourrices et sevreuses........................	400
	1.400

Les conclusions de la commission furent adoptées sans débats.

Les maires de 450 communes ont fourni des états nominatifs concernant les enfants qui, au cours de l'année 1883, ont été inscrits sur les registres de la Protection du premier âge.

Malgré de nombreux rappels, il n'avait pas été possible, à l'époque où l'inspecteur départemental rédigeait son rapport d'ensemble, d'obtenir ces états pour trente communes.

Les 450 documents produits mentionnent un effectif de 1,025 enfants qui ont passé par le service en 1883, savoir :

Enfants légitimes.....................	700
Enfants naturels......................	151
Pupilles hospitalisés..................	79
Enfants étrangers au département....	95
	1.025

En 1882, l'administration départementale avait constaté la présence de 843 enfants : il s'est donc produit dans l'effectif total une augmentation de 182 enfants d'une année à l'autre.

Au 1er janvier 1883, l'effectif présent était de 435 enfants.

L'inspecteur départemental croit pouvoir répartir de la manière suivante, au point de vue du mode d'alimentation, les 1,025 enfants :

Elevés au sein......................	745
Elevés au biberon...................	117
Placés en sevrage ou en garde........	163
	1.025

Le comité départemental a tenu deux séances en 1883.

8 commissions locales sur 11 ont fourni des rapports.

Dans un certain nombre de communes, où l'on n'est point jusqu'à présent parvenu à créer une commission locale, une dame surveillante a été désignée pour exercer, conjointement avec l'autorité municipale, la surveillance instituée par la loi Roussel.

« L'inspection médicale est confiée à 53 médecins qui, jusqu'à ce jour, en attendant que le conseil général votât les fonds nécessaires, ont bien voulu consentir à remplir ces fonctions gratuitement. » (Extrait du rapport présenté au conseil général à la session d'août 1883.)

45 de ces médecins ont envoyé des rapports.

Un certain nombre d'enfants qui ne recevaient pas de leurs nourrices l'alimentation ou les soins convenables ont été déplacés, grâce à l'intervention des médecins-inspecteurs. Dans une seule circonscription, celle qui comprend,

il est vrai, le plus grand nombre d'enfants à protéger, onze nourrissons ont été déplacés, un parce que le logement n'était pas salubre, un parce que la nourrice était devenue enceinte, et les neuf autres, parce que les nourrices n'avaient pas un lait suffisant. »

On lit dans un rapport d'inspecteur : « Les enfants élevés au sein, sans autre nourriture, jusqu'à la fin du quatrième mois, que le lait de la nourrice, jouissent en général d'une bonne santé. Mais bien peu de nourrices suivent sur ce point nos conseils. Les unes font prendre dès la fin du premier mois à leurs enfants des bouillies ou des soupes, que leurs estomacs trop délicats ne peuvent digérer, les autres, qui élèvent au biberon, ne savent pas ou plutôt ne veulent pas régler les repas de l'enfant et l'habituer à ne boire que toutes les deux heures. On remplit complètement le biberon et on le laisse à l'enfant jusqu'à ce qu'il l'ait vidé. C'est là une des principales causes des variétés de gastroentérite qui déciment les nourrissons. »

Un médecin-inspecteur constate que l'industrie nourricière ne s'exerce pas dans sa circonscription. « Les familles placent leur enfant en nourrice dans leur village, ou à proximité, de manière à le surveiller elles-mêmes. Je dirai même, quoique ceci ait l'air d'un paradoxe, que la condition des nourrissons allaités hors de leur famille est meilleure que celle d'une certaine catégorie d'enfants élevés chez leurs parents. J'ai remarqué encore cette année que les trois quarts des interminables diarrhées estivales, qui compromettent la vie de tant d'enfants du premier âge, surviennent chez les enfants élevés au biberon. Or, ceux-là, c'est la famille qui les élève ainsi par économie; ils ne sont pas placés en nourrice. » Le même médecin déclare qu'il n'est pas tenu régulièrement au courant de l'arrivée des enfants, « et qu'il n'est jamais avisé quand les nourrices les rendent à leur famille ».

Un autre inspecteur fait une constatation identique : « J'ai reçu quelques avis de placement ; je n'ai jamais eu connaissance des mutations ni des décès ».

Un rapport mentionne le décès d'un nourrisson « qui a succombé à un érysipèle dont l'origine est attribuée à une piqûre de vaccin. »

Un médecin-inspecteur reconnaît que « beaucoup d'habitations de nourrices laissent bien à désirer sous le rapport de la salubrité; mais, comme dans ces habitations l'air rentre à flots, les enfants ne paraissent pas s'en trouver mal. A coup sûr, ils ne vivent pas dans un air confiné... c'est le manque de soleil et d'air qui est la cause productrice la plus puissante du rachitisme que l'on rencontre si souvent chez les enfants pauvres des villes ».

« Je renouvelle le vœu, dit le même docteur, que la nourrice soit payée directement par l'administration et non par la mère. Je parle ici, bien entendu, des enfants assistés. La mère touche l'argent des mois de nourrice et le dépense souvent en choses frivoles, tandis que la nourrice n'est pas payée ».

CHER

Crédits successivement votés par le conseil général :

1877	2.000 fr.
1878	4.200
1879	4 200
1880	4.200
1881	4 200
1882	4 200
1883	9.600
1884	10.000

Le crédit de 10,000 fr. proposé par le préfet, à la session d'août 1883, a été voté sans discussion par le conseil général.

L'administration départementale a constaté la présence de 1.338 enfants appelés à bénéficier de la Protection lég ïe.

Sur ces 1,338 enfants, 401 sont nés dans le Cher et 937 appartiennent à d'autres départements (presque tous à celui de la Seine).

Parmi les 401 enfants originaires du Cher figurent 42 pupilles hospitaliers.

67 commissions locales ont été instituées ; 6 seulement ont adressé un rapport.

Ces 6 commissions déclarent que les enfants sont généralement l'objet de bons soins de la part de leurs nourrices.

Douze rapports ont été transmis par les maires des communes où il n'a pas été créé de commissions locales.

Le conseil général n'a pas jusqu'ici accordé une indemnité de déplacement aux juges de paix, à raison de la vérification des registres de la Protection.

Beaucoup de ces magistrats se sont abstenus de procéder sur place à cette opération et se sont fait adresser les registres.

Dans un arrondissement même, aucune vérification ne paraît avoir été effectuée ; en tous cas, aucun rapport n'est parvenu à la préfecture.

Il a été institué 45 circonscriptions d'inspection médicale ; au 31 décembre 1883, 16 étaient encore dépourvues de titulaires.

Sur les 1,338 enfants dont la présence a été constatée en 1883, la moitié environ, 670, parmi lesquels 292 originaires du Cher et 378 étrangers à ce département, ont été soumis à la surveillance médicale.

Le chiffre, en 1882, avait été de 579.

Des médecins-ispecteurs mentionnent comme extrêmement dangereux pour la santé des nourrissons venus de Paris « le long voyage qu'on leur impose dès les premiers jours de leur naissance et par tous les temps ».

Un médecin signale le grand intérêt qui s'attache à la surveillance de la qualité du lait que l'on donne aux enfants élevés au biberon.

Les nourrices, dit-il, « donnent indifféremment n'importe quel lait celui d'une vache pleine depuis longtemps, aussi bien que celui d'une vache qui vient de vêler, alimentation qui peut être funeste au nourrisson. »

Un autre médecin prit la très louable initiative de rechercher les enfants ayant droit à la Protection légale ; en moins d'un mois, il découvrit dix nourrices qui n'avaient rempli aucune des formalités réglementaires et constata que « les maires n'avaient fait aucune démarche en faveur de l'application de la loi. »

Selon un médecin-inspecteur, « il faudrait, pour assurer le fonctionnement de la loi, faire constater quelques contraventions par des procès-verbaux et poursuivre. »

En définitive, d'après les critiques présentées dans les rapports des juges de paix comme dans ceux des médecins-inspecteurs :

« Les registres de la Protection sont mal tenus ;

« Les nourrices ne font pas les déclarations réglementaires ;

« Les maires n'informent pas les médecins-inspecteurs du placement des enfants, et délivrent avec trop de complaisance des certificats aux nourrices. »

Il est juste d'ajouter que l'administration départementale s'occupe acti·vement de combattre ces abus et d'organiser efficacement le service de la Protection infantile.

L'inspecteur des enfants assistés s'impose un travail supplémentaire qui consiste à faire inscrire sur un registre spécial les déclarations de placement envoyées par les maires de Paris et à transmettre au médecin-inspecteur compétent un double de chaque déclaration.

C'est en effet le moyen de remédier aux conséquences qu'entraîne le défaut de notification de la part d'un grand nombre de municipalités du Cher.

CORRÈZE

Crédits successivement votés par le conseil général.

1877	200 fr.
1878	200
1879	»
1880	»
1881	»
1882	»
1883	400
1884	400

Le préfet avait demandé, à la session d'août 1883, le vote d'un crédit de 1,000 francs, afin de pouvoir commencer à organiser l'inspection médicale.

La commission du conseil général, chargée des affaires d'assistance publique, avait exprimé, de son côté, un avis favorable à la proposition du préfet et avait déclaré « s'en rapporter à la commission des finances pour la création des voies et moyens. » Mais, lors du vote du budget, l'allocation afférente à la Protection du premier âge fut maintenue au chiffre antérieur de 400 francs.

Suivant les termes employés par la commission d'assistance, la loi du 23 décembre 1874 est malheureusement restée lettre morte dans la Corrèze.

Toutes les communes ont bien été pourvues des imprimés et registres réglementaires ; les instructions officielles ont été notifiées aux maires et affichées ; mais dans les arrondissements de Brives et d'Ussel, les registres n'ont reçu aucune inscription. Il en a été à peu près de même dans l'arrondissement de Tulle ; les rares inscriptions constatées par les juges de paix présentaient des omissions ou des irrégularités.

COTE-D'OR

Crédits successivement votés par le conseil général.

1877...................................	500 fr.
1878...................................	»
1879...................................	9.430
1880...................................	9.430
1881...................................	9.430
1882...................................	8.000
1883...................................	9.800
1884...................................	12.150

Le crédit de 12,150 francs proposé par le préfet a été voté sans discussion à la session d'août 1883.

Le rapport présenté au conseil général, au nom de la commission de l'instruction et de l'assistance, contient le passage suivant (séance publique du 30 août 1883), qu'il a paru intéressant de reproduire :

« Le but qu'on s'est proposé est excellent, personne ne le nie ; mais personne aussi n'a pensé qu'il fût facile d'atteindre la perfection. Depuis vingt-cinq ans l'application est commencée ; mais depuis deux ans seulement le service est à peu près complètement organisé, tout en laissant encore à désirer. Les différents comités ne fonctionnent guère ou ne fonctionnent pas : les maires et les secrétaires de mairie ne remplissent pas exactement les formalités imposées ; les juges de paix ne paraissent pas accepter l'obligation de se transporter à leurs frais dans toutes les communes de leur canton ; certains médecins refusent leur concours ; beaucoup le prêtent mollement. Et la cause de ce manque général d'enthousiasme c'est, chez certains, l'indifférence, chez d'autres le désir de recevoir une juste rémunération du travail qui leur est imposé. »

Dans la Côte-d'Or, l'honoraire des médecins-inspecteurs est de 1 fr. par visite.

Le nombre des enfants qui ont figuré, en 1883, sur le registre de la Protection, est de 1,386 ; l'effectif présent, à la date du 1er janvier 1884, était de 915, parmi lesquels se trouvaient 178 enfants assistés.

Le comité départemental a tenu une séance.

Aucune des vingt-deux commissions locales instituées par arrêtés préfectoraux « n'a donné signe d'existence. »

Les juges de paix de trois arrondissements ont vérifié les registres dans toutes les communes de leurs cantons respectifs ; le plus souvent, ils se sont transportés dans les mairies pour y procéder à cette vérification.

Dans un arrondissement il n'en a pas été ainsi ; les registres n'ont été vérifiés, le plus souvent, que dans quelques localités où les magistrats ont été appelés par les nécessités du service judiciaire.

Les registres n° 1, destinés à recevoir les déclarations des parents, portent, en général, très peu d'inscriptions ; ces derniers ne mettent que bien peu d'empressement à accomplir les formalités légales.

Les registres n° 2 contiennent presque tous des omissions ; le certificat médical constatant l'aptitude des nourrices manque souvent.

Il ressort néanmoins de l'ensemble des rapports des juges de paix que la loi de Protection est maintenant appliquée d'une manière moins défectueuse : l'influence de ces magistrats n'est pas étrangère à l'amélioration signalée.

Il est un canton, celui de Saulieu, où l'on est arrivé à un résultat presque complet.

Il existe 86 circonscriptions d'inscription médicale : 74 médecins-inspecteurs ont répondu à l'appel de l'administration, en adressant soit des rapports ou des notes, soit au moins les états nominatifs des enfants assistés.

1,364 enfants ont été visités : 441 dans les communes où résident les médecins, 923 dans d'autres localités.

Aux termes du rapport d'ensemble rédigé par l'inspecteur des enfants assistés, « les médecins se sont laissé guider le plus souvent par les nécessités du service plutôt que par la lettre du règlement Certains enfants, dont les nourrices laissaient à désirer, ont été vus souvent deux ou trois fois par mois, tandis que d'autres, qui avaient des bons soins d'une façon certaine, n'ont reçu que quelques visites ».

La moyenne de visites par enfant paraît osciller entre 4 et 5.

Un médecin fait connaître qu'il inspecte « plusieurs fois par mois et au moment où les nourrices ne l'attendent pas, les enfants souffrant par suite d'une mauvaise alimentation. Malgré tout l'ennui et les désagréments que donne le service, il tâchera toujours de redoubler de surveillance pour arriver à un meilleur résultat que celui que nous avons jusqu'à présent ».

Un médecin a promis son concours à l'administration, sous la condition qu'il serait avisé par les maires de l'arrivée des enfants.

Un rapport mentionne les bons résultats obtenus dans l'intérêt des enfants assistés, grâce à la décision du conseil général augmentant le salaire des nourrices au sein.

Il est constaté, dans un autre rapport « que le médecin est toujours obligé de rechercher lui-même les enfants et de faire délivrer le carnet souvent plusieurs mois après le placement ». L'auteur de cet intéressant rapport fait une exception en faveur d'une des communes de sa circonscription ; il estime que « la loi Roussel serait donc très applicable et que les progrès en seraient beaucoup plus rapides sans l'indifférence des municipalités ». Suivant l'appréciation du même médecin, « les nourrices sont souvent médiocres, les unes sont insuffisantes, les autres réglées ou enceintes... Sur 11 enfants placés au sein, 5 ont eu de mauvaises nourrices. » Les meilleures vont se placer sur lieu pour gagner des salaires plus élevés.

Le même rapport contient la notice détaillée

de deux nourrissons et montre par des faits probants l'efficacité de l'inspection médicale.

Un autre médecin-inspecteur remarque «qu'autrefois et jusque dans les dernières années, les nourrices trouvaient dans le lait de vaches un adjuvant facile et précieux. Aujourd'hui cette ressource tend à leur manquer avec les facilités de transport qui se généralisent; le lait transformé en beurre est très recherché dans les campagnes pour être expédié au loin, en sorte que les nourrices ne peuvent plus se procurer que difficilement et à grands frais l'aliment de première nécessité pour les petits enfants. »

Le refroidissement dans les premiers moments de la vie est indiqué par un médecin-inspecteur comme une cause puissante de mortalité. Le même docteur fait observer que pour obtenir du corps médical du dévouement, du temps, de la vigilance, il faudrait une rémunération plus équitable. « La visite à 1 franc, dans la commune habitée par le médecin, est encore admissible; mais la visite à 1 franc faite à 10 et 12 kilomètres et souvent plus, aller seulement, n'est-elle pas dérisoire? »

Un rapport fait connaître que les nourrices, bonnes en général, bien que manquant de propreté, « ont souvent la singulière habitude de donner du vin à boire à leurs nourrissons... on aura de la peine à faire disparaître cet absurde préjugé ».

Un médecin mentionne plusieurs cas de désobéissance et même de rébellion de la part des nourrices; l'une d'elles est allée jusqu'à prétendre lui interdire l'accès de sa demeure.

Les secrétaires de mairie, dit un autre inspecteur, se plaignent d'une manière générale du surcroît de travail que leur impose la protection et pour lequel ils ne reçoivent aucune indemnité.

Un médecin-inspecteur déclare persister dans l'opinion précédemment émise par lui « que l'élevage au biberon est préférable à l'élevage au sein, qu'il produit des résultats plus avantageux. » Il cite deux exemples qui l'ont confirmé dans son appréciation acquise par une vieille expérience.

Le même docteur pense que « la plupart des médecins exerçant leur profession par dévouement plutôt que par intérêt, le nouveau tarif d'honoraires (1 fr. par visite) sera accepté »; il aime à croire que les nourrissons « n'auront pas à souffrir des conséquences d'une rétribution par trop mesquine ».

Un fait regrettable est consigné dans un rapport et semble devoir être mentionné ici.

Un enfant est placé dans la commune de X... le 20 août; le médecin-inspecteur est avisé le 25 et va le visiter dès le 27, faisant preuve du plus louable empressement. Il juge grave l'état de ce nourrisson qui était élevé au biberon; il rédige son bulletin de visite, en mentionnant ses craintes, et signale l'urgence de procurer à l'enfant une bonne nourrice au sein. Il remet lui-même le bulletin au maire et lui recommande d'écrire de suite aux parents. Par hasard, le père était dans la commune; le médecin va le trouver et lui « renouvelle ses recommandations auxquelles il promet de se conformer.

« Mais il n'en fait rien, et quinze jours après

le maire annonce au docteur la mort de l'enfant qui était resté chez la même nourrice. »

A l'occasion de deux plaintes injustes dirigées par des parents contre des médecins, l'inspecteur des enfants assistés remarque « qu'il semble aux yeux de certains individus que l'administration doive remplacer en tout le père de famille et veiller à tous les besoins de l'enfant. Ces idées peuvent avoir les plus funestes conséquences sous tous les rapports, et notamment éloigner le concours du corps médical »

DOUBS

Crédits successivement votés par le conseil général :

1877	» fr.
1878	»
1879	»
1880	»
1881	500
1882	2.000
1883	3.500
1884	5.200

Le crédit de 5,200 fr. proposé par le préfet à la session d'août 1883 a été voté par le conseil général après discussion.

L'effectif total des enfants ayant figuré sur les registres de la Protection dans le Doubs est de 407.

Ces enfants se répartissent ainsi :

1° Suivant l'état civil :

Légitimes	251	} 407
Naturels	156	

2° Suivant le département d'origine :

Originaires du Doubs	364	} 407
— d'autres départements	43	

3° Suivant le mode d'élevage :

Au sein	105	
Au biberon	266	} 407
En sevrage ou en garde	36	

Parmi les 43 enfants originaires d'autres départements que le Doubs, 33 appartiennent à la Seine.

Le comité départemental a demandé qu'il fût procédé à une large distribution de la brochure de la Société française d'hygiène concernant l'hygiène de la première enfance.

Un médecin, membre du comité, a exprimé le vœu que le système anglais, qui consiste à coucher les nourrissons sur du son fût recommandé aux mères et aux nourrices par les médecins-inspecteurs et les sages-femmes.

Il a constaté avec regret que le système d'emmaillottement des enfants dans le département était trop souvent défectueux.

Le préfet a annoncé son intention de se concerter avec le recteur d'académie, en vue d'un enseignement de la loi de Protection aux élèves de l'école normale d'instituteurs.

Un membre du comité, professeur du cours d'accouchement à Besançon, a fait connaître à ce sujet « qu'il ne laissait pas les élèves sages-femmes dans l'ignorance des prescriptions légales qui sont de nature à les intéresser. Il s'est engagé à analyser chaque année, devant ses nouvelles auditrices, le texte de la loi du 23 décembre 1874 »

31 commissions locales sont instituées : 6 se sont réunies en 1883 : elles ont adressé leur rapport de fin d'année.

39 rapports de municipalités sont parvenus à la préfecture.

D'après ces documents, « les nourrices, en général, ont entouré les enfants des soins nécessaires. »

La commission locale de Besançon a fait déplacer d'office un enfant. Aujourd'hui, tous les quartiers de la banlieue, comme ceux de la ville, sont pourvus de dames visiteuses.

Dans une commune, un enfant a dû être déplacé à raison de l'excessive humidité du logement de la nourrice.

Dans quatre communes, des nourrices ont été signalées comme ne recevant qu'une faible partie du salaire convenu.

L'administration départementale a fait rechercher les mères et les a invitées à tenir leurs engagements. Des secours temporaires ont été accordés aux plus nécessiteuses d'entre elles.

Les juges de paix ont procédé à la vérification des registres de la Protection.

De nombreuses irrégularités ont été relevées : de plus, dans 14 communes, les registres avaient été perdus.

Un nouvel envoi a été fait et le préfet a rappelé aux magistrats municipaux que la loi les rend responsables de la conservation des registres.

Il existe 20 circonscriptions d'inspection médicale : cette inspection n'a pu encore être organisée dans 3 cantons, où un certain nombre d'enfants sont placés en nourrice.

14 médecins-inspecteurs ont transmis leur rapport.

8 d'entre eux constatent les excellents effets produits par la loi de Protection.

La question de l'emmaillottement des enfants soulève entre plusieurs médecins-inspecteurs des appréciations divergentes.

Les uns expriment le vœu que les nourrices cessent le maillot, car il est contraire à tous les avis des hygiénistes. »

Les autres estiment « qu'il a ses inconvénients et ses avantages, mais que les avantages l'emportent. »

Un médecin s'exprime notamment en ces termes :

« Le maillot complet, qui enveloppe et serre modérément ensemble le corps et les membres, a des avantages pendant les premiers mois de la naissance dans nos régions, où la température est plutôt basse que tempérée en automne et en hiver. Il s'oppose au refroidissement du jeune sujet ; mais, pour qu'il n'ait pas d'inconvénients, il faut, après les premiers mois de la naissance, quand la saison n'est pas trop rigoureuse, laisser en liberté les bras de l'enfant, c'est-à-dire substituer au maillot complet un maillot qui n'enveloppe pas les bras ; et ce dernier doit être abandonné entièrement quand l'enfant a cinq ou six mois, pour lui laisser en liberté les bras et les jambes. »

Au contraire, un autre médecin-inspecteur déclare « avoir toujours été très satisfait de la docilité des nourrices, excepté à l'endroit de cette habitude barbare de ficeler et d'aplatir les enfants dans leurs berceaux. »

Partisans et adversaires de l'emmaillotement s'accordent à reconnaître « que l'habitude est invétérée dans le département et qu'il sera bien difficile de la déraciner. »

Un médecin-inspecteur a provoqué le retrait d'un enfant auquel la nourrice donnait des infusions de pavot.

Un autre docteur signale un préjugé funeste aux enfants. Les nourrices et les sages-femmes font couper le lait destiné aux enfants avec un quart, un tiers et quelquefois moitié d'eau d'orge.

Des médecins, membres du conseil général, ont déclaré au sein de cette assemblée « que leurs confrères rencontrent, sur divers points du département, une négligence des plus regrettables de la part des parents pour faire vacciner leurs enfants. »

Le conseil général a émis le vœu que la vaccination fût rendue obligatoire.

DROME

Crédits successivement votés par le conseil général :

1877	»
1878	»
1879	8.450 fr.
1880	8.450
1881	12.000
1882	20.000
1883	25.645
1884	29.470

Le crédit de 29,470 fr. proposé par le préfet à la session d'août 1883 a été voté sans discussion par le conseil général.

Au cours de l'année 1883, 2,237 enfants ont été inscrits sur les registres de la Protection ; le chiffre avait été, en 1882, de 1,944.

Ces 2,237 enfants se répartissent ainsi :

1° Suivant le sexe :

Garçons	1.155	
Filles	1.082	} 2.237

2° Suivant l'état civil :

Légitimes	1.785	
Naturels	452	} 2.237

(Y compris 268 enfants assistés de la Drôme ou d'autres départements.)

3° Suivant le mode d'élevage :

Au sein	1.853	
Au biberon	116	
En sevrage	85	} 2.237
En garde	183	

Le nombre des enfants placés en nourrice, en sevrage ou en garde dans la Drôme et originaires d'autres départements, s'est élevé, en 1883, à 730, c'est-à-dire à un peu moins du tiers de l'effectif total.

De ces 730 enfants, 632 sont originaires du Rhône, des Bouches-du-Rhône ou de Vaucluse.

Voici les chiffres afférents à ces trois départements :

Rhône...................... 288)
Bouches-du-Rhône.............. 210 } 632
Vaucluse..................... 134)

L'effectif des enfants protégés était, à la date du 31 décembre 1883, de 1,254 enfants, 630 garçons et 624 filles.

Il existe 166 commissions locales dans la Drôme ; 78 ont adressé leur rapport de fin d'année.

En général, les commissions estiment que les nourrices sont aujourd'hui mieux instruites de leurs devoirs, que les déclarations se font plus régulièrement, que les nourrissons reçoivent des soins plus intelligents et plus dévoués.

La vérification des registres de la Protection a été, pour la première fois dans la Drôme, opérée sur place par les juges de paix.

Un grand nombre de ces magistrats reconnaissent les avantages que ce mode de procéder présente sur l'ancienne méthode, d'ailleurs absolument irrégulière, qui consistait à faire transporter annuellement les registres au cabinet du juge de paix.

La tenue des écritures de la Protection s'améliore dans la Drôme : il a été relevé moins d'omissions, de la part des municipalités, que pendant les années précédentes ; les déclarations des parents et des nourrices ont été également plus nombreuses.

Il a été institué 49 circonscriptions d'inspection médicale ; 39 médecins-inspecteurs ont transmis leur rapport annuel ; et il convient de remarquer que 5 médecins avaient accepté de se charger provisoirement de deux circonscriptions.

Un grand nombre de médecins-inspecteurs expriment l'avis qu'une amélioration s'est produite dans le fonctionnement du service et dans la condition des nourrissons.

Des juges de paix et des médecins-inspecteurs signalent le grand intérêt qu'il y aurait « à s'assurer le concours des gardes champêtres qui, par leur situation, connaissent tous les habitants de la commune, même les demeures les plus isolées et à qui rien ne peut échapper de ce qui se passe dans la localité ».

L'inspecteur départemental appuie ce vœu et déclare « qu'en intéressant ces modestes fonctionnaires à l'œuvre de la Protection par l'allocation d'une prime d'un franc par an et par enfant, on obtiendrait une amélioration notable dans les écritures, surtout au point de vue des changements et des retraits dont les déclarations ne sont faites que très rarement, les nourrices oubliant trop facilement leurs devoirs à cet égard ».

Les indications et les appréciations qui suivent ont été puisées dans les rapports des médecins-inspecteurs : au lieu de mentionner ici les communes formant les circonscriptions pour lesquelles des rapports ont été fournis, on a jugé préférable de désigner simplement ces dernières par une lettre de l'alphabet.

Circonscription A. — 83 enfants surveillés en 1883 : 7 décès. Le médecin-inspecteur déclare qu'il a eu beaucoup de nourrissons malades et que, s'il n'en est pas mort un plus grand nombre, « ce résultat est dû, en partie, aux soins plus intelligents et plus scrupuleux des nourrices ».

Circonscription B. — 139 enfants surveillés : 10 décès.

Circonscription C. — 117 enfants surveillés : 11 décès.

Circonscription D. — Le médecin-inspecteur exprime le vœu de voir publier « un almanach des nourrices, pourvu des indications communes à ce genre de publications et contenant, indépendamment des principales prescriptions de la loi de 1874 et du règlement, les préceptes élémentaires de l'hygiène infantile ». Le même médecin appelle tout l'intérêt de l'administration sur la situation faite aux nourrices qui ne reçoivent pas ou ne reçoivent qu'irrégulièrement le salaire promis.

Circonscription E. — 115 enfants surveillés : 13 décès. Le médecin-inspecteur désirerait voir largement récompenser les nourrices méritantes. Il demande également que les gardes champêtres soient rémunérés, à raison de leur coopération au service de la Protection infantile : l'action de ces agents est de la plus grande utilité pour le bon fonctionnement de la loi ».

Circonscription F. — 156 enfants surveillés : 15 décès. C'est la circonscription de la Drôme où, en 1883, il y a eu le plus grand nombre d'enfants surveillés. Le médecin-inspecteur déclare que les nourrices, sevreuses et gardeuses accueillent ses avis avec plus d'empressement ; mais il regrette l'absence du certificat médical chez la plupart des nourrices.

Circonscription G. — Le médecin-inspecteur signale les difficultés croissantes qu'offre le recrutement des nourrices : « celles-ci sont trop peu rémunérées ». Il estime que « des concours d'enfants devraient être établis, afin d'encourager les bonnes nourrices et d'exciter une louable émulation ».

Circonscription H. — « Les placements sont notifiés assez régulièrement, mais il n'en est pas encore ainsi pour les retraits et les décès, ce qui occasionne souvent des démarches en pure perte ».

Circonscription I. — 9 enfants surveillés : 1 décès. Un déplacement a été provoqué par le médecin-inspecteur : l'enfant qui était malade s'est parfaitement rétabli.

Circonscription J. — 84 enfants surveillés : 7 décès. Le médecin-inspecteur se plaint de la rareté des vaccinations.

Circonscription K. — 26 enfants surveillés : 2 décès.

Circonscription L. — Le médecin-inspecteur regrette l'absence générale d'un garde-feu chez les nourrices.

Circonscription M. — 42 enfants surveillés : 6 décès. Le médecin-inspecteur fait connaître que, sans une épidémie de rougeole d'une extrême gravité, la mortalité aurait été, en 1883, très peu élevée dans cette circonscription.

Circonscription N. — 55 enfants surveillés : 2 décès.

Circonscription O. — 20 enfants surveillés : 1 décès.

Circonscription P. — 11 enfants surveillés : 1 décès. Le médecin-inspecteur dit qu'il est rarement averti des placements, qu'il ne l'est jamais des retraits et qu'il est obligé de rechercher lui-même les nourrissons. Il a dû provoquer une mesure de rigueur à l'égard d'une nourrice qui, devenue enceinte, se refusait à cesser l'allaitement.

Circonscription Q. — 41 enfants surveillés : 5 décès ; il convient de remarquer qu'une épidémie de rougeole a sévi dans la région.

Circonscription R. — 28 enfants surveillés : 3 décès. Le médecin-inspecteur est persuadé que la visite faite par les juges de paix, pour la vérification des registres, contribuera notablement à stimuler le zèle des administrations municipales.

Circonscription S. — 18 enfants surveillés : aucun décès.

Circonscription T. — 114 enfants surveillés : 6 décès. 78 enfants ont été vaccinés par le médecin-inspecteur. Celui-ci se félicite du concours dévoué des secrétaires de mairie ; d'autre part, il constate avec regret que les nourrices négligent de se pourvoir du certificat médical. Il demande, à ce point de vue, « l'application sévère de la loi, sans quoi le service de la Protection fonctionnera mal. » Il voudrait que tout bulletin de naissance portât la mention suivante : « Il est défendu aux parents, sous peine d'amende, de confier leur enfant à une nourrice dépourvue du certificat médical constatant son aptitude à nourrir. »

Circonscription U. — 22 enfants surveillés : 1 décès.

Circonscription V. — 89 enfants surveillés : 11 décès. Le médecin-inspecteur désirerait qu'il fût ouvert dans chaque mairie un registre destiné à inscrire les nourrices disponibles, de manière à renseigner aussitôt les intéressés. Il exprime également le vœu que des balances soient mises à la disposition des médecins-inspecteurs, pour peser, à chaque visite, les enfants qui bénéficieront de la surveillance.

Circonscription X. — 16 enfants surveillés : 2 décès. Comme beaucoup de ses confrères, le médecin-inspecteur regrette la négligence qu'apportent les nourrices à se pourvoir du certificat médical.

Circonscription Y. — 24 enfants surveillés : 2 décès.

Circonscription Z. — 24 enfants surveillés : 3 décès. Le médecin-inspecteur se plaint de l'ingérence des sages-femmes dans le placement des nourrissons.

Circonscription A'. — Le médecin-inspecteur a tenu à accompagner le juge de paix dans sa tournée de vérification des registres, pour la rendre plus utile encore. Il appelle toute la bienveillance de l'administration sur les gardes champêtres dont le concours mérite d'être encouragé.

Circonscription B'. — 131 enfants surveillés : 8 décès.

Circonscription C'. — Beaucoup d'enfants ont été atteints par la coqueluche. La maladie a été sérieuse et longue. Si la mortalité a été minime, le médecin-inspecteur « croit devoir l'attribuer à ce que les soins ont été prodigués dès le début de la maladie. — Chez les enfants non soumis à la loi de Protection, le mal a eu des conséquences plus graves. »

Circonscription D'. — 45 enfants surveillés : 7 décès. « La plupart des nourrissons décédés, dit le médecin-inspecteur, ont succombé aux suites de la coqueluche. Dans cette circonscription, deux déplacements ont été opérés à la diligence de l'inspecteur... Les parents des deux enfants déplacés ont apprécié les bienfaits de la loi. »

Circonscription E'. — 54 enfants surveillés : 11 décès. Le médecin-inspecteur considère que cette mortalité élevée « est le résultat des mauvaises conditions climatériques de l'année et d'une épidémie sévère de coqueluche. »

EURE-ET-LOIR

Crédits successivement votés par le conseil général :

1877	23.000 fr.
1878	23.200
1879	23 200
1880	23 200
1881	23 200
1882	26.500
1883	35.000
1884	35.000

L'effectif total des enfants ayant figuré en 1883 sur les registres de la Protection est de 5,828.

Ces 5,828 enfants se répartissent de la manière suivante :

Au point de vue du sexe :

Garçons	2.920 } 5.828
Filles	2.908 }

De l'état civil :

Légitimes	4.152 } 5.828
Naturels	1.676 }

Du mode de l'élevage :

Au sein	2.343 } 5.828
Au biberon	3.485 }

De l'origine :

Nés dans le département d'Eure-et-Loir	1 026 } 5.828
Nés dans d'autres départements	4.802 }

Les enfants naturels représentent dans l'effectif ci-dessus mentionné une proportion élevée, 28,75 p. 100.

Les enfants originaires d'Eure-et-Loir ne forment que 17,60 p. 100 de l'effectif : sur les 4,802 enfants nés dans d'autres départements et placés en Eure-et-Loir, 4.416, soit 91,95 p. 100, sont originaires de la Seine.

Voici pour les années 1881, 1882 et 1883 l'effectif annuel des enfants protégés :

```
1881........................  5.228
1882........................  5 677
1883........................  5.828
```

L'effectif présent, à la date du 31 décembre 1883 était de 2,571 et représentait ainsi 44,11 p. 100 de l'effectif total enregistré pour cette année.

Le comité départemental a tenu deux séances en 1883.

Il a, notamment, exprimé le vœu de voir établir « sur les voies ferrées, au départ de Paris, des compartiments spéciaux pour le transport des nourrices avec leurs nourrissons, afin de protéger ces derniers, principalement contre les courants d'air. »

Les commissions locales, instituées par arrêté du préfet, sont au nombre de 94, sur lesquelles 25 seulement ont adressé leur rapport de fin d'année.

L'inspecteur des enfants assistés, dans son rapport d'ensemble, mentionne sept de ces commissions à raison des précieux services qu'elles ont rendus à la cause de la Protection infantile, et cite d'une manière toute spéciale la commission de Chartres.

« Le zèle et la persévérance, dit-il, avec lesquels la commission de Chartres n'a cessé de poursuivre sa mission protectrice, ont conservé bien des existences compromises par des nourrices qui ne possédaient pas les qualités nécessaires pour élever des enfants et qui ne pourront plus, à l'avenir, s'adonner à l'industrie nourricière ».

La commission de Chartres a tenu 12 séances ordinaires ; ses membres ont visité, en 1883, 130 nourrissons : le nombre des visites a été de 699. Chaque enfant a donc été visité dans la proportion de 5.37, soit 5 à 6 visites pour 5 mois et 1 jour 1/2 de présence, moyenne de la durée du placement de 130 enfants dont il s'agit.

A la demande de M. le préfet d'Eure-et-Loir et sur l'avis favorable du comité supérieur de Protection du premier âge, M. le ministre de l'intérieur a décerné à la commission locale de Chartres une médaille d'argent.

C'est la première fois qu'une semblable distinction est attribuée à une commission locale.

D'après les rapports des juges de paix, la tenue des registres de la Protection est généralement assez satisfaisante ; beaucoup d'irrégularités et d'omissions ont été, toutefois, relevées dans 41 communes.

Plusieurs de ces magistrats ont reconnu le grand intérêt qu'offrirait l'intervention de commissions locales remplissant effectivement leur mandat.

L'inspection médicale, réorganisée par arrêté préfectoral du 15 juillet 1881, comprend 69 circonscriptions : 50 médecins-inspecteurs ont adressé leur rapport de fin d'année.

24,837 bulletins de visite, afférents à un effectif moyen de 2,678 enfants, ont été transmis à la préfecture.

La plupart des médecins-inspecteurs s'accordent à reconnaître les bons effets produits par l'application, même imparfaite, de la loi Roussel.

Comme le dit fort bien un de ces médecins, « mettre en doute les avantages qui doivent résulter de son exécution stricte et consciencieuse par chacun, en ce qui le concerne, c'est proclamer l'impuissance de la médecine et reconnaître l'inutilité absolue de toute hygiène... ce que je puis affirmer, c'est que la mortalité est moindre dans ma circonscription, depuis dix ans que je m'occupe sérieusement des enfants placés en nourrice, qu'autrefois où il n'y avait ni surveillance, ni hygiène, que les nourrissons étaient à l'abandon, qu'ils étaient même morts quelquefois depuis plusieurs mois, sans que les parents en eussent connaissance ».

Un médecin-inspecteur voudrait voir « dresser dans chaque commune, avec l'assistance du maire et des commissions locales, une liste de nourrices suspectes que l'on visiterait au moins une fois chaque semaine et que l'on priverait de leurs nourrissons à la moindre infraction, après avertissement préalable ».

« L'allaitement artificiel », lit-on dans son rapport, « ne serait pas meurtrier, s'il était pratiqué loyalement ; mais, pour éviter les frais, on a recours aux panades, au cidre, au vin, etc ».

Aux termes d'un autre rapport, « l'allaitement au biberon, même pratiqué suivant des règles rigoureuses, sera toujours inférieur à l'allaitement maternel ; mais, quand l'alimentation prématurée : bouillies, potages, etc., ne vient pas ajouter son influence nocive, le biberon paraît fournir des résultats satisfaisants ».

Un médecin-inspecteur fait connaître qu'il a vacciné tous les nourrissons placés sous sa surveillance ; il a employé de préférence le vaccin de génisse : sauf deux cas réfractaires, le résultat des vaccinations a été satisfaisant.

Un médecin inspecteur constate « que l'allaitement naturel fait défaut ; les femmes de la campagne n'allaitent plus leurs propres enfants ; aussi ceux qui sont soumis à l'allaitement artificiel mangent-ils tous prématurément ».

« Le résultat le plus appréciable de l'application de la loi est, pour moi », dit un médecin-inspecteur, « l'empressement mis actuellement par les nourrices à réclamer, dès le début d'une indisposition de l'enfant, les secours du médecin.

« Je place aussi au premier rang l'influence exercée par les commissions locales, quand, comme à Illiers, par exemple, elles prennent à cœur leur mission.

« On ne saurait trop insister, à mon avis, auprès de MM. les maires pour les inviter à ne délivrer de certificat administratif qu'aux nourrices dont l'habitation est salubre et la conduite régulière.

« Le côté réellement pratique et utile de la

surveillance médicale résulte, pour moi, des notions de bonne hygiène et des sages conseils répétés chaque mois et qui finissent par être compris et par remplacer les vieux errements ».

On trouve, sous la plume d'un autre médecin-inspecteur, une appréciation tout opposée de la situation.

« La loi est appliquée en tant que délivrance de carnets, mais ne l'est pas du tout en tant que soins médicaux ; neuf fois sur dix, le médecin est appelé quelques heures avant la mort de l'enfant. Il n'y a de commissions locales nulle part... la misère et la malpropreté sont les deux faits dominants chez la moitié des nourrices ».

D'après le rapport de son médecin-inspecteur, « la surveillance exercée dans la commune de X... a donné ce résultat : le chiffre de la mortalité des nourrissons est moins élevé que celui des enfants du premier âge élevés chez leurs parents dans la même commune ».

Un autre médecin observe que, grâce à la surveillance médicale des nourrissons, de meilleures habitudes d'hygiène pénètrent dans l'ensemble de la population des campagnes « où, à ce point de vue, il y a tant à faire ».

On insiste sur l'extrême gravité des inconvénients qu'entraîne l'irrégularité souvent constatée dans le payement des salaires dus aux nourrices.

En 1883, douze nourrices ont été l'objet d'une interdiction administrative ; 37 ont été, au cours de la même année, déférées à l'autorité judiciaire pour infractions à la loi de 1874, et 23 ont été condamnées à une amende variant de 1 à 5 fr.

GARONNE (HAUTE-)

Crédits successivement votés par le conseil général :

1877	2.630 fr.
1878	2 630
1879	4 000
1880	4 000
1881	4.000
1882	4 000
1883	12 900
1884	12.000

L'effectif total des enfants ayant figuré en 1883 sur les registres de la Protection est de 1,244.

Ces 1,244 enfants se divisent de la manière suivante :

Selon l'état civil :

Légitimes	902
Naturels	342
	1.244

Selon le département d'origine :

Nés dans la Haute-Garonne	1.169
Nés dans d'autres départements	75
	1.244

L'effectif présent à la date du 31 décembre 1883 était de 593.

Les commissions locales n'existaient pas en 1883 dans la Haute-Garonne : elles ont été instituées, par arrêté du 30 janvier 1884, dans 46 communes de ce département.

14 juges de paix sur 34 ont adressé leur rapport concernant la vérification des registres de la Protection ; il convient de remarquer que le conseil général n'a pas voté les indemnités de déplacement demandées par les circulaires ministérielles en faveur de ces magistrats.

68 médecins inspecteurs sur 102 ont transmis des rapports à la préfecture.

Les appréciations et les renseignements qui suivent sont empruntés à ces rapports ; on doit faire observer qu'un certain nombre de ces documents ne sont que des états négatifs.

Circonscription A. — Le médecin-inspecteur signale une amélioration sensible dans les soins donnés aux nourrissons ; il reconnaît qu'elle doit être attribuée, en partie, à l'augmentation du salaire des nourrices ; mais, ajoute-t-il « on doit aussi admettre que les résultats obtenus sont dus surtout à la loi de Protection ».

Circonscription B. — Le médecin-inspecteur a visité 14 enfants pendant le premier semestre de 1883 : il a dû provoquer trois retraits. Il déclare que le service s'est amélioré ; mais, au début de son inspection, « il était obligé de courir de porte en porte dans les communes » pour y découvrir les nourrissons.

Circonscription C. — La plupart des nourrices, dit le médecin-inspecteur, « n'ont pas de livret. Certaines d'entre elles prennent le nourrisson sans s'être préalablement munies des certificats du maire et du médecin, ou ne viennent chercher ces pièces que lorsque depuis quelque temps déjà l'enfant leur est confié. » Ce praticien a provoqué deux retraits.

Circonscription D. — Le médecin-inspecteur fait connaître qu'au cours de ses tournées, « il a découvert par hasard un enfant livré à la nourrice sans certificat médical, sans pièce d'état civil et sans carnet ».

Circonscription E. — On lit dans le rapport : « Les indispositions même légères nous sont signalées par les nourrices avec un empressement qui témoigne à la fois de la crainte et de la sollicitude qu'a su leur inspirer la loi.

« Il est cependant un inconvénient que je dois mentionner et qui résulte du droit accordé à tout praticien de délivrer un certificat de nourrice Il arrive parfois, en effet qu'une nourrice à laquelle le médecin-inspecteur n'a pas trouvé les qualités exigées pour un second allaitement, s'adresse à un médecin voisin ou à celui qui a mission de soigner la famille ; et c'est grâce à cet expédient qu'elle obtient la faveur d'un certificat médical et d'un nourrisson. La situation du médecin-inspecteur est alors délicate et embarrassée : il risque de froisser ou sa conscience ou ses relations avec le confrère certificateur. Ne serait-il pas possible de n'admettre administrativement comme fondé que le certificat du médecin-inspecteur de la circonscription ? »

Circonscription F. — La population, dit le médecin-inspecteur, « ignore généralement l'existence de la loi protégeant les jeunes enfants, ou du moins n'en a qu'une idée très vague : beaucoup ne voient dans la délivrance des livrets et des certificats qu'une pure formalité. Je n'ai cependant pas à me plaindre des nourrices... Les soins donnés aux enfants ne se sont pas ralentis pendant le cours d'une épidémie de coqueluche qui a sévit dans la région ».

Circonscription G. — Le médecin-inspecteur mentionne le fait suivant comme preuve de la résistance qu'apportent des familles et des nourrices à se conformer aux dispositions de la loi de 1874. « La femme X.. a depuis quatorze mois un nourrisson. Je n'ai pu obtenir malgré toutes mes recommandations, réitérées à chaque visite réglementaire, qu'elle se soumit aux prescriptions de la loi. Les parents de l'enfant, m'a-t-elle toujours répondu, lui avaient déclaré qu'on n'avait aucune formalité à remplir. Ne serait-ce pas le cas de faire l'application de mesures de rigueur, qui seraient d'un exemple très salutaire ? »

Circonscription H. — Aux termes du rapport, « l'autorité administrative n'apprend, le plus souvent, la présence ou le départ des enfants soumis au régime de la loi que par les communications du médecin-inspecteur. Les habitants de la campagne ignorent absolument ou ne connaissent qu'imparfaitement les prescriptions légales : ils ne font pas les déclarations exigées ; et c'est presque toujours le médecin qui, à la suite d'informations recueillies pendant ses tournées, découvre les nourrices dont la situation a besoin d'être régularisée. »

GIRONDE

Crédits successivement votés par le conseil général :

1877	1.000 fr.
1878	18.904
1879	12.950
1880	12.950
1881	12.550
1882	12.550
1883	20.950
1884	20.950

L'effectif total des enfants ayant figuré en 1883 sur les registres de la Protection est de 2,536.

Au point de vue du mode d'élevage déclaré, ces 2,536 enfants se répartissent de la manière suivante :

Elevés au sein	2.025
Elevés au biberon	429
Placés en garde	82
Total	2.536

235 décès, se rapportant à l'effectif total dont il s'agit, ont été notifiés à l'administration départementale : la proportion générale de mortalité est ainsi de 9 fr. 26

138 décès ont été notifiés à l'égard des enfants élevés au sein, 88 à l'égard des enfants élevés au biberon, 9 à l'égard des enfants placés en garde : les proportions respectives de mortalité sont ainsi de 6,81 p. 100 à l'égard de la première catégorie, de 20,51 p. 100 à l'égard de la seconde, de 10 97 p. 100 à l'égard de la troisième.

Le comité départemental a tenu une séance en 1883.

L'inspecteur des enfants assistés mentionne, dans son rapport d'ensemble, 21 commissions locales « qui se sont acquittées sérieusement de leur mandat et ont adressé leur rapport. »

Tous les juges de paix de la Gironde, au nombre de 48, ont transmis leur rapport sur la vérification annuelle des registres de la Protection.

Les observations suivantes sont extraites des rapports présentés par ces magistrats :

Canton de A. — Le juge de paix regrette que la loi prescrive seulement la vérification annuelle des registres, au lieu d'une vérification semestrielle ; car, dit-il, « si une erreur est commise au commencement de l'année, elle se perpétue ensuite pendant tout l'exercice. »

Canton de B. — On lit dans le rapport : « Quant à la répression des faits qui nuisent à l'action et à la marche progressive de la loi, il serait peut-être bon que quelques exemples de sévérité fussent donnés : les conseils sont, à mon avis, insuffisants. »

Canton de C. — Le juge de paix regrette le défaut de fonctionnement des commissions locales ; il pense « qu'il y aurait lieu d'insister sur les peines qu'encourent ces nourrices qui ne déclarent pas leur changement de résidence ou le retrait des enfants. » Le même magistrat exprime enfin le vœu que, « pour stimuler le zèle des secrétaires de mairie, il leur soit alloué une légère rétribution par enfant inscrit sur les registres. »

Canton de D. — En dehors de la tournée annuelle de vérification, le juge de paix s'est transporté dans plusieurs communes pour contrôler les registres, faire appel au dévouement des secrétaires de mairie, et prescrire aux gardes champêtres de rechercher les personnes qui prennent des nourrissons ou mettent des enfants en nourrice sans les déclarer.

Une des communes du canton a institué trois prix d'encouragement pour les nourrices, l'un de 25 fr., l'autre de 15 fr., et le troisième de 5 fr.

Canton de E. — Le juge de paix demande, notamment, l'allocation de récompenses pécuniaires aux gardes champêtres qui prêteront le concours le plus zélé à l'application de la loi.

Canton de F. — Le juge de paix constate que « soit ignorance, soit négligence, les parents ne font pas leur déclaration ; il en est de même des nourrices. »

Canton de G. — « On n'insiste pas assez auprès des nourrices pour qu'elles produisent toutes les pièces qui permettraient de faire une déclaration complète. On ne se rend pas compte ou peut-être on ne prend pas connaissance des textes inscrits en face des cases qu'il faut remplir. En un mot, on montre beaucoup d'indifférence et de négligence. »

D'autre part, le juge de paix déclare « s'être transporté dans toutes les communes, afin d'éclairer les municipalités sur les devoirs que la loi de 1874 leur impose. Il constate avec regret que, dans quelques communes, MM. les maires n'ont pas cru devoir se présenter. »

Canton de H. — Le juge de paix voudrait voir conférer au médecin-inspecteur le droit de verbaliser contre les personnes qui enfreignent la loi de Protection ; il ajoute : « Il faut d'ailleurs bien se persuader que c'est sur le médecin-inspecteur que repose tout le fonctionnement du service. Les commissions locales interviennent de moins en moins. »

Canton de I. — Il renferme 24 communes. Le juge de paix fait connaître que dans 9 d'entre elles les registres sont bien tenus. Dans les 15 autres communes du canton, dit-il « nulle déclaration n'existe sur les registres. Mais on ne saurait en induire que les intéressés négligent de se conformer à la loi. Cette absence de déclarations tient uniquement à ce que, dans ce pays, l'immense majorité des mères allaitent elles-mêmes leurs enfants et répugnent à les confier à des soins étrangers, préférant les nourrir au biberon quand elles ne peuvent les élever au sein. »

Canton de J. — « MM. les maires des communes rurales prétendent qu'il n'y a dans leur commune aucune femme faisant profession de nourrice, gardeuse ou sevreuse d'enfants, et que toutes les mères élèvent elles mêmes leurs enfants, soit au sein, soit au biberon

« L'exécution de la loi ne pourra être assurée qu'au moyen d'agents de l'administration qui se transporteraient au bureau de chaque mairie, où ils prendraient le nom des enfants nés dans la commune, et iraient ensuite au domicile des parents, où ils s'assureraient de la destination et du mode d'élevage de ces nourrissons. »

Canton de K. — Le juge de paix déclare que « jusqu'ici l'aisance et le bien-être qui ont régné dans le canton ont toujours empêché le recrutement des nourrices. Celles qui s'y trouvent ont pris des nourrissons dont les parents sont à proximité ; et ceux-ci les surveillent bien mieux que l'administration ne pourrait le faire »

Canton de L. — « Il est trop éloigné des grands centres pour que les parents, qui habitent les villes, se décident à mettre en nourrice des enfants qu'ils ne pourront voir que rarement, vu l'absence de voies de communications rapides .. D'un autre côté, sous l'influence néfaste du phylloxera, la misère arrive à grands pas, et bien des mères qui ne désiraient pas faire métier de nourrices se décideraient aujourd'hui ; les parents ne reculaient pas eux-mêmes à cause de l'éloignement. »

Canton de M. — « Toutes les mesures que l'on pourra prendre pour l'exécution de la loi seront inefficaces, si les contraventions relevées soit à la charge des familles ou des nourrices, soit à celle des maires, ne sont pas réprimées. »

Canton de N. — « Les registres sont bien tenus dans toutes les communes du canton, à quelques légères irrégularités près. »

Canton de O. — « Une sérieuse amélioration s'est produite dans le fonctionnement de la loi. Le juge de paix croit que cette amélioration ira en progressant. Il lui paraît certain que, si quelques contrevenants étaient poursuivis et condamnés, l'exécution complète de la loi serait assurée

« La plus grande difficulté consiste à obtenir les déclarations prescrites. »

Canton de P. — « J'aurais tenu à éclairer les municipalités sur l'importance de la loi de 1874 ; mais, malheureusement, dans les quinze communes où je me suis transporté, je n'ai trouvé ni le maire, ni l'adjoint. Dans ces conditions, je n'ai pu que donner des avis aux secrétaires, en leur faisant connaître la grande responsabilité qui retomberait sur les maires, si ceux-ci ne veillaient pas à l'exécution de la loi de Protection. »

Il existait, en 1883, 56 circonscriptions d'inspection dans la Gironde.

Trois emplois de dames visiteuses ont été créés ; et l'inspecteur des enfants assistés déclare que les titulaires « s'acquittent avec la plus grande assiduité et le plus grand dévouement de leurs délicates fonctions. » Elles ont, en 1883, surveillé 565 enfants du premier âge, répartis dans la ville de Bordeaux et dans 37 communes de l'arrondissement de ce nom : le chiffre des visites a été de 1,187.

Les appréciations et renseignements qui suivent sont puisés dans les rapports des médecins-inspecteurs :

Circonscription A. — Le médecin-inspecteur voit avec plaisir que les municipalités lui ont signalé plus d'enfants, « bien qu'il en reste un grand nombre qui ne sont pas indiqués : un quart au moins est découvert par lui pendant ses tournées. »

Circonscription B. — Le médecin-inspecteur fait remarquer que, dans sa circonscription, « les familles abandonnent presque absolument le biberon pour le sein. Sur 42 enfants placés par la famille, un seul est nourri au biberon. Au contraire, sur 29 enfants secourus par le département, 16 seulement sont nourris au sein ; 13 le sont au biberon. Il ne faut pas oublier que ces enfants, secourus par le département, appartiennent à des filles-mères qui se placent comme nourrices et font nourrir leurs enfants au biberon, c'est-à-dire à bas prix. »

Circonscription C. — 87 enfants surveillés : 9 décès.

Circonscription D. — « Malgré les demandes réitérées du médecin inspecteur, aucune déclaration ne lui est parvenue de la part des maires de sa circonscription, touchant le placement d'enfants à protéger. Il sait que dans la commune de X..., notamment, des enfants ont été placés en nourrice. Il en a informé le maire qui n'a tenu aucun compte de cet avis... L'amélioration à introduire dans le service consisterait à le confier, non aux maires, mais aux médecins-inspecteurs. »

Circonscription E. — « Les nourrices sont généralement assez soigneuses, mais n'ont très souvent pas un lait suffisant pour nourrir un second enfant jusqu'à l'époque du sevrage. Elles nourrissent très bien leur propre enfant : puis, après avoir allaité leur nourrisson pendant quelques mois, elles sont épuisées. »

Circonscription F. — « La loi du 23 décembre 1874 ne pénètre que très difficilement parmi les populations : parents et nourrices sont également nonchalants. La grande majorité des nourrices vont faire leur déclaration à la mairie et chercher leur certificat médical, lorsqu'elles ont leur nourrisson depuis 8, 15 jours, 1, 2 mois et même plus. Aussi arrive-t-il, pour ne pas déplacer un nourrisson, pour éviter le changement de lait, d'habitudes, etc., de donner un certificat que parfois on aurait refusé s'il avait été demandé avant le placement. »

Circonscription G. — « Presque tous les enfants qui nous sont envoyés, nourris au début pendant quelques jours ou quelques semaines par leur mère, sont débilités par une nourriture insuffisante comme qualité ou comme quantité et ne sont placés à la campagne que pour recouvrer la santé, grâce à un lait plus généreux et à un air plus pur. »

Circonscription H. — « J'ai visité pendant l'année qui vient de s'écouler (1883) soixante-quinze enfants. Un seul a succombé; il est mort de la cholérine. Il était âgé de deux mois et demi; cet enfant, très bien soigné par sa nourrice, était prédisposé à l'affection qui l'a emporté, par une débilité congénitale, due à une naissance avant terme. Une proportion de mortalité aussi faible tient à ce que, dans ma circonscription, les nourrices qui reçoivent généralement des salaires très élevés sont soigneusement choisies par les parents. Ces derniers, qui habitent pour la plupart Bordeaux, n'exigent pas seulement, avant de confier leur enfant à la nourrice, le certificat réglementaire, ils font encore subir à celle-ci un examen très sérieux par leur propre médecin. »

Circonscription I. — 14 enfants surveillés : 1 décès (tétanos).

Circonscription J. — 159 enfants surveillés : 19 décès (bronchite capillaire, 1; syphilis congénitale, 1; diarrhée et vomissements, 7; choléra infantile, 10).

« La diarrhée et le choléra infantile sont donc les causes presque uniques des décès de l'année dans ma circonscription; et il faut observer que sur les 17 enfants décédés par suite de ces deux affections si parentes, 14 étaient nourris au biberon. J'ai remarqué, de plus, que les enfants ainsi décédés sont ceux qui, nés au commencement de l'été, ont été soumis dès leur plus jeune âge à la double et funeste influence de la saison chaude et du biberon. »

Circonscription K. — Le médecin-inspecteur, considérant « le poids de l'enfant comme le meilleur critérium de sa santé, exprime le vœu de voir établir à la mairie une balance officielle où, tous les premiers dimanches du mois par exemple, les nourrices viendraient donner le témoignage indiscutable de la prospérité de leur nourrisson. Ça ne dispenserait pas, je me hâte de le dire, le médecin de sa visite mensuelle... Toutes les pesées seraient inscrites, bien entendu, sur le livret respectif de chaque nourrice ».

Circonscription L. — 12 enfants surveillés ; pas de décès. « La loi sur la Protection des enfants du premier âge ne semble pas exister pour les mairies. Une seule municipalité m'a fait parvenir la liste des nourrissons »

Circonscription M. — Le médecin-inspecteur exprime le regret « de n'avoir pu exercer de surveillance que dans deux communes ». Il ajoute : « Dans les mairies de ma circonscription, les registres destinés à recevoir les noms des nourrices et ceux des nourrissons ne contiennent aucun renseignement; aussi ai-je rempli les fonctions de médecin-inspecteur d'une manière très imparfaite.

Circonscription N. — 95 enfants surveillés ; 4 décès. La situation, dit le médecin-inspecteur, est aussi satisfaisante que possible. Il déclare que, « sur ses conseils souvent répétés, les nourrices sèches ont apporté des soins méticuleux à la préparation de la nourriture des enfants. Pendant les mois de juin, juillet, août et septembre, elles ont employé exclusivement du lait de vache, tiré à part matin et soir, et coupé, suivant le nourrisson, au tiers ou quart avec de l'eau sucrée ».

Circonscription O. — 159 enfants surveillés : 18 décès.

Circonscription P. — 265 enfants surveillés : 14 décès. Le médecin-inspecteur « attribue une des grandes causes de mortalité aux mauvais soins donnés par les courtières, lorsqu'elles conduisent les enfants en nourrice. Il appelle de ses vœux une complète réforme sur ce point ». Il déclare d'ailleurs « que la loi Roussel exerce une influence bienfaisante sur la santé des enfants placés en nourrice à la campagne »; il tient « cette loi pour excellente, son principe pour essentiellement bon ». Mais il désirerait que, dans le fonctionnement du service, on demandât beaucoup moins au maire et plus au médecin inspecteur. On devrait conférer à celui-ci le droit « de déplacer tout enfant mal soigné et de délivrer seul le certificat réglementaire ». Le médecin-inspecteur devrait également avoir la faculté de verbaliser dans les cas d'infraction à la loi et aux règlements.

Circonscription Q. — « Le service aurait besoin d'être simplifié. Une plus grande autorité devrait être donnée au médecin-inspecteur, qui est, dans sa circonscription, le pivot de la loi. »

Circonscription R. — « Le service est toujours nul en ce qui concerne les municipalités. C'est le médecin qui est obligé de découvrir les enfants en nourrice et de réclamer à ces dernières le livret réglementaire.

« Il n'existe aucune commission locale.

« En un mot, tout est à faire dans la circonscription qui m'a été confiée. »

Circonscription S. — 38 enfants surveillés : 1 décès (bronchite survenue le sixième jour après la naissance).

Circonscription T. — 19 enfants surveillés : 2 décès. Il s'agit de deux enfants naturels qui ont succombé au choléra infantile le lendemain de leur placement.

Dans la commune de X, la commission locale visite régulièrement les enfants ; dans les autres communes de la circonscription, il n'a pas été possible d'instituer un semblable comité.

HÉRAULT

Crédits successivement votés par le conseil général :

1877	2.250 fr.
1878	2.250
1879	3 500
1880	5 950
1881	5 950
1882	6 000
1883	9 561
1884	9.061

L'effectif des enfants ayant figuré en 1883 sur les registres de la Protection est de 1,101.

L'effectif présent au 31 décembre 1883 est de 607.

Les 1,101 enfants dont il vient d'être parlé se répartissent de la manière suivante :

Au point de vue du sexe :

Garçons	552
Filles	549
	1.101

Au point de vue de l'état civil :

Légitimes	994
Naturels	107
	1.101

Au point de vue de l'origine :

Nés dans l'Hérault	1.052
Nés dans d'autres départements	49
	1.101

Ces 1,101 nourrissons étaient placés dans 188 communes ; l'Hérault contenant 336 communes, 148 d'entre elles, soit 44,04 p. 100, n'auraient reçu ou plutôt, ce qui est bien différent, n'ont signalé, pendant toute l'année 1883, aucun enfant en nourrice, en sevrage ou en garde.

Aux termes du rapport de l'inspecteur des enfants assistés, le plus grand nombre des placements est effectué pendant les trois premiers mois de l'existence, la durée moyenne de l'allaitement varie de 9 à 13 mois, le taux moyen du salaire mensuel des nourrices peut être évalué à 35 fr.

D'après les renseignements pris par les municipalités, sur les 1,101 enfants observés, 58 seulement seraient décédés, soit une proportion de 5,27 p. 100. L'inspecteur déclare que ce chiffre est au-dessous de la mortalité vraie et ne peut s'expliquer que par l'absence des notifications de décès de la part d'un certain nombre de maires. Ce qui prouve d'ailleurs jusqu'à l'évidence que le chiffre précité est erroné, c'est que les médecins-inspecteurs, qui n'ont visité que 757 enfants, signalent aussi de leur côté 58 décès, chiffre précisément égal à celui qui est accusé par les maires pour l'effectif total de 1,101 nourrissons.

La proportion de décès, calculée d'après les indications des médecins, donne un chiffre de 7,65 p 100, qui, aux yeux de l'inspecteur des enfants assistés, « paraît se rapprocher davantage de la réalité, tout en restant encore au-dessous du véritable coefficient de la mortalité infantile ».

Le comité départemental a tenu une séance en 1883.

33 commissions locales étaient instituées : deux seulement paraissent avoir fonctionné

Les juges de paix ont procédé à la vérification des registres.

En général, dit un de ces magistrats, « les parents ne font aucune déclaration non plus que les nourrices ».

Un autre juge de paix manifeste l'espoir que les explications données par lui aux maires porteront leurs fruits et qu'à une prochaine visite il lui sera donné de constater une amélioration réelle. Il ajoute : « J'ai surtout engagé MM. les maires à s'aviser des déclarations faites dans leurs communes respectives et à s'accuser réception de leurs dépêches, afin de pouvoir provoquer les déclarations que l'ignorance ou l'insouciance de leurs administrés empêche de se produire ».

Un juge de paix a constaté que dans la commune de *** aucune déclaration ne figurait sur les registres et que, cependant, six nourrissons avaient été placés dans cette localité, l'une des plus importantes du canton. J'ai tâché, ajoute-t-il, « de faire comprendre au secrétaire combien sa négligence était coupable. Malgré tout ce que j'ai pu dire, je ne crois pas l'avoir convaincu ».

Ce magistrat termine son rapport en déclarant que, dans son canton, « la loi de 1874 est généralement mal exécutée. Cela tient à ce que MM. les maires et secrétaires de mairie n'en saisissent pas l'importance, hésitent à signaler les nourrices et les parents qui ne s'y conforment pas, ne cherchant pas même à leur faire comprendre qu'ils sont en fraude en l'enfreignant ».

On lit dans un autre rapport de juge de paix : « La négligence des parents et des nourrices est à tous égards déplorable. Assurément, toutes les déclarations ne sont pas faites, et il paraît impossible qu'on n'en constate qu'un si petit nombre dans une ville de l'importance de ***. »

« Depuis le 8 mars 1883, aucune déclaration de mise en nourrice n'a été reçue. Cependant, nous avons reconnu, après renseignements pris, que deux enfants avaient été mis en nourrice à l'extérieur sans déclaration des parents au domicile d'origine, ni de la part des nourrices au domicile d'arrivée. La vérification sur place a cet avantage qu'elle favorise ces sortes de découvertes et tient en éveil les intéressés. Nous avons la conviction que cette année-ci (1884) la loi sera beaucoup mieux exécutée. »

Après avoir constaté l'absence de déclarations sur les registres des communes rurales de son canton, un juge de paix ajoute : « Dans nos villages, le plus pauvre ou plutôt le moins riche des habitants ne permettrait pas à sa femme de prendre en nourrice un enfant étranger ; et, d'autre part, à juste raison, il veut que son enfant soit nourri par sa mère. »

Un autre juge de paix fait connaître qu'il avait, en 1882, relevé 63 contraventions, cette année, dit-il (1883), « malgré la vérification minutieuse à laquelle je me suis livré, je n'ai pu découvrir que sept contraventions ».

Il existait en 1883, dans l'Hérault, 103 circonscriptions d'inspection médicale ; 20 médecins-inspecteurs ont envoyé leur rapport et leurs états de visites ; 32 n'ont fait parvenir que leurs états de visite et 51 n'ont rien transmis.

Le nombre des enfants vaccinés a été de 757 ; et sur ces enfants, 349 seulement, moins de la moitié, ont été vaccinés.

Les 757 enfants surveillés ont reçu, en 1883, 3,678 visites ; il y a donc eu, en moyenne, de 4 à 5 visites par nourrisson.

Circonscription A. — Le médecin-inspecteur déclare qu'en dehors des visites réglementaires, « il a fallu, généralement, revenir plusieurs fois chez les nourrices pour leur faire comprendre l'obligation où elles sont de se soumettre aux formalités légales, de fournir les pièces nécessaires, de se munir d'un carnet ».

Circonscription B. — Le médecin-inspecteur fait connaître un système qu'employait un de ses confrères dans un chef-lieu de canton. « Ce médecin faisait faire les relevés de toutes les nourrices par le garde champêtre et lui accordait 50 centimes pour toute nourrice que l'on avait négligé d'inscrire. Le résultat fut satisfaisant.

« J'ai tenté le même moyen, mais avec un agent de la police municipale. Il s'agit, dans l'espèce, de circonscription suburbaine).

« J'ai le regret de dire que cet agent n'a pas pu obtenir une seule inscription Je reviens donc à mon opinion première. J'ai la conviction que le chef du bureau de l'état-civil peut seul nous faire arriver au résultat que nous poursuivons. Il n'a tout simplement qu'à demander aux personnes qui viennent faire une déclaration de naissance, si c'est la mère qui doit nourrir l'enfant, ou s'il doit être envoyé en nourrice. Dans ce dernier cas, l'inscription devrait avoir lieu d'office. »

Circonscription C. — Le rapport constate l'habitude qu'ont les parents d'attendre que l'enfant ait cinq ou six mois pour le faire vacciner : « Elle entraîne une fâcheuse coïncidence entre le malaise résultant de la vaccination et celui qu'amène la dentition. Il serait désirable que la vaccination des enfants du premier âge soumis à l'inspection fût, de par la loi, attribuée au médecin-inspecteur qui la pratiquerait en temps opportun. »

Circonscription D. — On lit dans le rapport : « L'état des nourrissons que j'ai visités (neuf en 1883) est généralement très satisfaisant ; les nourrices s'attachent beaucoup à eux. ... La misère ne règne pas dans notre localité. Toutes les nourrices sont mariées et leurs maris gagnent en moyenne 3 francs par jour, ce qui explique le bien-être relatif des nourrices, bien-être dont les nourrissons profitent. La durée de l'allaitement au sein (il n'y a pas d'autre genre d'allaitement dans ma circonscription) est en moyenne

de quatorze mois. Presque toutes les nourrices ont l'habitude, quand l'enfant est arrivé à l'âge de dix mois, de lui donner un peu de soupe et de bouillie.

« Je n'y vois pas d'inconvénients, lorsque cet usage se pratique modérément, ce qui a lieu chez nous. J'ai l'habitude de vacciner au mois d'avril. Seulement, si un seul cas de variole apparaissait, je m'empresserais de vacciner tous les nourrissons ; et bien que la loi n'ait pas encore rendu la vaccination obligatoire, je suis persuadé que dans ma circonscription je ne rencontrerais aucun empêchement. »

Circonscription E. — Il nous faut en quelque sorte, dit le médecin-inspecteur, « remplir le rôle d'huissier pour obtenir des nourrices les déclarations nécessaires à la régularité du service ; on n'arrivera au but qu'avec le temps, et non sans avoir fait quelques exemples en infligeant des amendes aux contrevenantes. »

Circonscription F. — Le médecin-inspecteur constate que neuf nourrissons seulement ont été inscrits en 1883 dans sa circonscription, et il ajoute : « Il est déplorable qu'une loi si humanitaire soit si peu observée. »

Circonscription G. — « Malgré mes instances, dit le médecin-inspecteur, je n'ai pu obtenir l'autorisation de vacciner les enfants soumis à la surveillance. Pour expliquer leur résistance, les parents ont prétexté le jeune âge de leurs enfants ; la plupart de ces derniers, en effet, sont actuellement (juin 1883) à peine âgés de trois ou quatre mois. »

Circonscription H. — Le médecin-inspecteur a établi la statistique détaillée des nourrissons qu'il a surveillés en 1883, et il a paru utile de reproduire ici, en grande partie, cet intéressant travail.

Le nombre des enfants surveillés a été de 61.

Garçons................................	32
Filles	29
	61

Légitimes..............................	47
Naturels...............................	14
	61

Époque des placements : 7 enfants ont été placés en nourrice dès leur naissance et 24 pendant le premier mois ; les 30 autres l'ont été à un âge moins tendre.

L'allaitement au sein a été adopté pour tous les enfants surveillés par le médecin-inspecteur, à l'exception de trois enfants naturels qui ont été nourris au biberon. L'un de ces enfants, qui a résisté non sans peine, a même été, selon toutes les probabilités, prématurément soumis à une alimentation autre que le lait. Les deux autres ont supporté avec le plus grand succès l'élevage artificiel : il faut dire que la garde de chacun d'eux était confiée à une proche parente qui en prenait des soins particuliers.

La durée moyenne de l'allaitement a été de 13 mois 12 jours La moyenne du salaire mensuel des nourrices a été de 33 fr. 40.

Sur les 61 enfants surveillés, 6 ont succombé, 4 garçons et 2 filles, 4 légitimes et 2 naturels.

Voici les causes des décès et l'âge respectif auquel ils sont survenus :

1 à 1 mois, athrepsie.

1 à 4 mois, variole.

1 à 7 mois, rougeole.

2 à 8 mois, l'un de ces enfants est mort d'une angine, l'autre d'accidents concomitants à la dentition.

1 à 11 mois, accidents concomitants à la dentition.

Pour cinq des enfants décédés, la famille a pourvu elle-même aux soins médicaux ; à l'égard d'un des enfants, ces soins ont probablement fait défaut; et, dans le sixième cas, le médecin-inspecteur s'est chargé du traitement.

Sur les 61 enfants surveillés, 25 seulement ont été vaccinés. Les parents, dit le médecin-inspecteur, « craignent beaucoup trop les faits réels, mais rares, d'éruption générale plus ou moins accompagnée de fièvre ou de phlegmasies diverses que la vaccination provoque quelquefois sur les sujets en puissance de diathèse...

« Les parents ont l'habitude de faire vacciner leurs enfants de préférence au mois de mai, espérant ainsi, par l'occurence d'une saison intermédiaire aux températures extrêmes, prévenir certaines des complications ci-dessus mentionnées. Mieux vaudrait, quand l'enfant n'est pas malade, le faire vacciner en toute saison, au moins dans les saisons moyennes, et de préférence dans les cinq premiers mois de la vie, avant le travail de la dentition, afin d'éviter la coïncidence des deux fièvres. »

Le médecin-inspecteur a la conviction « qu'un certain nombre d'enfants placés sont déclarés tardivement ou même ne sont l'objet d'aucune déclaration. La disparition d'un tel abus s'impose comme une mesure de première nécessité. Il arrive trop souvent que les ayants droit omettent, malgré les prescriptions légales et administratives reproduites en tête du carnet de la nourrice, de notifier les retraits à la mairie. »

. . . .

« Quand une nourrice se rend à la mairie pour déclarer qu'elle prend un nourrisson, elle déclare aussi ou est censée déclarer qu'elle possède un garde-feu. Je n'ai vu ce meuble chez aucune des nourrices de mon inspection. Il n'est pourtant pas inutile lorsque les enfants commencent à marcher. »

INDRE-ET-LOIRE

Crédits successivement votés par le conseil général :

1877...........................	8.800 fr.
1878...........................	300
1879...........................	1.000
1880...........................	1.000
1881...........................	1.000
1882...........................	7.000
1883...........................	13.200
1884...........................	10.200

« Bien que les médecins-inspecteurs aient visité 931 enfants en 1883, il est un certain nombre de ces nourrissons sur lesquels les maires n'ont fourni que des renseignements incomplets, en ce qui concerne l'âge, l'état civil, le lieu de naissance. » (Extrait du rapport d'ensemble présenté par l'inspecteur des enfants assistés.)

L'effectif total sur lequel la statistique a porté est de 790 enfants.

Ces enfants se divisent, au point de vue de l'état civil, de la manière suivante :

Légitimes.................................	561
Naturels (y compris les pupilles hospitaliers et les enfants secourus)...............	229
	790

Pour les 561 enfants légitimes, 40 décès ont été notifiés, ce qui représente une proportion de 7,13 p. 100.

Pour les 229 enfants naturels, 27 décès ont été notifiés. ce qui représente une proportion de 11,79 p. 100.

L'effectif présent à la date du 31 décembre 1883 était de 424 enfants : il comprenait 312 enfants légitimes et 112 enfants naturels.

Le comité départemental a exprimé l'avis, dans une intéressante délibération « qu'il serait bien désirable d'obtenir une grande simplification dans les écritures du service, actuellement très compliquées pour le secrétariat des mairies rurales ».

Il s'est notamment demandé s'il ne serait pas possible :

« De faire donner aux jeunes filles de douze à treize ans, dans les écoles primaires, et dans la mesure que comporte leur âge, quelques notions d'hygiène infantile, quelques principes sur les précautions à prendre pour l'alimentation et les soins de propreté des jeunes enfants;

. . . .

de faire incomber au bureau de placement, au moins pour quelque partie, la responsabilité en cas de non-payement du salaire de la nourrice. »

Les commissions locales ne fonctionnent presque pas dans le département d'Indre-et-Loire. L'inspecteur des enfants assistés signale un de ces comités qui se réunit très exactement : les dames visitent avec beaucoup de zèle les nourrissons; les bulletins parviennent tous les deux mois à la préfecture, accompagnés de la copie des procès-verbaux des séances.

Dans quelques autres communes (l'inspecteur en mentionne six), la commission locale ne se réunit pas ; mais des dames de bonne volonté surveillent régulièrement les enfants et avisent l'administration quand un fait digne d'être noté se présente.

Le service comptait, en 1882, 23 médecins-inspecteurs; il en a compté 25 en 1883.

Le nombre des enfants surveillés s'est élevé, d'une année à l'autre, de 629 à 931, et celui des bulletins de visite transmis à la préfecture de 2,807 à 5,065.

Treize rapports de médecins-inspecteurs sont parvenus à l'administration.

Les observations suivantes ont été puisées dans ces documents :

Circonscription A. — 151 enfants surveillés, dont 113 légitimes et 38 naturels; 59 de ces nourrissons ont été malades au cours de l'année 1883 et 15 sont morts : 7 d'entérite, 2 de bronchite, 2 de pneumonie, 2 de convulsions, 1 de rachitisme, 1 de faiblesse générale. Parmi les enfants décédés, 10 étaient légitimes et 5 naturels.

Les 151 enfants dont il vient d'être parlé ont été placés chez 96 nourrices que le médecin-inspecteur, en tenant compte de tous les éléments d'appréciation, divise en quatre catégories de la manière suivante :

Très bonnes....................	24
Bonnes........................	42
Passables.....................	20
Mauvaises.....................	10
	96

« Cette dernière catégorie, dit-il, est composée de nourrices malheureuses, mal logées, très mal payées par de pauvres ouvriers ou des filles-mères qui abandonnent leurs enfants ».

Il termine son rapport par ces mots : « Ce qu'il importe surtout d'exiger, ce sont les déclarations des parents et des nourrices qui souvent encore, par ignorance ou par oubli, négligent de donner aux mairies les renseignements indispensables pour la régularité du service et laissent de cette manière, pendant plusieurs mois, des nourrissons sans surveillance. »

Circonscription B. — Le médecin-inspecteur constate avec regret que plusieurs nourrices ne reçoivent qu'une faible part « de leur maigre salaire ».

Circonscription C. — Le médecin-inspecteur déclare que « sur 20 nourrices ayant élevé 28 enfants exclusivement au biberon, il n'a eu aucun défaut de soins à signaler. La mortalité a été nulle. »

Circonscription D. — Quelques nourrices donnaient aux enfants une alimentation solide prématurée, sur l'ordre formel des parents. « Renseignement pris par l'administration, il se trouve que la mère d'un de ces enfants est une sage-femme. Cette personne, appelée journellement à donner des soins aux enfants naissants, est convaincue que pour élever avec succès un jeune enfant, il faut de bonne heure lui donner de la nourriture solide et du vin ! »

Circonscription E. — Le médecin-inspecteur se plaint de l'habitude qu'ont certaines sages-femmes de faire prendre aux enfants de l'eau de pavot pour arrêter leurs cris.

« Si l'on ne tue pas l'enfant, on peut lui causer un préjudice considérable au point de vue du développement des facultés intellectuelles. J'ai vu dans la commune de... un nourrisson refroidi, ne respirant presque plus, parce qu'une sage-femme lui avait fait prendre de l'eau de pavot. »

Il serait nécessaire, ajoute le médecin-inspecteur, « du moment où les sages-femmes se mêlent de faire de la médecine infantile, qu'on leur donnât dans les écoles une instruction spéciale ou qu'on les poursuivît comme homicides ».

Circonscription F. — L'auteur du rapport exprime le vœu que les nourrices ne puissent se pourvoir du certificat d'aptitude qu'auprès du médecin-inspecteur de leur circonscription, et que la délivrance de cette pièce soit, pour l'impétrante, absolument gratuite.

ISÈRE

Crédits successivement votés par le conseil général :

1877..........................	2.000 fr.
1878..........................	10.000
1879..........................	7.000
1880..........................	21 000
1881..........................	22 000
1882..........................	22 000
1883..........................	28 000
1884..........................	28.519

Le crédit de 28,519 fr. a été voté sans discussion par le conseil général à la session d'août 1883.

L'effectif des enfants du premier âge, relevé au 31 décembre 1882, était de 1,829 ; il n'a pas été possible à l'administration départementale de fournir d'autres renseignements statistiques.

Ni le comité départemental, ni les commissions locales n'ont fonctionné.

Des rapports des juges de paix, il résulte que la tenue des écritures dans les mairies est souvent très défectueuse ; un de ces magistrats résume la situation de la manière suivante : « Dans la plupart des cas de mise en nourrice, les enfants sont placés sans que les parents réclament le certificat et le carnet exigés des nourrices ; les médecins-inspecteurs ne sont pas avisés des déclarations et ne peuvent ainsi surveiller les enfants ».

41 médecins-inspecteurs ont adressé à la préfecture leur rapport de fin d'année.

Les plaintes motivées par le défaut de transmission des avis réglementaires sont générales.

Un médecin s'exprime ainsi : « Les maires eux-mêmes sont tout étonnés quand nous leur expliquons le mécanisme de la loi du 23 décembre 1874 ; ils n'aiment pas à intervenir pour assurer dans leur commune l'application de la loi. On doit comprendre maintenant pourquoi il m'est impossible de faire une statistique. »

Un autre médecin inspecteur déclare que les 13 enfants décédés dans sa circonscription et dont il a appris le décès n'avaient reçu aucun secours médical ; en dehors de la visite mensuelle d'inspection « les pauvres enfants sont livrés complètement à l'empirisme des femmes de la campagne ».

L'utilité de l'intervention des gardes champêtres est signalée dans son rapport ; son auteur exprime l'avis « qu'il est urgent de leur octroyer un petit salaire ».

Dans une circonscription, le nombre des enfants placés hors du domicile des parents a sensiblement diminué, depuis que les nourrices ont pris l'habitude d'exiger un salaire élevé, 38 fr. en moyenne par mois.

Il est demandé que le certificat d'aptitude aux

nourrices ne puisse être délivré que par le médecin-inspecteur.

Dans une circonscription, le médecin-inspecteur n'a trouvé que 4 enfants mal soignés et il a pu les faire changer de nourrice.

L'abus suivant est mentionné dans un rapport : un enfant est malade, la nourrice fait appeler le médecin (toujours bien entendu après les remèdes de commères), qui prescrit un traitement. La famille est informée de l'état de l'enfant ; et presque invariablement la mère ou le père répondent à la nourrice de ne rien faire et ils envoient un sirop qui doit tout guérir. Pendant ce temps le mal empire ; l'enfant n'est pas soigné, et la nourrice le porte à sa famille qui n'a bientôt plus qu'à faire enregistrer le décès ».

JURA

Crédits successivement votés par le conseil général :

1877..............................	200 fr.
1878..............................	200
1879..............................	200
1880..............................	200
1881..............................	500
1882..............................	400
1883..............................	4.020
1884..............................	4.500

L'effectif des enfants observés en 1883 est de 355, dont 201 garçons et 154 filles ; 239 étaient originaires du Jura et 116 d'autres départements.

Un recensement opéré au mois de juillet 1884 a donné les résultats suivants :

Enfants observés, 405.

Garçons........................	206	} 405
Filles..........................	199	
Légitimes......................	287	} 405
Naturels.......................	118	
Originaires du Jura............	223	} 405
— d'autres départements...	182	
Elevés au sein.................	186	
— au biberon.............	105	} 405
En sevrage ou en garde.........	114	

Le comité départemental ne s'est pas réuni en 1883 : les commissions locales n'étaient pas organisées.

Il existe 32 cantons dans le Jura : 16 juges de paix ont adressé leur rapport sur la vérification des registres de la Protection.

La situation, en 1883 du moins, semble pouvoir être exactement définie par la phrase suivante, qui est extraite d'un rapport de ces magistrats : « Les registres sont, en général, très mal tenus ; les déclarations qui y figurent sont, pour la plupart, irrégulières et incomplètes. » On doit même ajouter que, dans un certain nombre de communes, les registres étaient égarés.

Il existait 54 circonscriptions d'inspection médicale ; mais plusieurs médecins étaient titulaires de deux circonscriptions. 240 enfants ont été visités ; 38 rapports sont parvenus à la préfecture.

Les observations suivantes ont été puisées dans ces documents :

Circonscription A. — 19 enfants surveillés : 4 décès. Un enfant est mort d'athrepsie ; les trois autres ont succombé à une entérite. Tous quatre, dit le médecin inspecteur, « étaient élevés au biberon. Aucun des enfants nourris au sein n'a été atteint d'entérite ou d'une autre affection de l'appareil digestif ».

Le nombre des enfants visités dans ma circonscription, ajoute ce médecin « ne répond certainement pas au nombre réel des enfants au dessous de deux ans confiés à des nourrices ou des gardeuses. Cela tient à ce que le médecin-inspecteur n'est point informé du placement des enfants ; que les articles 20 et suivants du règlement ne sont pas observés. Sur les 19 enfants que j'ai visités, 9 seulement m'ont été signalés par les maires qui m'ont envoyé la déclaration prescrite par l'article 7 de la loi de 1874 ».

Circonscription B. — 6 enfants surveillés : 1 décès. On se refuse d'admettre, dit le médecin-inspecteur, « que l'on doive vacciner en dehors du printemps ; aussi n'ai je pu faire vacciner un seul enfant avant cette époque ».

Circonscription C. — 7 enfants surveillés : 1 décès. Le médecin-inspecteur déclare « que les enfants étaient généralement bien soignés et tenus proprement ».

Circonscription D. — 5 enfants surveillés : pas de décès. Tous les enfants, à l'exception d'un, étaient élevés au biberon.

Circonscription E. — Le médecin-inspecteur signale la pénurie croissante « des vraies et bonnes nourrices. Les conditions pécuniaires du placement au sein sont très onéreuses pour les familles : ainsi, une nourrice au sein se contentait, il y a quelques années, de 25 ou 30 fr. par mois ; et aujourd'hui, elles obtiennent facilement 60 à 70 fr. C'est pourquoi les familles préfèrent confier leurs enfants à des éleveuses au biberon. Dans une circonscription, la proportion est de 8 enfants au biberon sur 2 au sein ».

Circonscription F. — 14 enfants surveillés, 1 décès (bronchite aiguë). — Jusqu'ici, dit le médecin-inspecteur, « la loi Roussel n'avait pas été appliquée dans le pays ; la population ne la connaissait et ne la connaît encore pas ; beaucoup de MM. les maires semblent l'ignorer. Il n'existe pas de commissions locales. Grâce aux efforts que j'ai faits auprès des sages-femmes, elles préviennent les filles-mères et les femmes qui désirent recevoir ou placer en nourrice un enfant ».

Circonscription G. — 5 enfants surveillés : 2 décès (diarrhée cholériforme).

Circonscription H. — 5 enfants surveillés : 1 décès (athrepsie syphilitique). Le médecin-inspecteur déclare que ces cinq enfants ont été l'objet de bons soins

Circonscription I. — Le médecin fait remarquer « combien est difficile et pénible l'exercice de la profession médicale, surtout dans les pays de montagnes. A chaque instant, le jour, la nuit, on doit être sur la brèche; et ce n'est pas exagérer de dire que le temps m'a manqué très souvent pour remplir d'une façon parfaite les fonctions de médecin-inspecteur. »

Le même docteur déclare « que certains maires, malgré des demandes réitérées, le laissent dans une complète ignorance sur les enfants placés chez des nourrices de leur commune ».

Circonscription J. — Toutes les nourrices, dit le médecin-inspecteur, sont imbues de ce préjugé que l'enfant doit manger le plus possible. « La nourrice dont le lait est le plus abondant croit bien faire en donnant de la soupe et du lait à son nourrisson. De là, des maladies sans nombre et une mortalité énorme. Cette tendance funeste persistera longtemps : les inspections seront, à ce point de vue, d'un grand secours; mais le moyen le plus efficace serait, à mon avis, de relever le niveau intellectuel des sages-femmes. Celles-ci sont toujours consultées les premières; et elles ne possèdent aucune notion d'hygiène infantile.

« Quant à l'influence de l'administration, elle est indispensable; et elle ne pourra se faire sentir qu'avec le concours de MM. les maires. Jusqu'à présent, ce concours fait absolument défaut. Ici, c'est un maire qui me déclare que la loi est vexatoire et que les femmes de sa commune ne prendront plus de nourrissons. Là, c'est un maire qui ne donne aucun avis du départ des nourrissons et oblige le médecin-inspecteur à faire inutilement de longs voyages. Ailleurs, c'est un maire qui ignore la présence dans la commune d'enfants placés chez une gardeuse, laquelle ne possède elle-même aucun renseignement sur l'état civil de ces enfants !...

« En résumé, à chaque tournée, je suis obligé de faire dans chaque commune une sorte d'enquête pour trouver les nouveaux nourrissons; et je perds un temps considérable pour constater le départ ou la mort des autres... La loi ne pourra jamais produire son effet salutaire sans le concours de l'administration municipale de chaque commune. »

Circonscription K. — On lit dans le rapport du médecin-inspecteur : « La plupart des maires, pour ne pas dire tous, ignorent leur rôle dans le service de la Protection; et les nourrices ne savent de quoi vous leur parlez, quand vous leur demandez leur carnet, le certificat médical et le certificat du maire exigés par la loi. Aucune, jusqu'à ce jour, n'était munie de ces pièces; c'est à grand'peine que j'ai pu obtenir une fois, une seule fois, un carnet de nourrice. »

Circonscription L. — 50 enfants surveillés: 3 décès, 30 enfants étaient élevés au sein, 6 au biberon; 2 étaient soumis à l'alimentation mixte et 12 étaient placés en sevrage ou en garde.

Les trois décès constatés ont été causés, l'un par la syphilis héréditaire, l'autre par une méningite, le troisième par une gastro-entérite compliquée de pneumonie.

L'enfant qui a succombé à la syphilis n'avait pas été déclaré à la mairie; il est mort trois ou quatre jours après la première visite du médecin-inspecteur, lequel a pu prévenir la contamination de la nourrice.

Ce docteur estime que, dans sa circonscription les nourrissons sont généralement bien soignés. « Il y a sans doute à lutter contre bien des préjugés, mais les nourrices écoutent les conseils du médecin. Je suis convaincu que l'application de la loi Roussel rendra de grands services, diminuera considérablement la mortalité des nourrissons et les mettra souvent à l'abri d'affections chroniques qui deviennent promptement incurables. »

LOIR-ET-CHER

Crédits successivement votés par le conseil général :

1877	»
1878	»
1879	1.000 fr.
1880	1.000
1881	14.000
1882	14.000
1883	23.000
1884	24.000

Sur la proposition de la commission compétente, le conseil général a notamment exprimé le vœu :

« Que les certificats médicaux à délivrer aux nourrices ne pussent être délivrés que par les médecins-inspecteurs ;

« Qu'aucun enfant ne pût être envoyé des bureaux de nourrices de Paris en province, sans un certificat de médecin constatant que l'enfant est suffisamment viable pour supporter le voyage. »

L'effectif total des enfants ayant figuré en 1883 sur les registres de la Protection est de 2,897 : par comparaison avec l'année 1882, l'augmentation est de 276 enfants.

L'effectif ci-dessus mentionné se répartit de la manière suivante :

D'après le sexe :

Garçons	1.455	2.897
Filles	1.442	

D'aprs l'état civil :

Légitimes	1.641	2.897
Naturels	1.256	

D'après l'origine :

Nés dans le Loir-et-Cher	535	2.897
Nés dans un autre département	2.362	

D'après le mode d'élevage :

Elevés au sein	1.038	2.897
Elevés au biberon	1.859	

La proportion des enfants naturels est très élevée, 43,35 p. 100.

Les enfants originaires d'un autre département que le Loir-et-Cher forment plus des quatre cinquièmes (81,35 p. 100) de l'effectif des enfants protégés.

La proportion des enfants élevés au sein est de 35,83 p. 100 : en 1882, elle était de 34,87 p. 100.

L'effectif présent à la date du 1er janvier 1883 était de 1,536 enfants.

Le comité départemental a tenu une séance en 1883 ; elle a été consacrée à l'examen des rapports des médecins-inspecteurs et à celui du compte rendu de l'inspecteur départemental.

Aucune commission locale n'existe dans le département.

MM. les juges de paix ont procédé au chef-lieu de chaque commune à la vérification des registres : l'appréciation d'ensemble qui se dégage de la lecture de ces rapports peut se résumer par les lignes suivantes extraites d'un de ces documents, « En général, les registres sont mieux tenus que les années précédentes ; les secrétaires de mairie apportent un plus grand soin aux écritures de ces registres, depuis qu'ils savent qu'ils seront un peu rémunérés, s'ils les ont faites régulières. »

Il existe 31 circonscriptions d'inspection médicale : 26 médecins-inspecteurs ont adressé leur rapport de fin d'année ; 17,327 bulletins de visite sont parvenus à la préfecture.

« Un médecin-inspecteur se demande s'il n'y aurait pas lieu d'exiger, au moins pour les enfants qui doivent être élevés au biberon, qu'ils ne fussent pas transportés, dans la mauvaise saison, avant d'avoir une quinzaine de jours. »

Le même docteur signale une nourrice qui, à l'aide d'un certificat obtenu d'un autre médecin que l'inspecteur, « a pris trois nourrissons en sus des deux qu'elle avait déjà. Cela faisait cinq enfants en bas-âge, réunis dans une chambre exiguë ; les trois plus jeunes n'ont pas tardé à mourir de la cholérine. »

Un médecin-inspecteur se plaint de ne recevoir que très irrégulièrement les avis de placement dans quelques-unes des communes soumises à son inspection. « Il en est même plusieurs, dit-il, dont il n'a rien reçu de toute l'année. Quant aux avis de décès ou de retrait des enfants, il ne m'en a pas été envoyé un seul. »

Un médecin fait connaître que sur ses conseils une enfant a été changée de nourrice par ses parents : « Cette petite, qui était souffrante et mal tenue, est revenue en peu de temps à une santé florissante, quoique élevée au biberon. »

D'après un rapport, « le seul reproche à faire aux nourrices est le manque de propreté ; c'est à ce point de vue surtout que l'inspecteur trouve à faire des observations qui sont généralement acceptées et quelquefois efficaces ».

Beaucoup de pauvres nourrices, lit-on dans un autre rapport, « continuent à n'être pas payées, surtout dans les derniers mois. Il serait à désirer que l'administration, au moment du placement, pût faire consigner par les parents, généralement bien disposés à cette époque, une certaine somme, un ou deux mois par exemple. Cette somme serait employée, au profit de la nourrice dans le cas seulement où les parents cesseraient de payer. Après son emploi, l'enfant pourrait être placé aux enfants assistés ».

Il est à remarquer, dit un inspecteur, que les nourrices payées de la manière la plus irrégulière sont celles qui ont accepté des enfants naturels originaires de Paris. » Le département de la Seine accorde souvent des secours aux mères ; ne pourrait-il pas allouer directement ces secours aux nourrices qui, sur visa du maire de leur commune, toucheraient du percepteur le montant de l'allocation ? »

Le même médecin regrette la manière « peu sérieuse dont les certificats sont délivrés par les maires de certaines communes. Ces messieurs certifient que la nourrice est pourvue d'un berceau et d'un garde-feu ; et souvent il n'en est rien ».

D'après les observations faites par un autre inspecteur, « il arrive fréquemment que des nourrices s'engagent à élever au sein un enfant qu'elles sèvrent au bout de quelques jours, sous prétexte qu'elles n'ont plus de lait. Beaucoup de mères qui croient que leur enfant est élevé au sein, sont toutes surprises, au bout d'un certain temps, d'apprendre que le biberon a été substitué au sein ; c'est un abus qu'il sera bien difficile de réprimer. »

Un médecin déclare avoir tenu la main à ce qu'aucune femme n'ait pas plus de deux nourrissons à élever ; en deux circonstances, il avait trouvé trois enfants dans la même chambre, sans compter les propres enfants de la nourrice. « On s'était dispensé des formalités légales, les nourrissons ayant été envoyés de Paris, l'un après l'autre, par des personnes de connaissance. J'ai fait tout rentrer dans l'ordre en quelque temps : Un enfant a été rendu, un autre déplacé ; mais ces changements ne se font pas sans ennuis, bien que notre autorité n'ait jamais été méconnue. »

On lit dans le rapport du même inspecteur le passage suivant qui corrobore une observation relatée ci-dessus.

« Les secrétaires de mairie inscrivent, comme donnant le sein, toutes les femmes qui le déclarent. Mais, sur ce nombre, presque toutes donnent le biberon, puis n'ont plus de lait parce qu'elles ne donnent plus le sein volontairement. Les secrétaires de mairie n'ont évidemment pas le moyen de s'assurer de ce qu'elles avancent : d'où les erreurs et les mirages de la statistique que seul le médecin peut indiquer ».

Un inspecteur signale une épidémie de rougeole qui a sévi dans sa circonscription.

« Je puis dire, déclare-t-il, que je n'ai jamais vu d'affection du même genre aussi grave ; dans une salle commune, j'ai eu plus de 50 enfants très sérieusement atteints d'affections pulmonaires consécutives à la rougeole ; dans cinq ou six cas même, j'ai rencontré la forme typhoïde... La rougeole a enlevé trois enfants parisiens dans la commune de... Deux ou trois sont morts surtout d'encombrement, ou plutôt par défaut d'air respirable. Les deux nourrices habitent des logements très exigus ; et quand il y a 5 ou 6 enfants malades à la fois dans des espaces restreints, il est impossible à ces enfants d'y trouver la quantité d'air suffisante pour entretenir la vie. On me demandera pourquoi j'ai délivré à ces femmes des certificats de nourrice. Je répondrai que s'il fallait refuser des

certificats à toutes les nourrices qui ont des habitations insuffisantes, au point de vue de la salubrité, j'aurais peut-être six nourrices dans ma
circonscription. Ce serait donc supprimer en
réalité les nourrices ».

Un médecin fait ressortir les difficultés que
présente le service de la vaccination « dans les
campagnes... les enfants sont dispersés... Il
faut souvent prier les nourrices pour obtenir
leur assentiment, et je suis obligé quelquefois
de leur apporter le vaccin à domicile ».

Un rapport met en lumière les obstacles que
rencontre le déplacement d'office d'un nourrisson, surtout quand il s'agit de remplacer
l'élevage au biberon par l'allaitement naturel

« On n'a pas d'abord dans nos petites villes
ou dans nos campagnes une collection de nourrices entre lesquelles on n'ait qu'à choisir. Une
nourrice, en effet, ne conserve son lait qu'avec
un nourrisson, lequel ne pourrait sans détri-
ment céder sa place à un autre et cela, comme
il faudrait en pareil cas, d'urgence, sur-le-
champ... Enfin les conditions du nouveau salaire, étant à la charge de la famille, doivent naturellement être agréées par elle. On ne peut
obliger celle-ci sans son assentiment, et cependant le temps presse : c'est quelquefois une
question de jour et d'heure pour l'existence de
l'enfant »

Le même document s'attache à l'importante
question des soins médicaux à donner aux enfants protégés.

« Les nourrissons qui appartiennent à l'Assistance de Paris ou des départements reçoivent
de leurs médecins particuliers les soins dont ils
ont besoin; mais que deviennent les nourrissons
de Paris, par exemple, dont les parents ont traité
de gré à gré avec les nourrices de Loir-et-Cher
dans les bureaux ?

« Cette catégorie, qui est de beaucoup la plus
nombreuse, est complètement abandonnée; les
médecins-inspecteurs ne doivent, en choisissant
leur temps, qu'une seule visite par mois, dé-
pouillée de tout traitement médical proprement
dit, lequel est laissé exclusivement à la charge
de la famille. Souvent celle-ci ne paye même
pas la nourrice, laquelle est pourtant chargée
de solder le médecin qu'elle a appelé. On devine
ce que deviennent les honoraires de cet autre
malheureux devenu le créancier d'une pauvre
femme à laquelle il ferait plus volontiers l'au-
mône ».

Beaucoup de médecins-inspecteurs voudraient
voir prendre des mesures à l'effet de garantir le
salaire des nourrices ou du moins d'atténuer le
préjudice que leur cause la violation des enga-
ments contractés vis-à-vis d'elles par les familles.

En 1883, 50 nourrices ont été l'objet d'une réprimande officielle pour contraventions à la loi
de 1874 ou au règlement de 1877; 8 nourrices
ont été déférées par l'administration à l'autorité
judiciaire.

L'une a été condamnée à 25 fr. d'amende pour
imprudence à l'égard de son nourrisson, l'autre
à 5 fr. d'amende pour avoir pris un nourrisson
sans s'être munie des pièces règlementaires,
la troisième à 10 fr. d'amende pour avoir pris

un nourrisson, bien que le certificat administratif et le certificat médical lui eussent été formellement refusés.

Ces trois condamnations ont été prononcées
par le tribunal de police correctionnelle de
Blois.

LOIRE

Crédits successivement votés par le conseil général :

1877......................	»
1878......................	12.139 88
1879......................	15 052 »
1880......................	13 800 »
1881......................	13.325 »
1882......................	14.485 »
1883......................	21.119 »
1884......................	29.216 »

L'effectif total des enfants ayant figuré en 1883
sur les registres de la Protection est de 3,976.

Au point de vue du mode d'élevage déclaré, ces
enfants étaient classés de la manière suivante :

Au sein.....................	1.747
Au biberon..................	1.700
En sevrage.................	529
	3.976

D'après les états transmis par les municipalités,
l'effectif présent au 1er janvier 1883 était de 1,756
et se répartissait ainsi :

Au point de vue de l'état civil :

Légitimes.................	1 553	1.756
Naturels..................	203	

Au point de vue de l'origine :

Nés dans le département de la Loire..................	1.504	1.756
Nés dans d'autres départe-ments..................	252	

L'inspecteur des enfants assistés craint « que
le recensement en question n'ait pas été fait
avec toute l'exactitude désirable ; car le travail
statistique établi par MM. les juges de paix
donne seulement 1,593 enfants existants dans le
service au 1er janvier 1883 » Ce fonctionnaire
ajoute plus de foi aux renseignements fournis
par les magistrats cantonaux qu'aux indications
transmises par les administrations municipales.

Le comité départemental a tenu deux séances
en 1883.

Cent quatre-vingts commissions locales existent
dans le département de la Loire.

L'inspecteur des enfants assistés mentionne
des faits de protection à l'actif de quelques-uns
de ces comités : c'est ainsi notamment que plusieurs enfants qui ne recevaient pas, soit une
alimentation convenable, soit les soins nécessaires, ont été déplacés, grâce à l'initiative de la
commission locale.

Les juges de paix ont vérifié les registres de
Protection.

Un de ces magistrats déclare « que les nourrices ne se présentent jamais à la mairie pour avertir l'autorité municipale du départ de leurs nourrissons. Ainsi, dans la commune de ***, aucune sortie n'a été relatée, bien que plusieurs aient dû forcément se produire sur 29 enfants qui ont figuré sur les registres en 1883 Dans les autres communes, les secrétaires n'ont mentionné les sorties qu'à la suite des informations qu'ils se sont procurées indirectement »

On lit dans un autre rapport : « Si beaucoup de maires mettent la meilleure volonté pour accomplir leur tâche de surveillance, leur action est souvent paralysée par la négligence, soit des nourrices, soit des parents. »

Un juge de paix fait observer que, « d'après le témoignage des secrétaires de mairie eux-mêmes, les enfants mis en nourrice sont encore loin d'être tous déclarés, sinon dans les petites communes où la surveillance est relativement facile, du moins dans les communes importantes. Les déclarations de sortie sont évidemment celles qui se font le moins. »

Aux termes d'un autre rapport, « la loi est imparfaitement connue et très imparfaitement appliquée. Elle ne paraît pas avoir reçu une publicité suffisante et surtout réitérée dans le canton de.....

« MM. les maires, et en particulier MM. les secrétaires de mairie, ne semblent pas en comprendre l'importance, et font peu d'efforts pour en assurer l'exécution.....

« Il n'existe sur les registres que très peu d'inscriptions du retrait des nourrissons, et elles n'indiquent aucune date. J'ai donc lieu de supposer que les déclarations de retrait n'ont pas été faites, et que les quelques mentions qui existent ne sont que le résultat d'une espèce de notoriété publique parvenue aux oreilles de MM. les secrétaires de mairie. »

Un juge de paix fait connaître que quelques secrétaires de mairie inscrivent les mêmes déclarations sur les deux registres.

Il existe dans la Loire 47 circonscriptions médicales ; 41 médecins-inspecteurs ont transmis leur rapport de fin d'année.

Circonscription A. — Le médecin-inspecteur constate « que les affiches à la mairie produisent toujours un bon effet dans les campagnes. Il a suffi d'afficher un avis rappelant les dispositions des articles 7 et 9 de la loi, de la pénalité qui est attachée à la non-exécution de ces articles, en vertu de l'article 346 du code pénal, pour voir s'aplanir bien des difficultés. »

Le même docteur fait connaître que, « malgré ses avis réitérés dans ses visites mensuelles, malgré deux séances de vaccination gratuite, dix enfants sur dix-huit dans la commune de ..... n'ont pas été vaccinés. Que dire de cette situation, au moment où une épidémie de variole sévit dans la contrée ! »

On lit dans le même rapport : « Quant au sevrage prématuré, il est en honneur. C'est un préjugé qui fait de nombreuses victimes. Ses conséquences, surtout au moment des températures élevées, sont des affections graves. J'ai vu des parents venant visiter leur enfant en nourrice ne point se préoccuper de savoir si les soins étaient assidus, ou si la nourrice avait un bon lait, mais préparer eux-mêmes des mets et forcer des petits êtres d'un mois à peine à absorber des aliments solides. Ils prétendent que « cela donne de la force; » bien plus, ils ne manquent pas de recommander à la nourrice « de faire manger l'enfant. » C'est une déplorable aberration. »

Circonscription B. — La même aberration est constatée dans le rapport : « Il est malheureusement trop fréquent de voir des nourrices donner, en même temps que le lait, des bouillies, des panades, et cela dès le premier mois. Si elles agissent de la sorte, c'est le plus souvent d'après la volonté des parents, imbus de ce préjugé que plus tôt l'enfant mangera, plus il se développera et sera fort; erreur qui se paye souvent par la mort de l'enfant. »

Le médecin-inspecteur se plaint « de l'usage trop respecté d'emmailloter les nourrissons » ; il signale aussi l'habitude qu'ont les nourrices de ne laver presque jamais les enfants. « En entrant chez la nourrice, si ce n'étaient les mouvements, les cris, les yeux brillants de l'enfant, on serait tenté de prendre celui-ci pour un paquet de linge sale. Ces petits êtres sont déjà de véritables mineurs; l'eau ne touche que rarement leur figure et, à plus forte raison, le reste de leur corps. »

Circonscription C. — Le médecin-inspecteur est convaincu « que l'on n'arrivera à faire régulièrement inscrire les nourrissons qu'en chargeant le garde champêtre de les rechercher et en sévissant, au besoin, contre les nourrices qui ne remplissent pas les formalités prescrites. Ce n'est qu'à ce prix que les résultats de la loi Roussel seront ce qu'ils devraient être. »

Le même docteur présente une fort judicieuse observation à propos des calculs de la mortalité infantile :

« Les déclarations de placement ne sont faites souvent que lorsque l'enfant est placé depuis plusieurs mois, en sorte que souvent les plus jeunes nourrissons échappent au recensement et à la surveillance pendant les premiers mois de leur existence, c'est-à-dire à l'époque où les chances de décès sont le plus grandes; c'est de nature à abaisser artificiellement le chiffre de la mortalité. »

Circonscription D. — Le médecin-inspecteur exprime l'avis que, pour dissiper l'ignorance générale des règles de l'hygiène infantile, il conviendrait d'instituer des cours publics sur ces matières dans les grandes villes, « et même dans les écoles de filles adultes. »

Circonscription E. — Comme par le passé, dit le médecin-inspecteur, « je constate le mauvais fonctionnement du service. Les mairies ne me font pas connaître les nouveaux enfants qui entrent dans le service. Ainsi, sur 140 enfants nouveaux en 1883, je n'ai reçu que 43 copies de déclarations (dont plusieurs ne me sont parvenues qu'après que j'avais signalé les enfants aux mairies). C'est donc 97 déclarations qui ne m'ont pas été transmises officiellement. Il y a plus : les maires n'inscrivent pas sur leurs registres les enfants que je leur signale, et il en résulte que les nombres fournis à l'administration par MM. les maires sont chaque année bien inférieurs à ceux que j'ai par devers moi. »

Circonscription F. — Le médecin-inspecteur déclare que, depuis l'admission de deux sages-femmes dans la commission locale de....., la surveillance des nourrissons est bien plus efficace.

Circonscription G. — Grâce aux instances réitérées de l'autorité supérieure, dit un médecin-inspecteur, les notifications des mairies, quoique un peu tardives encore, se font plus régulièrement. « Mais beaucoup de communes ne délivrent point de carnet aux nourrices, d'où il résulte que le médecin-inspecteur ne peut constater ses visites et inscrire ses observations. Quant aux commissions locales, elles sont tout à fait nulles dans ma circonscription ; elles ne se réunissent jamais et ne fournissent aucun renseignement : les secrétaires de mairie font à peu près tous les mois les mêmes délibérations..... La visite mensuelle est une lourde charge pour le médecin qui souvent est obligé de faire des courses *ad hoc* dans des villages éloignés. Il en est de même de la transmission des bulletins ; il me semble qu'un envoi à la fin de chaque trimestre serait suffisant. »

Circonscription H. — Le médecin-inspecteur déclare « que les maires lui envoient assez généralement les bulletins annonçant l'arrivée des nourrissons dans leur commune. Mais malheureusement, entre la date de la déclaration et le moment où j'en reçois connaissance, il s'écoule en général au moins un mois, soit que le maire de la commune d'origine ne la communique pas immédiatement au maire de la commune de placement, soit que ce dernier mette du retard à me transmettre ladite déclaration... Malgré toutes les recommandations que j'ai pu faire, les maires ne me préviennent jamais du retrait ou du décès de l'enfant. »

Circonscription I. — Une constatation identique se trouve sous la plume du médecin-inspecteur : « Les déclarations d'arrivée des enfants sont rarement faites ; celles des retraits d'enfants ne le sont jamais »

Circonscription J. — On lit dans le rapport : « Le service fonctionne bien ; les parents et les nourrices elles-mêmes commencent à en reconnaître toute l'utilité, et ils sont les premiers à réclamer de fréquentes visites. Sur 48 enfants soumis à ma surveillance en 1883, je n'ai eu que 3 décès.

« On peut dire et affirmer que la loi de 1874 donne d'excellents résultats. »

Circonscription K. — Le médecin-inspecteur « constate avec plaisir que les instructions relatives à la déclaration des enfants ont été observées avec plus d'exactitude que les années précédentes. A part quatre nourrices, toutes se sont conformées à la loi. »

Circonscription L. — « L'allaitement au sein, dit le médecin-inspecteur, tend de plus en plus à disparaître ; sur 40 enfants, 3 seulement sont élevés au sein. »

Circonscription M. — Le médecin-inspecteur déclare que, « grâce à la loi de 1874, les enfants sont tenus plus proprement et bien mieux soignés dans leurs maladies. Ainsi, pour ne citer qu'un exemple, nous avons beaucoup d'enfants atteints d'affections eczémateuses ou herpétiques ; et nous avons peu de répercussions sur organes internes. Pourquoi ? C'est parce que, suivant nos conseils, les nourrices ne cherchent plus, comme autrefois, à faire sécher ou disparaître tout d'un coup ces éruptions ».

Circonscription N. — Il y a, dit le médecin-inspecteur, « amélioration notable sur ce point essentiel : l'avertissement immédiat donné aux médecins par les municipalités ». On lit dans le même rapport : « Les commissions locales nous aident puissamment par les bons conseils qu'elles donnent aux nourrices. Les représentations d'une femme, d'une mère de famille, ont toujours beaucoup plus d'influence sur ces dernières que celles du médecin, qu'elles écoutent beaucoup moins ».

Circonscription O. — Le médecin-inspecteur fait connaître que sur 25 enfants surveillés, 3 seulement étaient nourris au sein ; il n'a eu qu'un décès à enregistrer, et il s'agissait d'un enfant élevé au biberon. Suivant l'appréciation de ce docteur, « quand les enfants sont valides et qu'ils supportent bien les deux premiers mois de l'allaitement au biberon, ils ont autant de chances de survie que les enfants nourris au sein, pourvu que l'alimentation artificielle soit bien dirigée. »

HAUTE-LOIRE

Crédits successivement votés par le conseil général :

1877	700	»
1878	1.420	25
1879	1.400	»
1880	7.600	»
1881	7.600	»
1882	7.600	»
1883	7.600	»
1884	8.500	»

L'effectif des enfants surveillés était, au 31 décembre 1883, de 676 : 258 étaient orginaires de la Haute-Loire, et 418 d'autres départements.

Il existait 15 commissions locales : six ont adressé des rapports ; elles déclarent que les enfants sont généralement soignés d'une manière satisfaisante.

En transmettant les rapports des juges de paix sur la vérification des registres, le procureur de la République d'un des arrondissements de la Haute-Loire « a le regret de constater que les prescriptions de la loi de 1874 sont peu obéies » ; il estime que s'il était possible à l'administration de lui indiquer les parents et les nourrices qui les enfreignent, il y aurait lieu de requérir contre eux l'application des peines édictées par les articles 7 et 9 de ladite loi.

Canton de A. — Le juge de paix exprime le vœu qu'aussitôt après avoir reçu avis d'une déclaration faite par les parents, les maires veuillent bien envoyer le garde champêtre chez la nourrice avec une feuille énonçant les diverses questions qui figurent au registre. Le garde champêtre remplirait la feuille sous la dictée de la nourrice et rapporterait ensuite cette pièce au secrétaire de mairie qui la recopierait à sa date sur le registre : « Le système consiste à aller quérir la déclaration au lieu de l'attendre. De même, les gardes champêtres, en faisant leurs tournées, pourraient bien, une fois par mois, se renseigner sur le point de savoir si les enfants placés en nourrice dans tel ou tel hameau s'y trouvent toujours ».

Canton de B..... — Le juge de paix résume de la manière suivante ses constatations : « Aucune des déclarations prescrites par la loi de 1874 n'a été faite dans les sept communes du canton en 1883. Une de ces communes ne possède même pas les registres exigés par la loi de 1874. Cette loi n'a jamais été exécutée dans le canton ; tous les registres sont encore en blanc, sauf ceux de la commune de **ʳ où figurent en tout cinq déclarations : deux sur le registre des parents, trois sur le registre des nourrices ».

Canton de C. — Le juge de paix fait connaître que, sur les 11 communes du canton, une seule possède des carnets de nourrice.

Canton de D. — Aux termes du rapport du magistrat, les registres sont régulièrement tenus dans les communes de ce canton.

Canton de E. — « La tenue des registres, dit le juge de paix, est généralement satisfaisante ; mais un grand nombre de nourrices et de gardeuses négligent de faire les déclarations prescrites, malgré les invitations réitérées de MM. es maires, qui ne peuvent être rendus responsables de cet état de choses. »

Canton de F. — Le juge de paix déclare que, depuis l'année dernière (1882), « la situation des enfants s'est bien améliorée dans le canton » ; mais il ajoute « qu'il reste encore beaucoup à faire. »

Canton de G. — « Dans toutes les communes, les registres sont assez bien tenus ; mais les maires affirment ne pouvoir, malgré leur diligence, obtenir les renseignements nécessaires. »

Canton de H. — « Nous avons pu constater que les registres sont mieux tenus et les formalités mieux remplies qu'au cours des années précédentes. »

Un des chefs de parquet de la Haute-Loire déclare s'associer entièrement au vœu exprimé par les juges de paix, « qui sollicitent de la haute bienveillance du conseil général une juste indemnité pour les déplacements longs et dispendieux que nécessite la vérification annuelle, et sur place, des registres de la Protection. »

Canton de I. — La loi de 1874, dit le juge de paix, « est encore peu connue dans le canton. Les maires négligent d'ailleurs, lorsqu'ils reçoivent les déclarations de naissances, de faire connaître aux parents les obligations que la loi précitée leur impose. »

L'inspecteur des enfants assistés reconnaît, dans son rapport d'ensemble, qu'un assez grand nombre de communes de la Haute-Loire étaient en 1883 dépourvues des registres de la Protection.

Il existait 13 circonscriptions d'inspection médicale : 7 médecins-inspecteurs ont envoyé leur rapport.

Circonscription A. — Le médecin-inspecteur se plaint de la négligence avec laquelle les retraits lui sont signalés par les administrations municipales : « Il conviendrait cependant, dit-il, d'éviter au médecin-inspecteur des courses inutiles, souvent très longues et très pénibles. »

Le même médecin croit devoir noter « l'absence complète d'affections syphilitiques tant chez les nourrices que chez les nourrissons. »

Circonscription B. — La loi Roussel, dit le médecin-inspecteur, « a déjà produit dans ma circonscription d'excellents résultats et elle en produirait de biens meilleurs encore si elle était plus généralement connue. Ne pourrait-on pas, ne devrait-on pas prendre des mesures efficaces pour porter, par une publicité suffisante et réitérée, cette loi à la connaissance de tous ? »

Circonscription C. — On lit dans le rapport : « Le médecin-inspecteur devrait pouvoir, sans intervention de la mairie, inscrire d'office tous les enfants qu'il arriverait à découvrir. Nous savons que beaucoup de nourrices les cachent pour échapper à la surveillance. »

Circonscription D. — Le médecin-inspecteur présente une statistique détaillée des enfants qu'il a surveillés.

Le nombre de ces enfants est de 135 ; il se divise ainsi qu'il suit :

Au point de vue du sexe :

Garçons	62
Filles	73
	135

Au point de vue de l'état civil :

Légitimes	125
Naturels	10
	135

Au point de vue de l'origine :

Nés hors de la circonscription	112
Nés dans la circonscription	23
	135

Sur les 112 enfants nés hors de la circonscription, 107 étaient originaires du département de la Loire.

Le médecin-inspecteur mentionne 4 décès seulement :

1° Un enfant est décédé à l'âge de neuf mois (bronchite capillaire) ;

2° Un enfant est décédé à l'âge de six mois (broncho-pneumonie double) ;

3° Un enfant est décédé à l'âge de neuf mois (diarrhée infantile) ;

4° Un enfant est décédé à l'âge de neuf mois (entérite chronique).

Pour le premier et le quatrième de ces décès, dit l'auteur du rapport, « on ne saurait adresser de reproches aux nourrices » ; mais il ajoute que dans les deux autres cas, il aurait fallu pouvoir imposer aux parents un changement de nourrice et qu'on n'a pas été à même de l'obtenir.

Le médecin-inspecteur a donné des soins médicaux à 21 des enfants surveillés, tombés malades au cours de l'année 1883.

Deux enfants ont été gravement brûlés, par suite de la négligence de leur nourrice.

Deux enfants élevés au sein ont été reconnus atteints de syphilis congénitale. Le médecin-inspecteur a fait aussitôt cesser l'allaitement naturel et remettre les nourrissons aux parents.

Ce docteur termine son rapport en proposant une récompense en faveur de deux nourrices. L'une d'elles, dit-il, a élevé 34 enfants, soit au sein, soit au biberon. « De ces 34 nourrissons, 3 seulement sont décédés chez elle, certainement sans qu'il y ait eu faute de sa part ».

LOIRE-INFÉRIEURE

Crédits successivement votés par le conseil général.

1877............................	»
1878............................	2.000 fr.
1879............................	1.000
1880............................	2.000
1881............................	3.000
1882............................	3.000
1883............................	3.000
1884............................	12.000

L'effectif total des enfants ayant figuré en 1883 sur les registres de la Protection est de 1,758.

L'effectif présent à la date du 31 décembre 1883 a été de 1,082 ; le chiffre relevé le 31 décembre 1882 n'était que de 729 : il s'est donc produit, d'une année à l'autre, une augmentation de 353 enfants, soit de 48.42 p. 100.

Sur 45 juges de paix, 23 ont adressé leur rapport de fin d'année : ils ont relevé dans la tenue des registres des omissions et des irrégularités très nombreuses.

Il en sera ainsi, dit avec raison l'inspecteur des enfants assistés, « tant que nous ne pourrons pas intéresser le secrétaire de chaque mairie à poursuivre la recherche de tous les enfants placés dans les communes. La charge de secrétaire est confiée, dans beaucoup de communes, à l'instituteur dont les fonctions sont déjà assez pénibles pour que si, en dehors d'elles, il aliène sa liberté, il en soit au moins dédommagé ».

Pour démontrer le grand intérêt qui s'attache à l'organisation de la Protection infantile dans la Loire-Inférieure, l'inspecteur fait connaître que « sur 1,758 enfants, 76 seulement étaient nourris au sein ; 1,682 étaient élevés au biberon ».

Faute de ressources, l'inspection médicale n'a pu être organisée que dans les communes où le besoin s'en faisait le plus impérieusement sentir. Il n'a été possible de reconnaître le concours des médecins-inspecteurs que dans une mesure extrêmement restreinte ; neuf médecins ont fait parvenir leur rapport.

Un de ces praticiens désirerait ne pas voir « confier des enfants à des femmes âgées qui, outre qu'elles sont imbues de préjugés, n'ont ni la santé, ni la force nécessaire pour donner à leurs nourrissons les mille soins qu'ils réclament ».

Un autre médecin-inspecteur demande qu'indépendamment du secours temporaire accordé aux filles mères, les soins médicaux soient fournis gratuitement à leurs enfants, « avec obligation imposée aux nourrices d'appeler le médecin de suite...

« On n'attendrait plus pour leur faire porter secours ; car, si tous ne meurent pas sans soins médicaux, combien de fois on attend de peur de faire des frais qui, malheureusement, incombent trop souvent aux nourrices ». L'inspecteur cite l'exemple d'un enfant pour lequel « la mère avait défendu d'envoyer chercher le médecin ».

Un rapport mentionne le dévouement d'une nourrice qui consentit à se charger d'un enfant dans un état presque désespéré et qui « parvint, à force de bons soins et de veilles continuelles, à lui rendre une santé très satisfaisante. La famille, peu à l'aise, ne l'a pas récompensée. Ce fait n'est pas unique dans mon service. »

Un médecin-inspecteur a dû faire des observations énergiques à certaines nourrices qui donnent à de petits enfants de 25 à 30 jours de la bouillie de froment très indigeste.

Un autre abus, indiqué dans un rapport d'inspection, consiste à couper le lait de vache « avec toutes sortes de tisanes qui empêchent la digestion et produisent souvent des irritations intestinales. »

Un médecin-inspecteur reconnaît que la plupart des nourrices auxquelles il a adressé des observations les ont bien accueillies et ont promis de suivre ses conseils ; mais aussi quelques-unes, deux entre autres, lui ont « déclaré carrément qu'elles connaissaient mieux leur métier que n'importe quel médecin. » L'une de ces femmes a dit au docteur « qu'elle faisait manger tous ses nourrissons au bout de quelques jours et qu'elle ne changerait pas de conduite. » Une autre nourrice agissait de même à l'égard d'un enfant vigoureux à sa naissance, dont elle était parvenue à faire « un vieillot athreptique. » Le médecin le lui fit enlever par le ministère du juge de paix ; ce même inspecteur cite, d'autre part, quatre nourrices comme « dignes d'éloge en tous points. »

Un de ses confrères a constaté que « sauf de rares exceptions, les logements sont très défectueux ; pas de ventilation, encombrement de personnes, 4, 5 et 6 lits dans une pièce étroite dans la plupart des cas, aucune propreté pour remédier à ces conditions fâcheuses. »

Le même médecin déclare que « lorsqu'on parle aux nourrices de ne plus emprisonner les membres de l'enfant dans des maillots et la tête dans des serre-tête, on opère une véritable révolution dans leurs idées. »

L'inspecteur des enfants assistés cite dans son rapport d'ensemble l'exemple d'une femme qui, malgré les défenses itératives de ce fonctionnaire et de l'autorité municipale, prenait des enfants en nourrice et les alimentait avec du pain et de l'eau. Un des nourrissons mourut chez elle ; les deux autres lui furent immédiatement retirés et rendus à leurs parents ; mais ils ne tardèrent pas à succomber. L'autorité judiciaire ne crut pas possible de poursuivre l'affaire au criminel ; la coupable fut traduite devant le tribunal de police correctionnelle et condamnée à six mois d'emprisonnement et à 100 francs d'amende pour infraction à la loi du 23 décembre 1874 et à l'article 346 du code pénal.

LOIRET

Crédits successivement votés par le conseil général :

1877.............................. 5.000 fr.
1878.............................. 24.600
1879.............................. 24.600
1880.............................. 24.600
1881.............................. 24.600
1882.............................. 24.600
1883.............................. 24.600
1884.............................. 30.000

La commission du conseil général, à la session d'août 1883, a proposé et l'assemblée a adopté une série de vœux qu'avait déjà émis le comité départemental, et dont la plupart sont reproduits ci-après :

Vœu tendant à ce que « MM. les maires se montrent de plus en plus difficiles pour remettre des certificats aux nourrices, qu'ils n'en délivrent qu'à celles qui réunissent toutes les conditions indispensables pour bien élever un enfant nouveau-né ».

Vœu tendant à ce que « la femme qui se sera procuré un nourrisson sans être munie des deux certificats prescrits, celui du maire et celui du médecin, soit punie comme le veut la loi ».

Vœu tendant à ce que « les enfants ne soient délivrés aux nourrices dans les bureaux de Paris qu'après la délivrance du certificat d'un médecin constatant que l'enfant est sain et en état de supporter le voyage ».

Vœu tendant à ce que « les compagnies de chemins de fer fassent un léger sacrifice en mettant dans certains trains un wagon spécial organisé de façon à permettre aux enfants de reposer facilement ».

L'effectif total des enfants ayant figuré, en 1883, sur les registres de la Protection, est de 4,790.

Ces 4,790 enfants se répartissent ainsi :

1° Suivant le sexe :

Garçons................................ 2.378 } 4.790
Filles.................................. 2.412 }

2° Suivant l'état civil :

Légitimes.............................. 2.971 } 4.790
Naturels............................... 1.819 }

3° Suivant le département d'origine :

Loiret................................. 1.110 }
Seine.................................. 3.567 } 4.790
Autres départements.................... 113 }

Parmi les 1,110 enfants originaires du Loiret sont compris 58 pupilles hospitaliers et 152 enfants temporairement secourus.

Les enfants originaires de la Seine représentent 76 p. 100 de l'effectif total.

Voici les effectifs constatés pour les quatre dernières années :

Années.	Enfants originaires du département.	Enfants étrangers au département.	Totaux.
1880....	726	3.139	3.865
1881....	784	3 188	3.972
1882....	886	3.440	4.326
1883....	1.110	3.680	4.790

L'effectif total a donc augmenté de près de 24 p. 100 depuis 1880.

L'effectif présent, à la date du 31 décembre 1883, était de 2,468 enfants.

La commission du conseil général a eu le regret de constater que « le zèle des commissions locales diminue chaque jour : 83 commissions semblent encore être organisées, et sur ce nombre 56 seulement ont plus ou moins bien fonctionné ».

L'inspecteur départemental reconnaît, de son côté, que « le plus souvent les commissions, là où il y a une organisation, ne se réunissent presque jamais. Elles se contentent de déclarer, dans un rapport de fin d'année, que les enfants ont été généralement bien soignés et que le service s'est bien fait ».

« Fort heureusement, ajoute le même fonctionnaire, une trentaine de comités locaux font exception. Des dames dévouées sont allées souvent exercer une surveillance attentive et minutieuse auprès des nourrices, leur donner de bons conseils d'hygiène. »

La plupart des juges de paix se sont transportés dans les mairies pour y vérifier les registres de la Protection.

Pour 31 cantons, 28 rapports ont été adressés.

La tenue des registres s'est sensiblement améliorée dans un certain nombre de communes ; mais dans d'autres bien des lacunes et des erreurs ont encore été relevées.

Il existe 72 circonscriptions d'inspection médicale dans le Loiret ; par suite de décès ou de changement de résidence, trois ont été dépourvues de titulaires pendant une partie de l'année 1883.

40 médecins-inspecteurs ont transmis leur rapport de fin d'année.

Le dépouillement des états reçus à la préfecture fait ressortir un chiffre de 3,879 enfants visités, parmi lesquels 27 pupilles hospitaliers, et 95 enfants temporairement secourus par le département.

L'inspecteur du service estime qu'à ce chiffre de 3,879 enfants on peut ajouter celui de 330, « représentant les enfants placés dans les 28 communes dépendant des circonscriptions de six médecins qui n'ont pas demandé d'honoraires ou n'ont pas répondu à la communication de la préfecture. »

Un grand nombre de médecins-inspecteurs

demandent que les nourrices ne puissent se procurer le certificat médical que chez le médecin de leur circonscription; ils insistent sur les déplorables conséquences qui résultent du défaut de payement des mois de nourrice.

Voici, à ce dernier point de vue, un passage du rapport qu'il paraît utile de citer :

« Je vois tous les jours des nourrices qui viennent à moi se plaignant que, depuis deux mois, six mois et davantage, elles n'ont rien touché de ce qui leur est dû; il n'est pas difficile, d'après cela, de tirer cette conclusion que le zèle s'émousse, le soins se relâchent et qu'en fin de compte les nourrices renvoient l'enfant soit aux parents, soit le plus souvent à l'assistance publique. Donc, garantir le salaire de la nourrice serait chose fort désirable; quant aux moyens, je me déclare absolument incompétent. »

Un autre médecin-inspecteur déclare que « certaines nourrices perdent des sommes variant de 100 à 200 fr. Quant au médecin, il n'est, en cas de maladie, à peu près jamais rémunéré de ses soins. Ce sont là des faits qui, trop souvent, paralysent l'action bienfaisante de la loi de Protection, mais auxquels, malgré leur extrême gravité, il est difficile de porter remède ».

L'insalubrité des logements de beaucoup de nourrices est signalée dans quelques rapports.

Un médecin-inspecteur mentionne ce fait que, dans plusieurs localités de sa circonscription, « les gardes champêtres s'occupent sérieusement de la surveillance des nourrissons ». Il cite particulièrement ceux de Chantecoq, Courtemaux et Laselle-sur-Bied.

Deux médecins-inspecteurs font connaître cinq cas de contamination de nourrices par les enfants qui leur étaient confiés : dans un cas, le père, la mère et les deux enfants ont été infectés.

Un rapport met bien en lumière la nécessité d'une répression à l'égard des nourrices « qui trop souvent se passent de tout certificat. Comme l'obtention de ces certificats constitue une mesure préventive des plus efficaces, nous estimons qu'il y aurait lieu de poursuivre toutes les contraventions au règlement. Ces poursuites seraient, d'ailleurs, peu nombreuses; un exemple suffirait et aurait, pour bien longtemps, dans l'avenir, la plus heureuse influence ».

Il est intéressant de citer, précisément parce qu'elle est en contradiction avec l'opinion généralement reçue, l'appréciation d'un médecin-inspecteur sur l'attribution des récompenses aux nourrices.

« Nous croyons préférable de n'en accorder à aucune; un grand nombre d'entre elles s'en montrent également dignes; la distribution des récompenses à quelques-unes ne pourrait qu'engendrer des animosités et des difficultés dans le service. »

Le même médecin pense d'ailleurs que la loi est « bonne, qu'elle rend de grands services et doit être appliquée strictement ».

LOT

Crédits successivement votés par le conseil général :

1877	900 fr.
1878	900
1879	900
1880	900
1881	900
1882	900
1883	900
1884	900

Le préfet proposait à la session d'août 1883 d'élever le crédit de 900 fr. à 2,672 fr., afin de pouvoir allouer aux juges de paix les indemnités et aux secrétaires de mairie les émoluments prévus par la circulaire du 21 juillet 1882.

La commission du conseil général concluait au maintien du crédit du 21 juillet 1882.

Après un débat au cours duquel le préfet insista en vu de l'adoption de sa proposition, le conseil général vota les conclusions précitées.

Tous les juges de paix, à l'exception d'un, ont adressé leur rapport : d'après les constatations faites par ces magistrats, les registres sont tenus très irrégulièrement ou ne le sont pas.

Les déclarations qui incombent aux parents ou aux nourrices ne se font pas pour la plupart.

L'inspection médicale n'a pas été organisée, par suite de l'insuffisance du crédit.

A raison de l'état rudimentaire du service, l'inspecteur des enfants assistés reconnaît que « l'autorité administrative ne peut connaître d'une manière précise les placements en nourrice ou les changements effectués dans l'années ».

D'après les rapports des juges de paix, le nombre des enfants inscrits en 1883 sur les registres de la Protection n'est que de 172 : l'inspecteur estime « que la moitié à peine des nourrissons à protéger est signalée aux municipalités ».

Après avoir rappelé que le Lot n'est pas un département d'industrie nourricière, ce fonctionnaire déclare avoir constaté, dans ses tournées, « que les enfants confiés à des nourrices mercenaires étaient en général bien portants et soignés convenablement.

« Bien qu'il y ait encore de notables progrès à réaliser sur ce point, ces enfants sont plus proprement tenus que par le passé. Il est bien rare que la nourrice ne s'attache pas à son nourrisson, et ne continue pas, après le sevrage, à aller le visiter lorsqu'elle l'a rendue aux parents. »

Sur l'avis conforme du comité départemental, le préfet a fait imprimer sept mille bulletins de naissance et autant de formules relatant les conseils donnés par l'Académie de médecine aux mères et nourrices. Ces imprimés ont été adressés aux municipalités; le préfet manifeste l'espoir que les bulletins, en vulgarisant les prescriptions de la loi, rendront les déclarations plus nombreuses et que les recommandations de l'Académie atténueront les inconvénients qui résultent de l'absence d'une inspection médicale.

LOT-ET-GARONNE

Crédit votés successivement par le conseil général :

1877	300 fr.
1878	1.200
1879	3.000
1880	3.000
1881	3.000
1882	3.000
1883	9.000
1884	9.000

Le vote, par le conseil général, du crédit susvisé de 9,000 fr. a eu lieu, sans débat, à la session d'août 1883.

L'effectif total des enfants qui ont figuré en 1883 sur les registres de la Protection a été de 526, comprenant 281 garçons et 245 filles.

L'effectif présent au 31 décembre 1883 a été de 383 ; il était, le 1ᵉʳ janvier 1853, de 238 : il a donc augmenté en une année de 145 enfants, soit 60 92 p. 100.

C'est en 1883 qu'on été alloués pour la première fois les émoluments aux secrétaires de mairie et les indemnités de déplacement aux juges de paix.

Le comité départemental a tenu une séance.

Les commissions locales ne semblent pas avoir fonctionné.

Il existe 35 cantons dans le département de Lot-et-Garonne : au moment de l'envoi du rapport d'ensemble, 19 juges de paix seulement avaient adressé leur rapport de fin d'année. Bien que les irrégularités et les omissions soient encore très nombreuses, ils constatent néanmoins, sur différents points, quelque amélioration dans la tenue des registres.

Il n'est parvenu à la préfecture que neuf rapports de médecins-inspecteurs.

Un de ces praticiens a provoqué le retrait de quatre nourrissons qui étaient mal soignés.

Un autre médecin-inspecteur se plaint « de ce que les déclarations de placement en nourrice ne se font pas régulièrement dans les mairies, ou, pour mieux dire, ne se font pas du tout ». ... « Allant à la campagne voir un enfant naturel malade chez sa mère, j'y ai trouvé un nourrisson qui avait été apporté la veille. Je priai la nourrice d'engager la famille à la déclaration de placement : j'attends encore ».

Un médecin-inspecteur regrette d'autant plus l'absence de commissions locales « que ces dernières auraient une très heureuse influence sur la vulgarisation d'une loi appelée à rendre les plus grands services au département et au pays tout entier ».

Un autre rapport signale l'indifférence des autorités à l'égard de la Protection infantile « et souvent leur ignorance complète de la loi et des règlements sur la matière. Le médecin est obligé de s'ériger en commissaire de police pour rechercher les enfants en nourrice ; et ce n'est le plus souvent qu'avec la plus grande difficulté qu'il peut y parvenir ».

LOZÈRE

Crédits successivement votés par le conseil général :

1877	600 fr.
1878	600
1879	1.500
1880	1.000
1881	1.500
1882	2.500
1883	3 013
1884	4.350

Le crédit de 4,350 fr., proposé par le préfet, à la session d'août 1883, a été adopté, après discussion, par le conseil général.

L'effectif total des enfants ayant figuré, en 1883, sur les registres de la Protection est de 641.

Ces 641 enfants se répartissent ainsi :

1° Suivant l'état civil :

Légitimes	509	} 641
Naturels	132	

2° Suivant le département d'origine :

Originaires de la Lozère	443	} 641
Originaires d'autres départements	198	

Parmi les 132 enfants naturels susvisés, figurent 5 pupilles hospitaliers et 67 enfants temporairement secourus.

Les 198 enfants originaires d'autres départements que la Lozère comprennent 93 enfants du Gard et 38 de la Seine.

L'effectif présent au 31 décembre 1883 était de 349 enfants, en augmentation de 42 sur le chiffre constaté au 31 décembre de l'année précédente.

L'inspecteur départemental estime que les 19/20 des enfants sont élevés au sein ; « mais parmi les femmes se livrant au travail, l'allaitement au sein est rarement absolu. Soit manque de dévouement de leur part, soit qu'elles cèdent à des influences routinières ou superstitieuses, la plupart des nourrices ont la déplorable habitude de gorger les enfants de bouillies, de panade... ».

Le comité départemental a exprimé notamment le vœu :

« Qu'en raison des pertes fréquentes des salaires des nourrices ou du retard apporté dans le payement de ces salaires, l'attention de l'autorité supérieure fût appelée sur le défaut de garantie des placeurs ou des placeuses ;

« Que les frais de visite des nourrices et de délivrance du certificat d'aptitude exigé par les règlements fussent imputés sur le budget du service de la Protection, cette opération étant assimilée à la visite d'un nourrisson et donnant lieu à la même rémunération pour les médecins certificateurs. »

Aucune commission locale ne fonctionne dans la Lozère; et les maires qui exercent de loin en loin quelque surveillance sur les enfants sont en très petit nombre.

La vérification des registres par les juges de paix s'est effectuée, pour la première fois, au chef-lieu de chaque commune, sous les yeux des maires et des secrétaires de mairie.

Les procès-verbaux constatent, en général, « beaucoup d'irrégularités dénotant un grand laisser-aller, une grande indifférence de la part des maires pour l'application de la loi ».

Il est juste d'ajouter qu'en relevant ces irrégularités, les juges de paix se sont efforcés « d'inculquer aux maires et à leurs secrétaires, non seulement la pratique des diverses formalités administratives, mais encore de leur faire comprendre le but et la nécessité de la Protection. »

Il a été institué 22 circonscriptions d'inspection médicale.

Les médecins-inspecteurs n'ont pas transmis de rapports et ont seulement envoyé des bulletins de visite; 777 bulletins sont parvenus à la préfecture; cinq visites ont été faites sur réquisition.

Aucun bulletin n'a été adressé pour dix circonscriptions, ayant un effectif moyen de 133 enfants.

159 bulletins ont été fournis pour huit autres circonscriptions ayant un effectif moyen de 116 enfants.

Enfin, quatre médecins-inspecteurs, pour des circonscriptions ayant un effectif moyen de 77 enfants, ont fourni ensemble 618 bulletins.

Il faut ajouter que l'inspection médicale dans la Lozère, malgré son développement encore bien restreint, a cependant amené en 1883 « le déplacement d'office de 8 nourrissons et le changement, par voie de conseil, de 40 autres ». Ces chiffres prouvent que, dans les communes où elle a réellement fonctionné, elle a rendu de grands services.

MARNE

Crédits successivement votés par le conseil général pour le service de la Protection du premier âge :

1877	3.000 fr.
1878	3.000
1879	3.000
1880	10.000
1881	8.500
1882	10.000
1883	19.000
1884	19.000

Au cours de la session du mois d'avril 1883, le conseil général de la Marne a reconnu que, « dans l'intérêt du bon fonctionnement de l'œuvre si utile et si humanitaire de la Protection des enfants du premier âge, il y avait lieu de donner satisfaction à la demande du comité départe-

mental et du préfet » (ayant pour objet l'attribution d'émoluments aux secrétaires de mairie et d'indemnités de déplacement aux juges de paix).

L'assemblée départementale a porté, en conséquence, de 15,000 à 19,000 fr. le crédit inscrit à son budget pour les besoins du service.

Le nombre total des enfants ayant figuré en 1883, sur les registres de la Protection est de 2,118.

Cet effectif a augmenté d'année en année de la manière suivante ; il a été :

En 1879, de	610
En 1880, de	933
En 1881, de	1.565
En 1882, de	1.876
En 1883, de	2.118

Il s'est ainsi accru de 1,508, soit de 247 p. 100, en cinq ans.

Sur les 2,118 enfants enregistrés en 1883, 1,475 appartiennent à la Marne et 643 sont originaires d'autres départements.

L'effectif présent, à la date du 31 décembre 1883, était de 1,102 chiffre représentant un peu plus de la moitié de l'effectif total enregistré pendant le cours de l'année.

Le comité départemental a tenu deux séances en 1883.

Il a exprimé un avis favorable à l'emploi des carnets à souche pour l'inspection médicale ; il a également proposé l'attribution d'émoluments aux secrétaires de mairie et d'indemnités de déplacement aux juges de paix. Comme on l'a vu plus haut, cette double proposition a été accueillie par le conseil général.

Le comité a émis le vœu de voir propager parmi les jeunes filles, comme livres de lecture dans les écoles, des brochures attrayantes et traitant des soins à donner à la première enfance.

Trois commissions locales, celle de Reims entre autres, sont les seules, à en juger par les procès-verbaux qu'elles ont envoyés, qui aient prêté un concours effectif à l'application de la loi.

Le service de la Protection à Reims a porté, en 1883, sur 693 enfants, parmi lesquels 42 légitimes et 291 naturels.

Sur les diligences de la commission locale, il a été prononcé 13 interdictions de nourrices (4 pour mauvais soins, 3 pour mauvaises mœurs et 6 pour logements insalubres et insuffisants).

Les rapports des juges de paix prouvent que, malgré la progression indiquée plus haut, dans le nombre des enfants enregistrés, le service des inscriptions et notifications réglementaires est encore bien défectueux ou même fait totalement défaut.

Dans les deux tiers des communes des arrondissements de Châlons, Sainte-Menehould et Vitry, les registres des mairies étaient en blanc. Le rapport d'inspection a beau donner l'assurance que l'industrie nourricière proprement dite ne s'exerce pas dans ces arrondissements; il n'en est pas moins incontestable qu'un certain nombre d'enfants y sont placés en nourrice et que la loi y était absolument méconnue.

Quelques juges de paix ont signalé des secrétaires de mairie qui ont déclaré « renoncer, à raison de leur peu d'importance, aux émoluments auxquels ils auraient droit ».

Le département de la Marne était divisé en 109 circonscriptions d'inspection médicale.

Seize circonscriptions n'ont donné lieu à aucune dépense, « soit que les titulaires n'aient pas exercé de surveillance, soit qu'ils aient renoncé à leurs honoraires ».

Sept médecins inspecteurs seulement avaient transmis à la préfecture le rapport de fin d'année, au moment où l'inspecteur des enfants assistés terminait son rapport d'ensemble.

Un médecin-inspecteur déclare avoir visité 174 enfants dont 8 seulement étaient nourris au sein ; dix-sept sont morts. Cette mortalité, dit-il, « ne serait pas trop élevée, si l'on ne considérait qu'avant que les enfants soient envoyés en nourrice, beaucoup ont déjà succombé entre les mains des parents ». Le même docteur ajoute que néanmoins « la loi Roussel a été et sera pour un grand nombre d'enfants une loi de salut ».

Un autre médecin-inspecteur de la Marne se plaint du défaut de déclarations règlementaires, même à Reims où le service semble fonctionner mieux que dans le reste du département. Il a relevé plusieurs infractions à la charge de bureaux de placement. Il mentionne une spéculation faite pour le placement des enfants naturels. « La mère se décharge de ce soin moyennant une certaine somme, et elle est très heureuse de ne plus avoir à s'occuper de son enfant. Elle tient à garder l'incognito et ne s'inquiète point si les soins sont en rapport avec la somme qu'elle verse annuellement. »

Le même docteur exprime le vœu de voir :

1° Réserver au seul médecin-inspecteur la délivrance des certificats d'aptitude aux nourrices ;

2° Exercer une surveillance rigoureuse sur les bureaux de placement ;

3° Donner plus de publicité à la loi Roussel ;

4° Obliger les sages-femmes à déclarer, dans les vingt-quatre heures qui suivent la naissance, la nourrice chez laquelle l'enfant a été placé ;

5° Appliquer les pénalités édictées par la loi.

MAYENNE

Crédits successivement votés par le conseil général :

1877	9.580 fr.
1878	9.000
1879	10 000
1880	10.000
1881	5 000
1882	5 000
1883	6.375
1884	7.711

L'effectif des enfants ayant droit à la Protection légale était, au 31 décembre 1882, de 1221 ; le 31 décembre de l'année suivante, il s'élevait à 2,330, c'est-à-dire presque au double. En annonçant ce dernier chiffre, M. le préfet de la Mayenne observait « que beaucoup d'enfants n'avaient pas été déclarés et que des recherches minutieuses les avaient fait découvrir ».

L'effectif susvisé des 2,330 enfants se répartit de la manière suivante :

Au point de vue du sexe :

Garçons	1.165	2.330
Filles	1.165	

Au point de vue de l'état civil :

Légitimes	1.412	2.330
Naturels	918	

Au point de vue de l'origine :

Nés dans le département	1.205	2.330
Nés hors du département	1.125	

Parmi les 1,205 enfants originaires de la Mayenne, figurent 189 pupilles de l'hospice dépositaire de Laval.

Les 1,125 enfants originaires d'un autre département que la Mayenne comprennent 1,043 enfants nés dans le département de la Seine.

MM. les juges de paix de la Mayenne ont tous adressé leur rapport concernant la vérification des registres de la Protection.

La tenue de ces registres est, généralement, satisfaisante dans 12 cantons et laisse plus ou moins à désirer dans le reste du département. M. l'inspecteur des enfants assistés, dans son rapport d'ensemble, mentionne le soin scrupuleux avec lequel les magistrats ont procédé à la vérification. « Ces utiles opérations, dit-il, et les observations verbales qui les ont accompagnées auront certainement pour résultat ultérieur une tenue plus régulière des écritures. »

L'inspection médicale n'a commencé à fonctionner dans la Mayenne que depuis le mois de juillet 1883, encore n'a-t-il été institué que cinq circonscriptions, comprenant ensemble quatre cantons.

Les cinq médecins-inspecteurs ont adressé leur rapport à la préfecture.

Un inspecteur fait connaître que le tiers des enfants rendus par la nourrice aux parents, 4 sur 12 l'ont été pour défaut de payement du salaire convenu.

Un autre médecin déclare que « tous les villages de sa circonscription se trouvant sur un sol relativement fertile et sain, le bon lait ne manquant guère, tantôt de vache, tantôt de chèvre, les enfants s'élèvent assez bien... Malheureusement, il arrive bien souvent que les nourrices sont forcées de rendre les nourrissons, à bout de ressources et faute de payement. J'en connais plusieurs qui ont perdu de la sorte des sommes relativement considérables, de 60, 100, 200 et même jusqu'à 400 fr., tellement elles étaient attachées à leurs enfants, et n'ont voulu les rendre qu'à la dernière extrémité ».

Après avoir signalé la fréquence des décès occasionnés par des gastro-entérites, provenant elles-mêmes de l'allaitement artificiel, un inspecteur ajoute : « Deux fois, j'eus l'espoir de sauver les enfants, en les rendant à une nourrice au sein. Une seule mère, je dois le dire, consentit à ce changement, et son enfant est actuellement dans une situation très prospère, tandis que l'autre enfant, dont la mère avait prononcé l'arrêt par son refus, succombe quelque temps après ».

Un autre inspecteur a perdu un enfant d'une bronchite capillaire, contractée pendant un voyage fait à Paris, sur la demande de la famille ; à son départ le nourrisson était dans un état de santé très prospère. Un autre enfant de la même circonscription est mort inopinément deux jours après la visite mensuelle, à la suite de soins donnés par une personne étrangère à la médecine ; cet enfant était élevé au sein, et l'inspecteur « a tout lieu de supposer un cas d'empoisonnement involontaire par suite de l'ingestion d'un médicament fermenté ».

La mortalité infantile dans la circonscription a d'ailleurs été faible ; d'après le médecin-inspecteur, le chiffre si peu élevé des décès tient incontestablement « à ce que la plupart des nourrices possèdent chez elles des vaches laitières, et par conséquent n'ont aucune raison de penser à frelater le lait qu'elles donnent à leurs enfants. Ce qu'on peut leur reprocher, c'est de les voir prodiguer à ces petits êtres un mélange de lait et de farine mal cuite ».

Dès le premier jour de mon inspection, je me suis efforcé de démontrer aux nourrices que cette lourde et indigeste nourriture, loin de faire croître plus rapidement leurs enfants, détermine chez tous des coliques assez vives qui ébranlent leur santé et en même temps forcent les nourrices à leur donner des soins plus continus par suite de ces malaises ; grâce à ce raisonnement, bon nombre déjà ont écouté mes conseils, les ont mis en pratique et s'en sont fort bien trouvées. »

Le même inspecteur déclare qu'en ce qui concerne le service de la vaccine, « tout, ou à peu près tout, est à faire » ; il regrette notamment de constater que « les instituteurs et institutrices n'ont pas assez le soin de voir si les enfants fréquentant leurs écoles sont vaccinés... D'un autre côté, comme cette opération de la vaccine est laissée la plupart du temps entre les mains de sœurs ou de matrones plus ou moins ignorantes, les vaccinations sont faites sans précaution et donnent des résultats trop souvent nuisibles. Nul souci pour celles qui vaccinent de connaître l'origine du vaccin qu'elles emploient, ni de savoir où elles le portent : elles ont vacciné, le vaccin a pris, cela leur suffit. Aussi arrive-t-il que des enfants souffreteux, ou issus de parents malsains, sont pris pour porter le germe de leur maladie sur de robustes nourrissons. Enfin, une superstition locale et qui n'est pas dénuée de fondement, par la raison que je viens d'invoquer, fait que nombre de femmes se refusent à laisser vacciner leurs enfants, pour éviter les maladies de peau et les viciations du sang qui surviennent à la suite de cette opération mal conduite. Il serait bien à désirer que dans chaque canton un médecin fût chargé de veiller à ce service si important et qu'il distribuât lui-même aux sages-femmes, ou autres qui pourraient le demander, un vaccin pur provenant d'enfants dont les parents seraient reconnus sains. »

Une meneuse qui avait été l'objet de plaintes nombreuses de la part du maire de sa commune, et de la part de plusieurs nourrices, s'est vu retirer, en 1883, l'autorisation d'exercer sa profession : défense lui a été faite de s'immiscer, à un titre quelconque, dans le placement des nourrices et des nourrissons.

MEURTHE-ET-MOSELLE

Crédits successivement votés par le conseil général :

1877....................................	2.600 fr.
1878....................................	4.000
1879....................................	5.000
1880....................................	7.300
1881....................................	7 300
1882....................................	8.500
1883....................................	10.000
1884....................................	10.000

Le comité départemental a tenu une séance en 1883.

L'effectif total des enfants ayant figuré en 1883 sur les registres de la Protection est de 800.

Ces 800 enfants se répartissent de la manière suivante :

Au point de vue du sexe :

Garçons....................................	392
Filles....................................	408
	800

Au point de vue de l'état civil :

Légitimes....................................	528
Naturels....................................	272
	800.

Au point de vue de l'origine :

Nés dans le département de Meurthe-et-Moselle....................................	701
Nés dans d'autres départements.........	99
	800

Au point de vue du mode d'alimentation déclaré :

Au sein....................................	333
Au biberon....................................	400
En garde....................................	67
	800

Au lieu du chiffre de 800, donné par les municipalités, les documents fournis par les médecins-inspecteurs ne font ressortir qu'un chiffre de 696 enfants.

Les maires ont signalé 115 décès : pour 800 enfants la proportion est de 14,37 p. 100. Sur les 115 enfants décédés, 78 étaient déclarés élevés au biberon, et 37 étaient déclarés élevés au sein.

Les médecins-inspecteurs ont signalé 100 décès : pour 696 enfants, la proportion est de 14,36 p. 100. Sur les 100 enfants décédés, 75 étaient déclarés élevés au biberon et 25 étaient déclarés élevés au sein.

L'inspecteur des enfants assistés fait remarquer, dans son rapport d'ensemble, « que les deux chiffres de la mortalité se confondent ainsi, au point de vue de la proportionnalité ». Il ajoute : « ce résultat plus satisfaisant nous permet d'espérer que le défaut de concordance entre les renseignements puisés aux deux sources dont nous disposons s'atténuera au fur et à mesure que diminuera le nombre des nourrissons qui échappent encore à la surveillance médicale. »

Sur les 100 décès mentionnés par les médecins-inspecteurs, 58 ont été causés par les affections des voies digestives. Sur les 53 enfants qui ont succombé à ces affections, 14 seulement étaient nourris au sein.

L'inspecteur des enfants assistés constate également que, sur 9 nourrissons morts de convulsions, 3 seulement étaient élevés au sein, et que, sur 9 enfants morts de méningite tuberculeuse, un seul était élevé au sein. Il déclare d'ailleurs que l'ensemble des faits observés dans le département de Meurthe-et-Moselle vient confirmer la supériorité de l'allaitement naturel sur l'élevage au biberon.

La préfecture a reçu, pour 1883, cinq rapports de commissions locales et quinze rapports de maires suppléants de droit de ces comités

Une commission locale a fait inviter les mères de deux nourrissons à les déplacer dans le plus bref délai possible. « Ces mères les ont retirés au premier avis qui leur a été donné. »

Il est déclaré dans un rapport « que la commission ne s'est pas réunie au cours de l'année, mais que les membres ont fait individuellement de nombreuses visites aux enfants confiés à leur surveillance ; aucun déplacement d'office n'a été opéré Les conditions hygiéniques des enfants n'ont pas laissé à désirer.

Un autre rapport fait connaître « que douze réunions de la commission locale, précédées chacune de visites à domicile, ont eu lieu en 1883. La commission n'a eu qu'à féliciter les nourrices des soins qu'elles ont donnés aux enfants ».

Aux termes du rapport d'une autre commission, « Mme X .., sage-femme de la commune, déléguée pour la visite des enfants en nourrice, a fait régulièrement ces visites les 1er et 15 de chaque mois ; elle a toujours trouvé les enfants bien soignés ».

Un maire affirme « que les irrégularités qui se produisent dans le service proviennent presque toujours des nourrices qui ne font aucune des déclarations prescrites par la loi. »

Les juges de paix ont procédé sur place à la vérification des registres de la Protection : ils ont constaté, généralement, une amélioration dans la tenue de ces registres.

Un juge de paix signale l'excessive mortalité qui frappe les enfants placés en nourrice dans une des communes de son canton. Faut il attribuer, dit il, « cette mortalité à la rigueur de la température qui règne sur le plateau très élevé de cette commune, ou bien, au contraire, au manque de soins des nourrices? Toujours est il que la population du village et celle des environs accusent deux nourrices, les nommées X .. et Z. . » On ajoute qu'à la suite d'une enquête, ces deux personnes se sont vu refuser les certificats réglementaires et n'ont pu continuer à se charger de nourrissons.

Un juge de paix exprime instamment le vœu qu'une large et permanente publicité soit donnée aux dispositions de la loi de 1874, qui intéressent les parents et les nourrices.

Un autre magistrat « se plait à reconnaître que les maires et secrétaires de mairie mettent tout le zèle désirable à étendre de plus en plus les bienfaits de la Protection ».

Sur 50 médecins-inspecteurs, 20 ont transmis leurs bulletins de visite et leur rapport ; 16 ont seulement envoyé leurs bulletins de visite ; 5 n'ont fait parvenir ni bulletins de visite, ni rapport, bien que des enfants fussent placés en nourrice dans leurs circonscriptions Enfin, 9 médecins n'ont pas eu de nourrissons à surveiller en 1883.

Les observations qui suivent sont empruntées aux rapports des médecins inspecteurs :

Circonscription A. — 10 enfants surveillées : pas de décès. Sur les 10 enfants, 9 étaient élevés au biberon. Il faut reconnaître, dit le médecin-inspecteur, « que l'allaitement artificiel n'est pas aussi pernicieux qu'on a bien voulu l'affirmer ».

Le même docteur ne croit pas aux mauvais effets du lait de vache pour les nourrissons. Sans doute, ajoute-t-il, « le lait d'ânesse lui est préférable : mais dans nos campagnes, avec un peu de bonne volonté, on élève très bien les enfants au moyen du lait de vache. »

Circonscription B. — On lit dans le rapport du médecin-inspecteur : « La diarrhée infantile fait généralement son apparition vers la fin de mai ou le commencement de juin ; les chaleurs qui reviennent à cette époque sont, il est vrai, une cause puissante de dérangement intestinal. Mais j'ai remarqué, en ce qui concerne les enfants élevés au biberon, que la recrudescence de cette affection est due souvent aux modifications apportées à la qualité du lait de vache à ce moment : la diarrhée devient plus fréquente, lorsque les vaches quittent la stabulation pour la pâture Mes observations, à cet égard, ont porté sur plusieurs enfants. »

Circonscription C. — Le médecin-inspecteur déclare que « dans toutes les communes de sa circonscription, l'on voit les nourrices prendre des enfants sans se pourvoir des certificats réglementaires. Le fait étant accompli, le médecin se trouve obligé d'agréer la nourrice ou l'éleveuse, telle qu'elle est ». Le même docteur signale en ces termes un autre abus : « Dans mes visites, qui se font à toutes les heures de la journée, je vois presque toujours les enfants dans leur couchette ayant à la bouche le biberon. Les nourrices les promènent rarement, et cela parce qu'elles ne sont pas assez payées, 25 fr. par mois. C'est la réponse qu'elles me donnent »

Circonscription D. — 37 enfants surveillés : 3 décès (2 par broncho-pneumonie, 1 par diarrhée cholériforme), 10 enfants étaient élevés au sein et 27 au biberon. Sur les 3 enfants décédés, 1 était élevé au sein et 2 au biberon.

Le médecin-inspecteur constate une amélioration dans les soins donnés aux enfants. Les nourrices, dit il, « acceptent d'autant mieux les observations, qu'elles s'aperçoivent que leurs nourrissons se trouvent mieux et sont beaucoup plus tranquilles, lorsqu'ils reçoivent des soins convenables. La petite brochure sur l'hygiène de la première enfance, qui a été distribuée à toutes les nourrices, n'a pas été non plus étrangère à ce résultat. J'estime qu'il est urgent de la distribuer, non seulement aux nourrices des enfants protégés, mais encore à la plupart des mères de famille ».

Circonscription E. — 24 enfants surveillés : 3 décès.

Circonscription F. — Le médecin-inspecteur se plaint de voir « les nourrices, malgré ses recommandations réitérées, n'en continuer pas moins à donner, en même temps que le biberon, des aliments impropres à des enfants en bas âge. Cette manière de faire provient quelquefois des parents, mais presque toujours des vieilles sages-femmes, contre la routine desquelles il est fort difficile de réagir. Néanmoins, j'espère avoir réalisé quelques progrès et être parvenu, en citant de nombreux exemples, à convaincre quelques nourrices et surtout beaucoup de mères de famille ».

Circonscription G. — 27 enfants surveillés; 3 décès.

Circonscription H. — 76 enfants surveillés : 14 décès (3 par gastro-entérite, 5 par cholérine, 2 par méningite, 1 par bronchite, 1 par faiblesse congénitale, 1 par convulsions, 1 par syphilis). Le médecin-inspecteur ajoute qu'en 1882, dans la circonscription, la mortalité des enfants surveillés par lui avait été de 31 p. 100.

Circonscription I. — 20 enfants surveillés : 5 décès, 11 enfants étaient élevés au biberon et 9 au sein; aucun de ces derniers n'a succombé. A ces décès, dit le médecin-inspecteur, « il faut ajouter celui d'un enfant retiré mourant qui est allé mourir à Nancy ».

Le même docteur a le regret de constater que la loi de 1874 n'a pour organe d'exécution que le personnel de l'inspection médicale; il insiste très énergiquement en vue de la simplification des écritures du service.

Circonscription J. — 14 enfants surveillés : pas de décès. 7 nourrissons étaient élevés au sein, 6 au biberon; un enfant était placé en garde.

MEUSE

Crédits successivement votés par le conseil général :

1877	2.000 fr.
1878	3 000
1879	3.000
1880	3.000
1881	3.000
1882	3.000
1883	3.000
1884	800

L'assemblée départementale a supprimé, à la session d'août 1883, le crédit de 2,200 fr., afférent à la rétribution des médecins-inspecteurs.

L'effectif total des enfants ayant figuré en 1883 sur les registres de la Protection est de 534.

La présence de 306 enfants était signalée à la date du 31 décembre 1883.

Ces 306 enfants se répartissaient de la manière suivante :

Au point de vue de l'état civil :

Légitimes	228
Naturels	78
	306

Au point de l'origine :

Nés dans la Meuse	168
Nés dans d'autres départements	138
	306

Le comité départemental a tenu trois séances en 1883 : il a notamment exprimé le vœu que les départements d'origine fussent seuls tenus de concourir aux dépenses occasionnées par la surveillance des nourrissons.

Il existait cinq commissions locales : quatre ont envoyé des rapports; elles déclarent que les enfants sont généralement, de la part de leurs nourrices, l'objet de soins dévoués.

Le conseil général n'a pas alloué d'indemnités de déplacement aux juges de paix pour la vérification des registres de la Protection. L'inspecteur des enfants assistés fait connaître que ces magistrats ont procédé à la vérification dans les communes qui ne sont pas situées à plus de 5 kilomètres du chef-lieu de canton. Le contrôle n'a été, généralement du moins, effectué dans les autres communes que lorsque les juges de paix y ont été appelés par les nécessités du service judiciaire. L'indemnité de déplacement n'est réclamée, on le sait, que pour le travail afférent aux communes éloignées de plus de 5 kilomètres du chef-lieu de canton.

Un grand nombre d'omissions et d'irrégularités ont été relevées dans les registres.

Il existait 74 circonscriptions d'inspection médicale, 13 rapports seulement sont parvenus à la préfecture.

Les observations suivantes ont été empruntées à ces documents :

Circonscription A. — 7 enfants surveillés : 1 décès (athrepsie). Ces 7 enfants étaient, à l'exception d'un seul, élevés au biberon.

Circonscription B. — 17 enfants surveillés, dont 13 légitimes et 4 naturels : pas de décès.

Circonscription C. — Le médecin-inspecteur exprime son regret de ne pas voir soutenir par les subsides départementaux « une institution aussi utile (que le service de la Protection) et qui devait certainement plus tard, avec le concours dévoué de tous, donner les meilleurs résultats ».

Circonscription D. — 15 enfants surveillés : 2 décès. Le médecin-inspecteur estime « qu'ils ont été causés par l'alimentation au biberon ».

Circonscription E. — 40 enfants surveillés, 6 décès (4 par entérite, 1 par broncho-pneumonie, 1 par convulsions).

Le médecin-inspecteur déclare que les 6 enfants qui ont succombé avaient reçu de leurs nourrices les soins nécessaires.

Circonscription F. — 10 enfants surveillés : pas de décès. La loi de 1874, dit le médecin inspecteur, « est bonne et salutaire ; les services qu'elle rend sont manifestes : ils seraient plus grands si elle était mieux connue et si les municipalités étaient plus soucieuses de prêter leur concours à son application ».

Circonscription G. — 3 enfants surveillés : 1 décès (causé par des convulsions).

Circonscription H. — Le médecin inspecteur regrette « l'abolition du service dans la Meuse ; car, d'année en année, on en appréciait mieux les bons résultats ».

Circonscription L. — 6 enfants surveillés : 1 décès (entérite). Les 6 enfants étaient élevés au biberon.

NIÈVRE

Crédits successivement votés par le conseil général :

1877	12.940 fr.
1878	12.940
1879	11.420
1880	12.800
1881	14.000
1882	16.000
1883	30.950
1884	30.950

A la session d'août 1883, le conseil général a voté, après discussion, le crédit proposé par le préfet.

L'effectif total des enfants ayant figuré en 1883 sur les registres de la Protection est de 3,748.

Cet effectif, pour 1882, était de 3,163 : l'augmentation d'une année à l'autre est donc de 579, soit de 18.27 p. 100.

Les 3,748 enfants dont il vient d'être parlé se répartissent de la manière suivante :

Au point de vue de l'origine :

Nés dans la Nièvre	1.728
Nés dans la Seine	1.830
Nés dans d'autres départements	190
	3.748

Au point de vue du mode d'élevage :

Élevés au sein	1.668
Élevés au biberon	1.970
En sevrage ou en garde	110
	3.748

La proportion des enfants élevés au biberon s'accroît d'une manière constante : elle était de 46 p. 100 en 1881 et de 48.95 p. 100 en 1882 ; elle s'est élevée, en 1883, à 52.29 p. 100.

L'effectif présent, à la date du 31 décembre 1883, était de 2,326 enfants, chiffre supérieur de 480 à celui de l'année précédente.

Ces 2,326 enfants se répartissent de la manière suivante :

Au point de vue du sexe :

Garçons	1.179
Filles	1.147
	2.326

Au point de vue de l'état civil :

Légitimes	1.872
Naturels	454
	2.326

La proportion des enfants naturels est donc de 19,51 p. 100 sur l'effectif total.

Indépendamment des 2,326 enfants protégés, il y avait, le 31 décembre 1883, dans la Nièvre, 850 enfants assistés, savoir : 105 enfants assistés de la Nièvre et 745 enfants assistés de la Seine.

Cent soixante-trois commissions locales ont été instituées ; mais l'inspecteur des enfants assistés a acquis la preuve, au cours de ses tournées, que ces commissions ne tiennent presque pas de séances et que leurs membres, à quelques exceptions près, ne visitent pas les enfants.

Treize commissions seulement ont adressé leur rapport de fin d'année ; et il n'en est que trois qui donnent quelques détails sur l'application de la loi : les autres se bornent à déclarer que les nourrices s'acquittent convenablement de leurs devoirs ; 7 maires ont aussi envoyé des lettres dans lesquelles il est dit que les enfants sont généralement bien tenus.

Toutes ces réponses favorables, ainsi que le fait judicieusement observer l'inspecteur des enfants assistés, fournissent la preuve de l'indifférence des magistrats municipaux et des commissions locales à l'égard du service de la Protection infantile.

Il ajoute : « La crainte de se faire des ennemis, la difficulté de trouver des personnes assez indépendantes pour imposer aux nourrices les prescriptions de la loi, la distance des hameaux, souvent éloignés de 5 à 8 kilomètres, le mauvais état des chemins, les occupations de la plupart des membres des commissions, voilà autant d'obstacles au fonctionnement de ces commissions. » L'inspecteur des enfants assistés pense « qu'il faut développer et fortifier la surveillance salariée, indépendante de toutes les considérations qui paralysent l'action des maires et des membres des commissions locales ».

Vingt-quatre juges de paix sur vingt-cinq ont adressé leur rapport annuel : généralement, malgré les irrégularités et des omissions encore très nombreuses, le service des écritures de la Protection est en voie de progrès dans les mairies.

Un juge de paix s'exprime toutefois ainsi : « Le résultat de cette vérification est peu satisfaisant. Un grand nombre de parents et de nourrices négligent, le plus souvent par ignorance, mais souvent aussi par mauvaise volonté ou insouciance, de se conformer aux dispositions de la loi et à celles du règlement d'administration publique.

« Dans beaucoup de communes, des déclarations qui semblent régulières ont été faites après l'expiration des délais légaux.

« Beaucoup de maires, voulant régulariser des déclarations tardives, croient devoir les antidater et leur assigner, sur le registre, une date qui n'est pas leur date réelle.

« Je crois qu'il serait bon de faire un exemple en poursuivant rigoureusement les parents et les nourrices contre lesquels des infractions sérieuses ont été relevées. »

Prévenu que dans plusieurs communes des enfants étaient placés en nourrice, en sevrage ou en garde sans aucune déclaration soit des parents, soit de la nourrice, un juge de paix a invité les maires à exercer la surveillance la plus active à cet égard et à lui signaler de suite les contraventions.

Les secrétaires de mairie, lit-on dans un rapport de vérification, sont obligés, « la plupart du temps, de découvrir eux-mêmes les personnes qui mettent leur enfant en nourrice et les nourrices ; leur zèle étant désormais stimulé par la rémunération et par la visite annuelle des juges de paix, la loi sera mieux observée. Cette visite sera commentée par les habitants des communes rurales ; ils s'en demanderont la cause et se conformeront plus volontiers à la règle : il faut attendre de cette visite les meilleurs effets ».

« Après avoir vérifié les registres et en quittant le maire, dit un autre juge de paix, nous avons pu constater qu'une nourrice avait pris un enfant et n'avait fait aucune déclaration. Nous l'avons invitée à remplir cette formalité, ce qu'elle s'est empressée de faire. »

Un magistrat met en lumière les avantages que présente la vérification sur place des registres de la Protection : « Elle permet au juge de paix de donner aux secrétaires de mairie des explications techniques et complètes qui ne sauraient trouver place dans une correspondance, de bien leur exposer le mécanisme des registres, de leur faire comprendre l'importance et l'objet de chaque renseignement exigé... La vérification sur place a encore l'avantage de permettre au juge de paix de s'assurer de la manière dont MM. les maires remplissent la mission de surveillance qui leur est confiée par la loi et de les rappeler de vive voix à l'accomplissement des devoirs que leur impose cette mission. A ce propos, il faut bien le reconnaître, MM. les maires, sauf quelques rares exceptions, s'occupent peu ou ne s'occupent pas des enfants en nourrice. »

Un juge de paix termine son rapport, en déclarant que « parents et nourrices, par cupidité ou ignorance, n'observent la loi que comme contraints et forcés, quand ils l'observent ; que les maires, peu soucieux de contraindre leurs concitoyens, laissent faire et que Paris donne le mauvais exemple. Le mécanisme de la loi étant tel qu'elle ne peut fonctionner avec efficacité dans chaque commune qu'à la condition d'être scrupuleusement exécutée, partout, il est temps, à mon sens, de recourir à l'*ultima ratio* et d'affirmer l'existence de la loi par la poursuite de tous les contrevenants devant les tribunaux de répression ».

Un rapport de MM. les procureurs de la République de la Nièvre fait remarquer d'autre part « que la loi de 1874 n'est pas lettre morte dans son arrondissement, et que plusieurs poursuites ont eu lieu chaque année pour en assurer l'exécution...

« Toutes les fois qu'un de MM. les médecins-inspecteurs me transmet un procès-verbal, j'instruis l'affaire et je lui donne telle suite que de droit. Mais c'est surtout par des remontrances et une surveillance incessante que MM. les juges de paix doivent s'efforcer de faire pénétrer cette loi dans les mœurs ».

L'honorable magistrat demande également, et avec beaucoup de raison, l'affichage permanent de la loi dans toutes les communes : cette publicité permanente est prescrite, on le sait, par les instructions ministérielles et notamment par la circulaire du 19 juillet 1884.

Il existe dans la Nièvre 35 circonscriptions d'inspection médicale : la préfecture a reçu 8,017 bulletins de visite, se rapportant à un effectif moyen permanent de 2,040 enfants protégés. Malgré l'étendue des circonscriptions et les difficultés de communication avec les hameaux, M. l'inspecteur des enfants assistés espère, pour 1884, une augmentation sensible du nombre des visites.

Trente médecins inspecteurs ont adressé leur rapport de fin d'année.

Un inspecteur exprime l'opinion que la loi Roussel, s'il en juge « par ce qu'il voit, doit sauver la vie à des milliers d'enfants sur le territoire de la République ». Il se plaint toutefois de l'irrégularité des déclarations et constate que le médecin « doit aller à la découverte de ses protégés ».

« Dans l'immense majorité des cas, dit également un autre inspecteur, nous ne sommes pas avisés par les mairies du placement des nourrissons. »

Le même médecin cite l'exemple de deux enfants qu'un changement de nourrice a sauvés ; il termine son rapport en observant que « les enfants placés chez leurs grand'mères ou leurs tantes sont, en général, dans de plus mauvaises conditions que les autres enfants du premier âge placés chez les étrangers ».

Bien loin d'avoir, comme son confrère, à se plaindre du défaut des notifications règlementaires, un autre inspecteur fait connaître « que les avis de placement lui sont envoyés avec régularité ». Il ajoute : « Maintenant, presque toutes les nourrices viennent faire leurs déclarations à la mairie ; c'est un grand progrès sur l'année dernière, et que je n'osais guère espérer ».

Tout en regrettant l'absence de commissions locales, l'irrégularité des notifications, la rareté des carnets et certificats chez les nourrices, un médecin dit avoir apprécié « en mainte circonstance l'utilité de l'inspection, l'influence morale qu'elle exerce, et ses résultats favorables à la santé des enfants ».

Un médecin déclare n'avoir jamais reçu des maires un avis de placement ou de retrait d'un nourrisson.

Un autre inspecteur déclare que, dans sa circonscription, les secrétaires de mairie, à l'exception d'un seul, sont loin de prêter à l'œuvre de la Protection un concours suffisant. Le même docteur mentionne ce fait curieux que « les parents aiment mieux placer leurs enfants dans un centre usinier, chez des ouvriers, qu'en pleine campagne. Cela tient peut-être à ce que les femmes d'ouvriers ont moins d'occupations extérieures et peuvent soigner plus assidûment les nourrissons qui leur sont confiés, et aussi à ce qu'elles acceptent plus volontiers cette charge ».

« Les secrétaires de mairie, lit-on dans un rapport, sont plus au courant des formalités à remplir; et la gratification qui leur a été accordée par le conseil général, a été pour eux un stimulant énergique. Tous, à peu d'exceptions près, ont pris leur rôle au sérieux. .; les parents eux-mêmes commencent à comprendre que la loi n'a pas été faite contre eux, mais pour la protection de leurs enfants ».

L'auteur de ce rapport voudrait voir étendre les attributions du médecin-inspecteur : « S'il arrive à celui-ci de constater quelques infractions à la loi, il est obligé d'en référer à l'administration, qui poursuit ou ne poursuit pas, ce qui est la règle. L'autorité morale du médecin-inspecteur est diminuée, et les remontrances ou les menaces qu'il peut faire n'ont plus aucune influence ».

L'honorable docteur demande :

« 1° Que le médecin-inspecteur soit assermenté et puisse, sans en référer à l'administration, dresser un procès-verbal ;

« 2° Que le mot « parents » soit pris dans le sens le plus strict ;

« 3° Que le terme « moyennant salaire » soit supprimé de l'article 1er de la loi ».

Un médecin-inspecteur observe « qu'en général les déclarations ont été faites avec beaucoup plus d'exactitude que les années précédentes; cela me paraît tenir aux quelques amendes infligées aux récalcitrants » D'autre part, l'omission des avis de retrait rend l'inspection fort pénible : « on fait souvent plusieurs kilomètres pour voir un enfant qui, depuis longtemps, est rendu à ses parents ».

Il résulte d'un rapport que « par suite du changement d'un secrétaire de mairie, le nombre des enfants inscrits a presque doublé ».

Le même document fait connaître que la difficulté des communications et la nature du climat « ont établi, depuis de longues années, dans le Morvan, la coutume de ne procéder aux vaccinations que dans les mois de mai, juin et juillet ».

« Les déclarations de placement, dit un médecin-inspecteur, se font en général dans le délai réglementaire; il n'en est malheureusement pas de même pour les avis de retrait. Les nourrices négligent le plus souvent d'avertir les maires... Je crois qu'il sera indispensable de faire quelque exemple pour obtenir satisfaction ».

Le même docteur signale comme fort répandue dans sa circonscription une erreur très singulière « qui consiste à croire que la loi de Protection du premier âge ne s'applique qu'aux garçons. Il en résulte que presque toutes les filles sont mises au biberon ou ne sont pas déclarées ».

D'après un médecin-inspecteur, « la loi Roussel a été appliquée partiellement ; et la situation des enfants a été améliorée. Elle le serait bien

davantage, si l'on stimulait le zèle des commissions locales et si l'on obtenait leur fonctionnement régulier ».

Un inspecteur regrette d'avoir à constater que, « comme les années précédentes, la loi n'est appliquée que dans une partie du canton ; dans l'autre, elle est lettre morte, par suite de l'indifférence ou de l'ignorance des autorités locales ».

Vingt-quatre enfants ont été, sur l'initiative des médecins-inspecteurs, changés de nourrice pour insuffisance de soins ou inaptitude des nourrices.

NORD

Crédits successivement votés par le conseil général :

1877	10 000 fr.
1878	20 000
1879	20 000
1880	30 000
1881	30 000
1882	34 000
1883	53.500
1884	60 075

Le crédit de 60,075 fr. proposé par le préfet, à la session d'août 1883, a été voté sans discussion par le conseil général.

Au 31 décembre 1882, les enfants restant inscrits sur les registres de la Protection étaient au nombre de.... .... 2 315

Le nombre des enfants placés en nourrice, en sevrage ou en garde, au cours de l'année 1883, a été de................... 3 628

L'effectif total des enfants ayant figuré sur les registres de la Protection en 1883 est donc de...................... 5.943

Les 3,628 enfants admis en 1883 dans le service de surveillance se répartissent en 2,129 enfants légitimes et 1,499 enfants naturels.

L'effectif total des enfants ayant figuré en 1883 sur les registres de la Protection dépasse de 739 le chiffre de 1882.

L'effectif présent à la date du 31 décembre 1883 était de 2,341.

Ces 2,341 enfants se répartissent ainsi qu'il suit, d'après le mode de placement :

Placés en nourrice	1.554
Placés en sevrage	35
Placés en garde	752
	2.341

Parmi les 3,628 enfants admis, en 1883, dans le service de surveillance, 345 seulement étaient originaires d'autres départements que le Nord, et, sur ces 345 enfants, 283 appartenaient à la Seine.

Le comité départemental s'est occupé avec dévouement de l'œuvre de la Protection.

Suivant le vœu du comité, l'administration a fait imprimer, sous forme d'un tableau en gros caractères, les conseils de l'Académie de médecine aux mères et nourrices : un exemplaire de ce tableau sera transmis à toutes les nourrices, sevreuses et gardeuses du département.

Après avoir remarqué que, « malheureusement, les commissions locales ne fonctionnent pas dans la plupart des communes où elles ont été instituées », le comité départemental a mis à l'étude la recherche des moyens qui permettraient d'organiser dans le Nord une société protectrice de l'enfance.

Le nombre des commissions locales est de 192; il présente une augmentation de 10 sur le chiffre de l'année 1882.

Plus des deux tiers de ces commissions n'ont pas adressé de rapport annuel et, parmi les 62 qui ont transmis ce document, il n'en est que 12 qui se soient réunies plus d'une fois dans le courant de l'année.

Six de ces commissions se sont particulièrement distinguées par leur concours.

L'inspecteur départemental ne croit pas d'ailleurs que les 130 commissions qui n'ont adressé aucun rapport soient restées inactives : il estime « qu'un grand nombre d'entre elles ont fonctionné et rendu de fréquentes visites aux nourrissons placés sous leur surveillance. »

Les maires des communes où n'existe pas une commission locale en remplissent les fonctions (110 rapports). Ces magistrats ont montré moins d'empressement que par le passé à transmettre le rapport de fin d'année : 262 rapports seulement sont parvenus et plus de la moitié de ces documents (139) sont négatifs.

Quatre maires font l'éloge de nourrices dévouées à qui l'on avait confié des enfants dans un état alarmant et qui ont été sauvés grâce aux soins particulièrement dévoués dont ils ont été l'objet.

Un maire expose qu'une commission locale existe dans sa commune, mais ne fonctionne pas; il exprime l'avis qu'il doit en être de même « un peu partout » et fait la remarque suivante :

« Les membres de ces commissions sont généralement membres du conseil municipal; et si l'on ajoutait aux réunions mensuelles celles de la commission scolaire, qui sont aussi mensuelles, celles du conseil municipal et celles du bureau de bienfaisance, bientôt tout ce personnel, au lieu de se livrer aux travaux urgents de la campagne, se verrait obligé d'élire domicile à la mairie. »

D'autre part, MM. les maires de Lille et de Wattignies rendent hommage à l'empressement que les commissions locales de ces villes mettent à remplir leur mandat. M. le maire de Lille ne saurait trop louer les dames du comité « du zèle que toutes ont montré dans l'accomplissement de leurs délicates fonctions. » Il ajoute qu'il n'est pas rare de rencontrer chez des nourrices « des dévouements poussés jusqu'au sacrifice; certaines d'entre elles, bien que chargées de famille, pauvres elles-mêmes, n'hésitent pas à conserver des enfants pour lesquels elles ne reçoivent aucune rémunération et refusent de s'en séparer, si les parents viennent à mourir ou à les abandonner. »

Le même magistrat expose que, « comme l'année dernière, le conseil municipal de Lille a voté un subside de 1,500 francs. Cette somme a été employée à l'achat de vêtements et d'objets indispensables pour la première enfance. La distribution en a été faite par les soins du comité aux enfants pauvres. Des médicaments ont été également fournis gratuitement dans les dispensaires du bureau de bienfaisance et payés sur les frais alloués par le conseil. »

Tous les juges de paix ont adressé leur rapport sur la vérification des registres de la Protection.

Dans 49 cantons, sur 61, la tenue des écritures est généralement satisfaisante.

Des irrégularités ou des omissions ont été notamment relevées dans 15 communes; la tenue des registres n'était pas comprise dans trois localités.

L'un des juges de paix signale une omission assez fréquente, celle de l'autorisation donnée à la nourrice d'élever au sein deux enfants en même temps.

Il est une commune où les registres n'ont pas été présentés au magistrat.

4,656 déclarations ont été constatées par les juges de paix.

Il existe dans le Nord 207 circonscriptions d'inspection médicale, confiées à 193 médecins-inspecteurs : il a été transmis 100 rapports.

Un grand nombre de médecins-inspecteurs s'accordent à reconnaître l'amélioration apportée dans les soins donnés aux nourrissons, grâce au développement du service de la Protection légale.

On trouvera ci-après des extraits de 28 rapports d'inspection médicale.

Les circonscriptions sont désignées par des lettres, de manière à fournir un point de repère au lecteur.

Circonscription A. — Le médecin-inspecteur signale « la tendance fâcheuse qu'ont, en général, les pharmaciens à délivrer, pour les nouveaux-nés, des capsules de pavot et autres médicaments sans ordonnance de médecin. A la décoction de pavots, on peut joindre le sirop de Lamouroux, qui contient de fortes doses d'opium et que des parents ignorants font prendre à de très jeunes enfants.

« Le lait est toujours de médiocre qualité, ce qui explique la fréquence de la gastro-entérite chez nos intéressants petits malades. Il arrive aussi souvent que je retrouve dans le carnet des ordonnances prescrites antérieurement et qui n'ont pas été exécutées. A mes interrogations, la gardense répond invariablement que les parents trouvent que les médicaments coûtent trop cher »

Circonscription B. — « Dans le voisinage de nos villes manufacturières, on trouve peu de femmes pour allaiter. La plupart perdent leur lait après deux ou trois mois. J'en attribue la cause à une nourriture insuffisante ou de médiocre qualité. En général, les femmes se contentent de légumes, de pain et de lait battu.

La mortalité a été très forte dans ma circonscription. A ***, sur 35 enfants surveillés, 8 ont succombé. A ***, dans un effectif de 25 enfants, il s'est produit 7 décès. »

Circonscription C. — 70 enfants surveillés : 8 décès. « La plupart des enfants qui ont succombé n'avaient été placés en nourrice qu'en dernière ressource, *in extremis*... J'ai moins souvent sous les yeux cet affligeant spectacle de l'athrepsie dont le regretté Parrot a tracé un tableau si saisissant. Les nourrices commencent à mieux entendre le régime alimentaire du petit enfant. Que de fois, au début de mon inspection, quand je m'informais du genre de nourriture d'un enfant de quelques mois, atteint d'une diarrhée chronique, n'ai-je pas reçu cette réponse, que l'on croyait victorieuse : « Il mange de tout comme nous ! »

Circonscription D. — 15 enfants surveillés : 1 décès.

Circonscription E. — Une nourrice se refusait à faire à la mairie la déclaration réglementaire et à se pourvoir du carnet. Le médecin-inspecteur porta plainte au commissaire de police, et la contrevenante fut condamnée à 15 fr. d'amende. « Cette punition, dit le médecin-inspecteur, a eu un effet magique sur les autres nourrices, qui, à la moindre réclamation, vont chercher leur carnet. »

Circonscription F. — 136 enfants surveillés ; 19 décès. Le médecin-inspecteur signale une lacune qui lui paraît exister dans la loi : « Elle exige un certificat constatant l'état de la santé de la nourrice et reste muette au sujet de l'enfant. Est-ce que la sécurité de l'une ne devrait pas être sauvegardée au même titre que celle de l'autre ? Pour que cela existât, il faudrait que la mère de l'enfant refît elle-même un certificat constatant qu'il n'a aucune maladie contagieuse. »

Circonscription G. — 25 enfants surveillés : 4 décès.

Circonscription H. — 47 enfants surveillés : 7 décès. Le médecin-inspecteur déclare que beaucoup de nourrices « ont été remarquables par leur zèle et leur soumission à ses observations. »

Circonscription I. — 74 enfants surveillés : 6 décès. Le médecin-inspecteur signale les funestes conséquences qu'entraîne pour les nourrissons la mauvaise qualité du lait vendu au public.

« Le lait vendu dans la ville de X... et servant à l'alimentation des enfants n'est plus nutritif ; lorsque le vendeur affirme qu'il n'est pas falsifié et qu'il a son poids, il peut avoir raison ; mais ce lait est écrémé, les deux tiers de sa valeur nutritive sont enlevés. L'impunité dont ces marchands bénéficient est véritablement un fléau public.

« Le tribunal correctionnel de *** a condamné pour tromperie sur la qualité et la quantité du lait vendu :

En 1873................	80 marchands.
En 1874................	36 —
En 1875................	100 —
En 1876................	43 —
En 1877................	37 —

« Le public ne se doute pas que la falsification soit si générale, parce que pour l'adulte le lait n'est qu'un appoint.

« Le producteur, avant tout intermédiaire, sépare la crème du lait qu'il livre au ramasseur.

Il s'y prend de plusieurs façons, suivant le degré d'instruction et d'expérience qu'il a pu acquérir. Le vieux système consiste à placer dans une cavelaiterie une certaine quantité de terrines très évasées, peu profondes, de la contenance de 4 ou 5 litres. La traite du matin séjourne quelques heures dans ces terrines ; la montée des globules gras est activée par un courant d'air frais et par le refroidissement. Pour accélérer le mouvement ascendant de la crème (double profit et premier ondoiement), le fermier ajoute de l'eau.

« Dans les grandes exploitations, l'écrémage se fait dans de vastes réservoirs munis de serpentins avec système d'irrigation. Après le soutirage, le liquide passe chez le remasseur : celui-ci n'a ni le temps ni l'outillage nécessaire pour trafiquer de la crème ; il se contente d'ajouter à ce lait, déjà faible, une deuxième portion d'eau qui remplace la crème absente. En été, la fermentation s'opère vite ; pour y obvier, le ramasseur, s'il vend en détail, ajoute à son lait une poignée de bicarbonate de soude au hasard. Cette addition de sel alcalin et cette soustraction de crème font du lait un breuvage bleu, fade, non nuisible pour les grandes personnes, mais éminemment nuisible aux nourrissons..... La réputation du lait est faite ; c'est pourquoi la bouillie et la panade sont tant employées dans notre contrée. »

Le médecin-inspecteur conclut à la nécessité : « 1° de surveiller, sans relâche le lait qui entre en ville ; 2° de faire délivrer dans tous les dispensaires des bureaux de bienfaisance un litre de lait pur, non écrémé, pour chaque enfant pauvre, non allaité et âgé de moins de deux ans. »

Circonscription J. — 237 enfants surveillés : 23 décès.

Le médecin-inspecteur signale, dans cette circonscription, quelques logements « comme impropres à recevoir des enfants à élever. »

Circonscription K. — 142 enfants surveillés : 11 décès.

Circonscription L. — 52 enfants surveillés : 8 décès.

Le médecin-inspecteur constate que le nourrisson malade manque souvent des soins médicaux et des médicaments nécessaires. La cause en est que la nourrice, qui souvent n'a pas encore reçu le payement du mois précédent, hésite à appeler le médecin et à faire l'avance des frais de médicaments. « Nous estimons qu'il faut assurer à la nourrice la gratuité, pour l'enfant, des soins médicaux et des médicaments. Il faut la mettre hors de cause.

« Le pharmacien inscrira les médicaments délivrés au compte du nourrisson. Tous les semestres ou à chaque retrait d'enfant, il enverra son mémoire au maire, qui le fera parvenir aux parents de l'enfant. Si ces derniers sont reconnus insolvables, que le bureau de bienfaisance solde cette dette : il n'aura jamais mieux utilisé les ressources qui lui sont confiées. Le médecin présentera la note de ses honoraires dans les mêmes conditions ; en cas d'insolvabilité de la famille, il pourra avoir son recours contre le bureau de bienfaisance ; mais le plus souvent il se contentera, comme il arrive fréquemment, d'avoir fait son devoir. »

Circonscription M. — 65 enfants surveillés : 12 décès. « ~ur les douze cas qui ont amené la mort, il n'y en a que quatre dans lesquels les secours médicaux pouvaient avoir quelque action » Cinq enfants ont été renvoyés par les nourrices aux parents, faute de payement.

Circonscription N. — 76 enfants surveillés : 7 décès.

Circonscription O. — 59 enfants surveillés : 6 décès.

La qualité des nourrices, dit le médecin inspecteur, « s'est sensiblement améliorée ; et si nous n'obtenons pas encore satisfaction complète, nous trouvons au moins un peu de bonne volonté et un peu plus de propreté. » Le même docteur se joint à beaucoup de ses confrères pour demander « que les enfants placés en nourrice et en garde chez leurs grands parents soient soumis à l'inspection médicale. »

Circonscription P. — 35 enfants surveillés ; 4 décès.

Circonscription Q. — Le médecin-inspecteur émet le vœu :

« 1° Q 'un bulletin de visite soit adressé aux parents par le médecin-inspecteur au moins une fois par mois ;

« 2° Que l'inspection médicale s'étende aux salles d'asile, crèches, etc., où se propagent quelquefois avec rapidité des affections contagieuses. »

Circonscription R. — 112 enfants surveillés : 8 décès. Le médecin-inspecteur « croit pouvoir attribuer cette faible mortalité à la guerre qu'il a faite au biberon et à quelques déplacements opérés assez tôt pour sauvegarder la vie de certains nourrissons en mauvais état. Ces déplacements, toutefois, ne se font pas sans difficultés. L'enfant qui souffre est le plus souvent élevé au biberon ; et, l'élevage au biberon étant moins rétribué que l'allaitement au sein. on trouve difficilement des nourrices qui veuillent se charger du petit malade, les parents se refusant le plus souvent à une légère augmentation de salaire ».

Aux yeux du même docteur, « les bureaux de placement devraient être rendus responsables du payement des salaires, sauf, de leur côté, à prendre vis-à-vis des parents telles mesures de garantie qu'ils jugeraient nécessaires ».

Circonscription S. — 59 enfants surveillés ; 9 décès.

Circonscription T. — Le médecin-inspecteur déclare que les dames qui font partie des commissions locales visitent souvent les nourrissons.

Circonscription U. — 76 enfants surveillés : 11 décès On lit dans un rapport : « L'alimentation au biberon est certainement une chose mauvaise ; mais bien plus mauvais encore était le système suivi antérieurement et disparu depuis la création du service, qui consistait à bourrer les enfants avec ce mélange de café, de chicorée et de pain, cause principale de la grande mortalité des enfants. »

Circonscription V. — « Le nombre d'enfants signalés a diminué beaucoup pendant le second semestre de 1883. Cela tient à l'indifférence des parents et au défaut de poursuites contre ceux qui négligent de faire les déclarations exigées par la loi de 1874. »

Circonscription X. — 56 enfants surveillés ; 8 décès.

51 enfants étaient élevés au biberon et 4 seulement au sein.

Un nourrisson était soumis à l'alimentation mixte.

Circonscription Y. — Le médecin-inspecteur croit devoir insister sur les difficultés qu'offre le retrait d'office des nourrissons. « Tant que n'existeront pas des crèches, des établissements cantonaux prêts à recevoir les enfants pauvres après leur retrait d'office, des cas nombreux se présenteront où la commission locale restera impuissante, faute de bonnes nourrices ».

Circonscription Z. — « Il m'arrive fréquemment d'examiner le lait des enfants élevés au biberon Il importe que l'administration surveille activement la vente d'un produit que des marchands plus ou moins scrupuleux sophistiquent en toute sécurité. »

Circonscription A'. — Le médecin-inspecteur voudrait voir intéresser au service de la Protection les gardes champêtres « qui peuvent plus facilement que personne découvrir et signaler les enfants placés sans déclaration. »

Circonscription B'. — 43 enfants surveillés ; 6 décès.

Une épidémie de rougeole et de coqueluche a régné dans la circonscription pendant plusieurs mois et a fait de nombreuses victimes. Le médecin-inspecteur se plaint « de l'extrême facilité avec laquelle les maires délivrent les certificats qui leur sont demandés, sans s'enquérir des moyens d'existence de la nourrice, de sa moralité et de ses habitudes ; et cependant leur certificat a une importance considérable. En agissant ainsi, ils habituent les nourrices à considérer la demande et l'obtention des certificats comme une vaine formalité, alors qu'elle est au contraire, en même temps qu'une garantie pour les parents, une sorte de brevet d'honorabilité pour la nourrice. »

Circonscriptions C'. — Le médecin-inspecteur constate que, dans sa circonscription, « les habitations des ouvriers (et c'est là que sont placés les enfants) sont d'une architecture vicieuse. Il n'y a assez souvent pas de portes de derrière, et l'aération se fait très difficilement. J'y fais suppléer par des nettoyages fréquents et par le blanchiment des murs à la chaux plusieurs fois répété dans l'année. »

En 1883, un seul médecin-inspecteur s'est vu retirer la confiance de l'administration.

Les fonctionnaires de l'inspection des enfants assistés se sont rendus, pendant la même année, dans les 164 communes pour y favoriser le développement du service de Protection : ils ont visité 438 enfants.

Ils ont relevé un certain nombre d'irrégularités dans les registres et ont adressé aux secrétaires de mairie des recommandations détaillées.

Ils ont été à même de constater que, « dans certaines circonscriptions, il faut un véritable dévouement de la part du médecin-inspecteur, qui a souvent de grandes distances à parcourir. »

OISE

Crédits successivement votés par le conseil général :

1877............................	5.000 fr.
1878............................	5 000
1879............................	6.000
1880............................	12.000
1881............................	12 000
1882............................	12 000
1883............................	12.000
1884............................	12.000

Les états nominatifs transmis à la préfecture font ressortir, pour 1883, un effectif total de 1,818 enfants ayant droit à la Protection légale : le chiffre constaté pour 1882 n'était que de 1,247. — L'augmentation, d'une année à l'autre, est donc de 45,79 p. 100. Sur les 701 communes de l'Oise, 268, soit 38,23 p. 100, ont adressé en 1883 des états négatifs, soit qu'aucun enfant n'ait été placé en nourrice dans ces localités, soit, ce qui est bien plus probable, que la mention « néant » dénote seulement l'absence de toute organisation d'u service L'inspecteur des enfants assistés exprime l'avis que l'effectif de dix-huit cents nourrissons « sera doublé quand les prescriptions de la loi Roussel seront scrupuleusement suivies ».

Les 1,818 enfants susvisés se répartissent ainsi :

1° Au point de vue du sexe :

Garçons................................	928
Filles..................................	890
	1.818

2° Au point de vue de l'état civil :

Légitimes..............................	1.471
Naturels...............................	347
	1.818

3° Au point de vue de l'origine :

Nés dans le département de l'Oise.......	680
Nés dans le département de la Seine....	1.018
Nés dans d'autres départements........	120
	1.818

Une seule commission locale fonctionne dans le département.

Les registres de la Protection ont été généralement tenus, en 1883, d'une manière moins défectueuse que pendant l'année précédente ; mais dans beaucoup de communes encore, où il est notoire que des enfants ont été placés en 1883, les registres ne contiennent aucune mention afférente à cette année.

L'inspecteur des enfants assistés se fait un devoir de déclarer que plusieurs juges de paix ne se sont pas contentés de vérifier les écritures ; « pénétrés de l'importance de la loi et désireux de concourir à son exécution, ils ont accompli leur mission avec le zèle le plus digne d'éloges, stimulant les autorités locales, les secrétaires de mairie et poussant à la recherche des nourrissons ».

1,192 enfants ont bénéficié, en 1883, de l'inspection médicale ; 626 enfants, plus du tiers de l'effectif sus-visé de 1,818, ont été privés de cette surveillance : le service, on doit le dire, n'a commencé à fonctionner régulièrement qu'à une époque assez avancée de l'année. 121 décès, se rapportant aux 1,192 enfants surveillés, ont été notifiés à la préfecture

Il existe dans l'Oise 132 circonscriptions d'inspection médicale : 74 médecins-inspecteurs ont transmis leur rapport de fin d'année ; 5 se sont bornés à faire parvenir quelques bulletins de visite ; 53 n'ont adressé ni rapport ni bulletins.

Circonscription A. — Le médecin-inspecteur signale une habitation « dont l'ouverture est au nord sur un cloaque , et dont l'élévation ne permet pas à un homme de taille moyenne de se tenir debout sans rencontrer la poutre médiane ou de passer, sans se courber, sous les portes mal fermées , du reste, et laissant le nourrisson exposé à toutes les intempéries ... Cet enfant aurait certainement dû être retiré s'il n'était pas celui d'une fille qui est placée comme vachère chez un fermier et qui n'avait pas le moyen de payer une nourrice autre pour sa mère ». (Il était en nourrice chez son aïeule.)

Circonscription B. — Enfants surveillés, 34 ; 3 décès.

Circonscription C. — Enfants surveillés, 14 ; 2 décès.

Circonscription D. — Enfants surveillés, 17 ; 1 décès.

Le retrait d'office d'un nourrisson a été provoqué par le médecin-inspecteur.

Circonscription E. — Enfants surveillés, 28 ; 2 décès. Aux termes du rapport, on n'a que peu de reproches à faire aux nourrices. Le plus sérieux qu'on puisse formuler, et qui s'applique à toutes, est de laisser le biberon en permanence à la disposition des enfants jour et nuit, malgré toutes les observations ; mais les nourrices ont bien moins de tendance à donner des aliments farineux. Le lait, et il est bon de nos côtés, est la base de l'alimentation.

Circonscription F. — Enfants surveillés, 9 ; pas de décès. On trouve dans le rapport du médecin-inspecteur une appréciation différente de celle qui vient d'être reproduite : « En général, les nourrices remplissent leur devoir avec dévouement, sinon avec intelligence. Il est difficile de les empêcher de contrevenir aux règles hygiéniques de l'alimentation, qui est souvent outrée , mal réglée et composée trop tôt de potages. »

Circonscription G. — Enfants surveillés, 23 ; 3 décès. »

Les nourrices, dit le médecin - inspecteur, « prennent beaucoup plus soin des enfants depuis qu'elles se sentent surveillées. Les soins de propreté surtout, antérieurement fort négligés, sont mieux observés. Les enfants ne sont plus, comme avant, abandonnés à eux-mêmes pendant de longues heures ». Le passage suivant, extrait du même rapport, prouve qu'il ne s'agit encore que d'une propreté toute relative : « On fait des lavages de linge sale d'enfants dans les pièces mêmes où ceux-ci dorment ; les portes sont fermées à cause du froid, et souvent les poêles surchauffés dans de petites pièces, en hiver, contribuent à rendre l'air irrespirable. »

Circonscription H. — 18 enfants surveillés : 2 décès.

Le médecin-inspecteur signale le danger du biberon muni d'un long tube de caoutchouc, « mettant à la portée de l'enfant une trop grande quantité de lait qui devient rapidement de mauvaise qualité. ».

Circonscription I. — 19 enfants surveillés ; 2 décès.

Les deux enfants décédés étaient des jumeaux ; ils sont morts tous les deux d'entérite.

Circonscription J. — 26 enfants surveillés ; 4 décès.

Il est certain, dit l'inspecteur, » que la surveillance médicale a fait contracter à certaines nourrices des habitudes de propreté qu'elles n'avaient pas auparavant ». Le même médecin se plaint de n'être pas avisé, en temps utile, du placement des enfants. « Un certain nombre de nourrices ont échappé à l'inspection et n'avaient plus leur enfant lorsque je reçus leur nom. — C'est par des recherches, des questions adressées aux habitants, des informations réitérées, que j'ai pu être renseigné. »

Circonscriptions K. — 37 enfants surveillés ; 4 décès. Le médecin-inspecteur regrette l'absence de garde-feu dans presque toutes les habitations. « Le seul système de chauffage usité est celui des poêles en fonte dans lesquels on brûle de la houille, et la chaleur est plutôt trop grande. » On lit dans le même rapport : « La plupart des enfants venant de Paris sont délicats ; j'ai remarqué que ceux qui avaient été conservés à Paris quelques semaines avant leur placement étaient plus sujets à devenir malades, surtout ceux élevés au biberon. »

Circonscription L. — 12 enfants surveillés : pas de décès. Un certain nombre de nourrices, dit le médecin-inspecteur, « ont la mauvaise habitude de renfermer le lit de leurs nourrissons dans des alcôves ou de leur mesurer trop l'air sous les épais rideaux de leurs berceaux. »

Un autre médecin-inspecteur a constaté « quatre décès sur 8 enfants élevés au sein et tous les quatre chez des nourrices qui étaient censées élever en même temps leur propre enfant au biberon. Il n'est pas douteux pour moi que ces quatre nourrissons, bien tenus en apparence, n'aient eu une nourriture insuffisante ou défectueuse, les nourrices donnant sans scrupule la préférence à leur enfant ».

Circonscription M. — 9 enfants surveillés ; pas de décès.

Le médecin-inspecteur fait connaître « qu'il est le plus souvent averti du placement d'un en-

fant en nourrice par M. le juge de paix, qui s'occupe d'une façon particulièrement dévouée du service de la Protection ».

Circonscription N. — 7 enfants surveillés ; pas de décès. Le médecin-inspecteur déclare que les habitations des nourrices sont généralement salubres ; il fait seulement exception pour un logement « véritable trou de carrières, sans air ni lumière ; néanmoins l'enfant, nourri au sein et chétif au moment de son arrivée, est très bien venu ».

PAS-DE-CALAIS

Crédits successivement votés par le conseil général :

1877..........................	7.320 fr.
1878..........................	6 500
1879..........................	6 900
1880..........................	10.900
1881..........................	16 500
1882..........................	16 999
1883..........................	25 692
1884..........................	25.667

L'effectif des enfants protégés au cours de l'année 1883 a été de 2,092 : à ce chiffre il convient d'ajouter 42 pupilles hospitaliers du Pas-de-Calais et 529 pupilles hospitaliers de la Seine.

Sur les 2,092 enfants protégés, 818 étaient originaires du Pas-de-Calais et 1,173, c'est-à-dire 56 p. 100, de la Seine.

Le relevé des décès a été établi d'après les bulletins des médecins-inspecteurs.

Sur l'effectif total des 2,663 enfants, comprenant 2,092 protégés et 571 pupilles hospitaliers, 324 décès, soit 12,16 p. 100, ont été notifiés.

Sur les 2,092 enfants protégés, 192 décès, soit 9,17 p. 100, ont été notifiés.

Sur les 42 pupilles hospitaliers du Pas-de-Calais, 6 décès, soit 14,28 p 100, ont été notifiés.

Sur les 529 pupilles hospitaliers de la Seine, 126 décès, soit 23,81 p. 100, ont été notifiés.

Ces chiffres, donnés à titre de simple renseignement, doivent être au-dessous de la réalité ; car il est bien difficile qu'un certain nombre de décès n'échappent pas aux médecins-inspecteurs, malgré toute la vigilance de ces derniers.

Le comité départemental a tenu une séance en 1883.

L'inspecteur des enfants assistés reconnaît dans son rapport d'ensemble que « les commissions locales, qui pourraient rendre tant de services si elles fonctionnaient régulièrement, n'existent guère que sur le papier ».

C'est en 1883 que la vérification des registres de la Protection a été, pour la première fois, faite sur place par les juges de paix dans le Pas-de-Calais.

La tenue des registres s'améliore ; mais elle est encore défectueuse dans un grand nombre de communes.

Un juge de paix relève spécialement deux causes d'irrégularités dans son canton : 1° beaucoup d'enfants appartiennent à des parents originaires de la localité où ils sont placés en nourrice ; et alors les formalités ne sont pas remplies par les maires, qui ne s'en préoccupent pas ; 2° les hospices se contentent le plus souvent du certificat médical, pour confier les enfants aux nourrices, de sorte qu'aucune déclaration n'étant faite, les maires n'apprennent que par la rumeur publique et par hasard la présence de cette catégorie de nourrissons dans leurs communes.

Un autre juge de paix demande que les médecins-inspecteurs soient chargés de s'assurer de l'accomplissement des formalités règlementaires qui incombent aux nourrices.

Un rapport fait connaître que « dans plusieurs communes se trouvent des enfants du premier âge qui ne sont pas inscrits sur les registres des mairies, sous prétexte qu'ils sont des enfants assistés de la Seine et qu'ils ont leur inspecteur et leur médecin spécial ». — « J'ai fait remarquer aux maires et aux greffiers, ajoute ce magistrat, qu'ils devaient inscrire indistinctement sur les registres tous les enfants au-dessous de deux ans, sans s'occuper aucunement de leur origine ».

On lit dans un autre rapport : « Les parents, à vrai dire, s'inquiètent fort peu de l'obligation qui leur est imposée d'effectuer les déclarations de placement. Celles-ci ne sont point nombreuses et sont souvent sollicitées par les agents municipaux. L'ignorance de la loi est l'excuse des parents : aussi, pour y remédier, l'administration pourrait, une dernière fois, donner un nouvel avis, puis demander que des poursuites fussent exercées et les condamnations publiées, ce qui produirait un effet salutaire. Depuis bientôt dix ans, la loi de protection est restée à l'état de lettre morte, parce qu'aucune sanction n'a été appliquée. »

Un juge de paix constate que dans la localité la plus importante de l'arrondissement, les déclarations règlementaires ne s'effectuent pas. Il n'y a pas d'enfants inscrits depuis 1882 : et cependant il est de notoriété publique qu'un certain nombre de nourrissons ont été placés dans la commune.

« A plusieurs reprises, dit ce magistrat, des démarches ont été faites au nom du maire auprès des intéressés qui ne se sont pas dérangés. » Le juge de paix fait connaître qu'il a adressé les plus pressantes recommandations au maire et à son secrétaire ; il ajoute : « Ne pourrait-on pas faire agir les gendarmes ? »

Dans une autre commune se trouvait placé en nourrice l'enfant d'un M***, instituteur ; « le maire a averti ce dernier qui n'a pas répondu ».

Un juge de paix cite l'inscription, sur les registres, d'un enfant âgé de sept ans, comme un exemple de l'ignorance de certains secrétaires de mairie à l'égard des dispositions fondamentales de la loi de 1874.

En 1883, le Pas-de-Calais était divisé en 187 circonscriptions médicales, comprenant les 904 communes du département, à l'exception de 20 qui n'avaient pu encore être pourvues d'un médecin-inspecteur, soit à cause de leur éloignement de la résidence du médecin le plus rapproché, soit par suite de non-acceptation des offres faites par l'administration.

En 1882, il y avait eu 11,872 visites d'inspection médicale ; le nombre de ces visites, en 1883, s'est élevé à 13,141 ; d'une année à l'autre, l'augmentation est de 1,269.

Cent trente-trois rapports ont été adressés à la préfecture.

Des médecins-inspecteurs demandent que l'administration intervienne pour assurer le payement du salaire des nourrices.

D'autres praticiens et l'inspecteur des enfants assistés se bornent à exprimer le vœu que les parents soient tenus, préalablement au payement, de consigner une somme représentant un mois de nourrice et les frais de retour de l'enfant, au cas de non-payement du salaire convenu.

Par suite du décès d'un médecin-inspecteur, une circonscription est restée près de six mois dépourvue de titulaire. Le nouvel inspecteur constate « que les nourrices ont cru la loi abrogée et se sont empressées de ne plus faire de déclarations. Actuellement encore, quelques-unes s'y refusent, en prenant soi-disant des enfants à la journée, mais les gardent ainsi des mois. Elles prétendent éluder de cette manière la surveillance médicale ».

Un médecin-inspecteur demande, dans les termes les plus pressants, que le bienfait de la Protection légale soit étendu aux enfants confiés par des filles-mères à des grands-parents. « Les faits, déclare l'honorable docteur, qu'il m'a été donné d'observer trop souvent, justifient pleinement mes craintes au sujet de l'existence précaire de ces petits malheureux. Et dire que la loi qui vise la nourrice mercenaire nous laisse complètement désarmés en face des négligences impardonnables, pour ne pas dire criminelles, d'une autre catégorie d'éleveuses ! »

Un autre médecin expose que, n'ayant reçu des maires aucune déclaration de placement d'enfants en nourrice ou en garde, il n'a fait aucune visite. Il ajoute : « Beaucoup d'enfants, dans ma circonscription, sont placés chez des parents ; et les familles invoquent les raisons de parenté pour éviter les déclarations. Les commissions locales ne sont pas organisées ; et la loi de 1874 n'est, pour ainsi dire, pas encore connue. »

On lit dans un autre rapport : « Dans la circonscription de X..., les enfants du premier âge, à l'exception des enfants assistés de la Seine, sont placés presque tous ou chez des parents ou des amis. Ce n'est pas le besoin de gagner de l'argent qui fait prendre ces enfants, c'est par dévouement, par amitié, que l'on se charge de ces petits êtres : de là des soins plus assidus. Aussi, n'est-il pas étonnant que la mortalité soit moins grande chez les uns que chez les autres ».

Dans une autre circonscription, un enfant que le médecin-inspecteur aurait voulu déplacer pour cause d'insalubrité de l'habitation, « n'a pu l'être parce que la mère ne payait pas exactement les mois de nourrice. Dans cette situation, aucune femme ne l'eût accepté ».

Un médecin-inspecteur a la satisfaction de constater « que plusieurs parents sont venus lui demander des renseignements sur le compte de leurs enfants placés en nourrice ».

Un de ses confrères voudrait « que les nourrices fussent obligées de garder chez elles un tableau explicatif de tous les soins à donner à leurs nourrissons, tels que ces soins sont indiqués par l'Académie de médecine ».

Un rapport signale tout le danger de la situation que crée au nourrisson, particulièrement pendant le temps de la maladie, l'irrégularité dans le payement des mois de nourrice : « l'enfant vient-il à être malade, le mois se paye difficilement. Comment se solderont, à plus forte raison, et les honoraires du médecin et les médicaments fournis par le pharmacien ? De là une abstention ou une non exécution des prescriptions médicales, qui est souverainement préjudiciable à la santé du nourrisson, que l'on ne fait souvent d'ailleurs visiter que quand il est dans un état voisin de la mort ».

Un autre rapport expose, dans le même ordre d'idées, un fait tristement significatif : « Un est mort étiolé dans une maison basse et humide où il ne recevait que des soins insuffisants et mal dirigés d'une nourrice dépourvue d'intelligence Après plusieurs lettres du maire de la commune, qui a bien voulu joindre ses efforts aux miens, la mère de l'enfant est venue se déclarer satisfaite du placement. Elle payait difficilement ; elle était en retard de plusieurs mois : nous avons pensé que là é ait la cause de la singulière conduite de cette femme.

. . . .

« Fussions-nous autorisés à déplacer un enfant malgré sa mère, aucune nourrice n'aurait voulu, avec la perspective de ne pas être rétribuée, se charger d'un nourrisson qui avait besoin de soins spéciaux ».

L'inspecteur des enfants assistés, dans son rapport d'ensemble, exprime notamment le vœu :

« Que les sanctions prévues par la loi et qui, jusqu'ici, n'ont guère été appliquées, le soient désormais ;

« Que les gardes champêtres soient intéressés à l'exécution de la loi de Protection, par l'allocation d'une prime pour chaque enfant non déclaré et signalé par eux ;

« Que le mot « parents », dans l'article 1er de la loi, soit remplacé par les mots : « père et mère ».

PUY-DE-DOME

Crédits successivement votés par le conseil général :

1877	2.000 fr.
1878	2.000
1879	4 000
1880	4 000
1881	5.000
1882	8 000
1883	8 000
1884	8.000

L'effectif total des enfants ayant figuré en 1883, sur les registres de la Protection est de 1,077, comprenant 898 enfants nés dans le Puy-de-Dôme et 179 enfants originaires d'autres départements.

L'effectif présent au 31 décembre 1883 était de 620.

Le comité départemental s'est réuni une fois en 1883.

Le nombre des commissions locales était de 23 au 1er janvier 1883 et de 26 au 31 décembre de la même année.

Ces comités ont déclaré que les enfants étaient généralement l'objet de bons soins : ils ont proposé des récompenses, soit honorifiques, soit pécuniaires, en faveur des nourrices jugées les plus méritantes.

Les observations et renseignements qui suivent sont empruntés aux rapports des juges de paix sur la vérification des registres.

Canton de A. — Les registres, dit le juge de paix, « continuent à être bien tenus ; malheureusement, en dehors de ce travail matériel, il ressort de leur vérification que la loi de 1874 et le règlement tombent dans l'oubli le plus complet. Il serait donc urgent et de toute nécessité de rappeler les intéressés à leur observation par des publications, de nombreuses affiches et par tous les autres moyens dont l'administration peut disposer... Dans la crainte, nullement fondée, de voir la dépense inscrite d'office à leur maigre budget, les communes rurales ne veulent pas se munir des carnets destinés aux nourrices. »

Canton de B. — Aucun enfant n'a été inscrit sur les registres en 1883.

Canton de C. — Le juge de paix termine son rapport en ces termes : « .. Vu le petit nombre des déclarations et inscriptions, je suis porté à croire que la loi du 23 décembre 1874 est loin de recevoir son exécution. »

Canton de D. — « La commune de X... n'a pas de registres ; le maire déclare que dans cette localité il n'y a pas de nourrissons. »

Canton de E. — Dans toutes les communes de ce canton, les registres ont été trouvés en blanc.

Canton de F. — Nous croyons devoir ajouter, dit le juge de paix, « que dans notre canton il est placé fort peu d'enfants en nourrice, en sevrage ou en garde, et que c'est à cela qu'il faut attribuer sans doute l'absence de déclarations dans bon nombre de communes. »

Canton de G. — Le juge de paix déclare avoir vérifié avec soin les registres « et avoir constaté la parfaite régularité apportée dans leur tenue par MM. les maires. »

Canton de H. — « Les registres sont généralement bien tenus, mais je crois qu'il existe encore bien des nourrices et des parents qui négligent de faire les déclarations que la loi de 1874 leur impose..... Ce ne sera qu'avec le temps, avec l'instruction, et en donnant toute la publicité possible à cette loi, que l'on pourra en recueillir les fruits et restreindre l'excessive mortalité qui frappe les enfants mis en nourrice. J'ai constaté chez tous les secrétaires de mairie beaucoup de bonne volonté ; et la taxe que les circulaires proposent de leur allouer serait la juste rémunération de leur zèle et de leur travail. »

Canton de I. — « Les registres sont généralement tenus avec négligence dans la plupart des communes du canton, et des déclarations n'ont pas été faites, soit par les parents, soit par les nourrices ou gardeuses. »

Il existait, en 1883, cinq circonscriptions d'inspection médicale dans le Puy-de Dôme : trois médecins-inspecteurs ont fait parvenir à l'administration leur rapport de fin d'année.

Circonscription A. — Le médecin-inspecteur estime que les nourrissons sont généralement bien tenus dans sa circonscription « Les nourrices, bien que guidées par l'amour du gain s'attachent assez vite à leurs élèves, qu'elles soignent avec dévouement. »

L'auteur du rapport voudrait que les nourrices fussent obligées de se présenter immédiatement chez le médecin inspecteur avec leurs nourrissons, pour faire examiner ceux-ci très attentivement, avant de leur donner le sein On préviendrait ainsi le danger de la contamination.

En terminant son rapport, le médecin inspecteur signale et regrette le défaut du fonctionnement des commissions locales; il ajoute : « Je crois cette institution très utile Quand je songe à l'amélioration obtenue par les visites du médecin inspecteur, qui ne voit les enfants qu'une fois par mois, et qui souvent est assez éloigné, je demeure persuadé que la visite des dames protectrices de l'enfance produirait les meilleurs résultats. »

Circonscription B. — Le médecin-inspecteur a fait 376 visites et reçu 60 avis de placement en 1883.

Sur les 60 enfants placés :

    30 étaient élevés au sein,
    25 au biberon,
    5 étaient en sevrage.

« C'est surtout dans la haute montagne, dit le médecin-inspecteur, que les enfants reçoivent les meilleurs soins et sont, en général, le plus proprement tenus ; j'en excepte toutefois la commune de X..., où je n'ai guère trouvé que des habitations malpropres et malsaines où souvent, comme dans une véritable arche de Noé, bêtes et gens vivaient ensemble... Sur 60 enfants, j'ai eu 3 décès. Pour le premier enfant décédé, la nourrice avait négligé d'appeler un médecin. Le deuxième nourrisson, âgé de six mois, a succombé à une pneumonie double, après avoir reçu tous les soins que réclamait son état.

Le troisième enfin, âgé de deux mois seulement, a été emporté par une entérite cholériforme. Ces trois enfants étaient nourris au biberon ; la mortalité a donc porté exclusivement sur les enfants soumis à ce mode d'élevage, ce qui viendrait à l'appui de la thèse (si elle avait encore besoin d'être soutenue), que l'allaitement artificiel est préjudiciable à la santé des enfants. »

Circonscription C. — Le médecin-inspecteur a fait 121 visites et surveillé 24 enfants en 1883 : 11 étaient élevés au sein et 4 au biberon; 9 étaient en sevrage.

Sur ces 24 enfants, 2 sont décédés : ils appartenaient tous deux au groupe des enfants élevés au biberon. « D'une faible constitution originelle, ils ont succombé à une diarrhée rebelle, tous deux à la fin de la saison chaude. »

Le médecin-inspecteur déclare que toutes les nourrices qu'il a surveillées lui ont paru « s'acquitter convenablement de leur devoir. »

PYRÉNÉES (HAUTES-)

Crédits successivement votés par le conseil général :

1877	»
1878	»
1879	»
1880	300 fr.
1881	300
1882	200
1883	300
1884	300

D'après les états fournis par les maires, 418 enfants ont figuré en 1883 sur les registres de la Protection ; l'effectif indiqué à la date du 31 décembre 1883 était de 203.

Ces 203 enfants se répartissent de la manière suivante :

Au point de vue de l'état civil :

Légitimes	148	} 203
Naturels	55	

Au point de vue de l'origine :

Nés dans les Hautes-Pyrénées	173	} 203
Originaires d'autres départements..	30	

Au point de vue du mode d'alimentation :

Au sein	161	
Au biberon	11	} 203
En sevrage ou en garde	31	

Il n'existe pas de commissions locales ; il n'a pas été possible, faute de crédit, d'organiser une inspection médicale.

Les écritures ne sont pas tenues ou le sont de la manière la plus défectueuse. Dans un grand nombre de communes, les secrétaires de mairie semblent ne pas se douter de l'existence de la loi de 1874. L'inspecteur des enfants assistés a trouvé parfois les instructions préfectorales « encore sous la bande dans laquelle elles avaient été envoyées depuis longtemps. » Les feuilles d'inscription étaient même perdues. Ce fonctionnaire s'est efforcé, au cours de ses tournées, de vulgariser les prescriptions légales et d'en faire comprendre l'importance Il a manifesté l'espoir que « la prochaine vérification des registres ne donnerait pas lieu à une constatation d'inertie aussi catégorique ». Mais, on le voit, tout est à faire, et l'organisation effective du service est évidemment subordonnée au vote par le conseil général d'un crédit suffisant.

RHONE

Crédits successivement votés par le conseil général :

1877	20.000 fr.
1878	20.000
1879	20.000
1880	25.000
1881	30.000
1882	30.000
1883	30.000
1884	30.000

Le nombre des naissances a été, dans le département du Rhône, pendant l'année 1883, de 17,088 : 11,880 enfants sont restés dans la famille ; 5,208, soit 30,47 p. 100, ont été envoyés en nourrice. Sur ces 5,208 enfants, 1,379, soit 26.47 p. 100, ont été confiés, d'après les relevés faits sur les registres de la Protection, à des nourrices habitant le département du Rhône. De plus, les médecins-inspecteurs ont constaté la présence de 185 enfants qui n'avaient été l'objet d'aucune déclaration.

On arrive ainsi à un total de 1,564 enfants protégés en 1883.

Présque tous ces enfants (1,511) étaient originaires du Rhône.

L'effectif précité de 1,564 enfants se répartit de la manière suivante :

Au point de vue de l'état civil :

Légitimes	1.423
Naturels	141
	1.564

Au point de vue du mode d'alimentation :

Au sein	729
Au biberon	792
En sevrage ou en garde	43
	1.564

Sur 29 juges de paix, 27 ont adressé leur rapport concernant la vérification des registres de la Protection ; la tenue de ces registres est, généralement, assez régulière.

Aux termes d'un rapport, « la déclaration du retrait de l'enfant est rarement faite, les secrétaires de mairie sont obligés, pour suppléer à l'ignorance ou au mauvais vouloir des nourrices, de faire faire par les gardes champêtres des recherches, afin d'obtenir les renseignements dont ils ont besoin. Il serait donc utile de charger tout spécialement les gardes champêtres de signaler à l'autorité locale toutes les nourrices sevreuses ou gardeuses et d'allouer à ces auxiliaires une petite gratification annuelle ».

Un juge de paix constate que « les nourrices, sevreuses ou gardeuses, sont d'une extrême négligence, pour ne pas dire plus, dans l'accomplissement des formalités qui leur incombent. Il semble que quelques procès-verbaux, pour l'exemple, seraient les bienvenus et produiraient un très bon effet pour la parfaite exécution de la loi ».

Un autre magistrat rend hommage au dévouement du médecin-inspecteur et déclare avoir recommandé aux secrétaires de mairie « de faire part à ce dernier de la moindre rumeur sur une nourrice, afin de permettre d'en vérifier à l'improviste le plus ou moins fondé ».

D'après un rapport, la moyenne du salaire des nourrices est de 30 à 35 fr. par mois.

Il existe 35 circonscriptions d'inspection médicale : 32 médecins ont transmis leur rapport de fin d'année.

Deux fois, les parents sont venus eux mêmes prier l'inspecteur de visiter leur enfant, la déclaration réglementaire n'avait pas été faite par la nourrice.

Un médecin fait connaître que quelques nourrices, « sur la recommandation des parents, se refusent à certains soins : nettoyer la tête de l'enfant, soigner l'impétigo, l'eczéma, etc. ; il existe à cet égard des préjugés très tenaces dans nos campagnes. » Ce docteur affirme également que beaucoup de nourrices ignorent encore l'existence de la loi Roussel et qu'un grand nombre d'enfants ayant droit à la Protection légale ne sont pas inspectés, faute de déclaration à la mairie.

Un autre médecin constate que, dans sa circonscription, « la moitié des nourrices n'ont pas de carnet, que beaucoup n'ont pas de garde-feu et que presque aucune ne possède de certificat médical ».

D'après un rapport d'inspection, « le médecin n'est, le plus souvent, pas renseigné sur le décès ou la sortie des enfants ».

Voici d'intéressantes observations présentées par un inspecteur relativement à la vaccination des enfants du premier âge :

« Une vieille routine, dans nos communes, s'oppose à ce que les enfants soient vaccinés avant l'âge de six mois, et mieux vaudrait mettre une montagne en mouvement que d'espérer pouvoir convaincre, par le raisonnement, les parents et les nourrices que leur préjugé est du dernier ridicule. »

« Un autre desiderata à signaler, c'est l'impossibilité d'obtenir des nourrices qu'elles fassent signer leur livret par le médecin vaccinateur. Je suis sûr que sur les 200 enfants que je vois tous les mois, je n'ai pas 10 livrets signés par le médecin vaccinateur ; de sorte que, dans les cas nombreux où je ne puis constater les traces de la vaccination sur le bras des enfants, il m'est impossible de savoir si l'enfant a été ou non présenté au vaccinateur ».

« En somme, les vaccinations se font très irrégulièrement ; et le nombre des enfants non vaccinés est malheureusement trop considérable.

« Si une épidémie de variole venait à éclater dans nos pays, elle ferait assurément un grand nombre de victimes parmi les enfants »

Le même médecin déclare que « ce n'est qu'à force d'insister et de menacer qu'il parvient à combattre le fléau de l'alimentation solide prématurément donnée à un nourrisson .... il doit renoncer définitivement à obtenir des nourrices qu'elles aient un garde-feu. »

Cet inspecteur a dû porter plainte contre un secrétaire de mairie qui non seulement ne voulait pas s'occuper de la protection infantile, mais encore s'était formellement refusé à montrer au médecin les registres où celui-ci avait besoin de puiser des renseignements.

Un autre médecin a été frappé de voir beaucoup d'enfants élevés au biberon, « gros, frais et bien portants ». Voici la raison qu'il en donne :

« Les femmes qui élèvent ces enfants sont, pour la plupart, de braves mères de famille dont l'âge et les forces ne leur permettant plus les travaux des champs, les laissent presque exclusivement aux soins de l'enfant; le lait dont elles disposent est excellent et n'est point épargné.

« Les nourrices, au contraire, sont en général de pauvres jeunes femmes, à la nourriture très insuffisante et grossière, obligées de vaquer à un travail pénible, partageant leurs soins entre plusieurs enfants, sans repos ni sommeil réparateur; leur lait est peu abondant et peu nutritif. Aussi j'aime mieux voir, à la campagne, un nourrisson entre les bras d'une bonne gardeuse que sur le sein d'une nourrice surmenée et mal nourrie. Je ne parle pas, bien entendu, des nourrices à demeure dans les familles aisées ».

La vaccination, dit un autre inspecteur, « ne se fait que très tard, rarement avant le cixième mois, souvent dans le cours de la deuxième année; cet ajournement est le résultat de préjugés populaires. »

Un médecin fait connaître que toutes les salles d'asile ne reçoivent pas la visite hebdomadaire à laquelle elles ont droit; c'est à cette cause qu'il faut attribuer le développement et la longue persistance des rougeoles et des scarlatines en 1882, 1883.

Les secrétaires de mairie, dit un inspecteur, apportent en général beaucoup de négligence dans leurs rapports avec le médecin-inspecteur. C'est, prétendent-ils, « au médecin à découvrir les enfants auxquels il doit son assistance ».

Un médecin donne hardiment la préférence au lait de vache sur le lait de chèvre pour l'alimentation des nourrissons. « On ne peut pas avoir toute l'année du lait de chèvre; il a souvent un goût qui répugne à l'enfant, et il se digère plus mal que l'autre.

« Je visitais un jour un enfant atteint de vomissements journaliers...; je fis remplacer le lait de chèvre par du lait de vache étendu d'eau sucrée et légèrement chauffé; les vomissements cessèrent au bout du deuxième jour. »

Un médecin remarque que beaucoup de nourrices dites « au sein » emploient l'allaitement mixte; il a vu, d'ailleurs, ce mode d'allaitement produire de bons résultats.

SAONE (HAUTE-)

Crédits successivement votés :

1877	»
1878	2.100 fr.
1879	800
1880	800
1881	600
1882	800
1883	4.800
1884	4.800

Le vote, à la session d'août 1883, du crédit de 4,800 fr. n'a donné lieu à aucun débat au sein du conseil général.

Les registres mentionnent, en 1882, 175 enfants ayant eu droit à la Protection légale.

Le nombre de ces enfants, en 1883, est de 199 : 90 garçons et 109 filles.

Sur ces 199 enfants, 44 sont illégitimes et 155 légitimes; 49 appartiennent au département de la Haute-Saône, 107 à celui de la Seine et 43 à 12 départements.

L'inspecteur des enfants assistés a constaté que, sur ces 199 enfants, 120 étaient confiés à des parents ou à des amis. Il ajoute que l'élevage au biberon tend de plus en plus à se généraliser dans le département de la Haute-Saône : 41 des enfants protégés étaient nourris au sein et 145 au biberon.

Les juges de paix de la Haute-Saône ont vérifié les registres de la Protection et transmis au parquet le résultat de leur travail.

L'administration départementale a recueilli les communications de quinze commissions locales : ces dernières sont unanimes à déclarer que les enfants sont généralement, de la part des nourrices, l'objet de soins dévoués.

SAONE-ET-LOIRE

Crédits successivement votés par le conseil général :

1877	»	fr.
1878	12.000	
1879	12.000	
1880	12.000	
1881	12.000	
1882	16.000	
1883	16.000	
1884	16.000	

2,374 enfants ont été, en 1883, signalés par les médecins-inspecteurs.

1,724 ont été placés par leurs parents.

650 étaient des pupilles hospitaliers, des enfants temporairement secourus.

Ces 2,374 enfants se répartissent ainsi :

1° Suivant le sexe :

Garçons	1.213
Filles	1.161
	2.374

2° Suivant l'état civil :

Légitimes	1.541
Naturels	833
	2.374

3° Suivant le lieu de naissance :

Nés dans le département	1.512
Nés hors du département	862
	2.374

4° D'après le mode d'élevage :

Au sein	1.477
Au biberon	525
En sevrage ou en garde	372
	2.374

L'effectif présent était :

Au 1er janvier 1883 de	996
Au 1er janvier 1884 de	1.148

Les 1,724 enfants placés par leurs parents se répartissent ainsi :

1° Suivant le sexe :

Garçons...................................... 883
Filles... 841
                                          ———
                                          1.724

2° Suivant l'état civil :

Légitimes.................................... 1.518
Naturels...................................... 206
                                          ———
                                          1.724

3° Suivant le lieu de naisssnce :

Nés dans le département............... 1.235
Nés hors du département............... 489
                                          ———
                                          1.724

4° Suivant le mode d'élevage :

Au sein....................................... 1.095
Au biberon................................... 470
En sevrage ou en garde................. 159
                                          ———
                                          1.724

Les 650 enfants assistés ou secourus se répartissent ainsi :

1° Suivant le sexe :

Garçons...................................... 330
Filles... 320
                                          ———
                                          650

2° Suivant l'état civil :

Légitimes.................................... 33
Naturels...................................... 617
                                          ———
                                          650

3° Suivant le lieu de naissance :

Nés dans le département.................. 277
Nés hors du département.................. 373
                                          ———
                                          650

4° Suivant le mode d'élevage :

Au sein....................................... 382
Au biberon................................... 55
Au sevrage ou en garde.................. 213
                                          ———
                                          650

Sur les 373 enfants assistés ou secourus, nés hors du département de Saône-et-Loire, 309 sont des enfants de la Seine ; ils sont visités par les médecins attachés à l'assistance publique de ce dernier département.

Le comité départemental s'est réunile 25 avril 1883, pour la communication du rapport de l'inspecteur des enfants assistés, sur l'année 1882.

Les commissions locales nommées en 1878 ne fonctionnent pas.

Conformément au vœu émis par le comité départemental et pour arriver à la réorganisation de ces commissions, le préfet a adressé une circulaire aux municipalités de 71 communes qui avaient, à la fin de 1883, un groupe de cinq nourrissons au moins.

Un arrêté préfectoral du 4 mars 1884 a institué, sur la proposition des maires, des commissions locales dans 43 communes.

L'inspecteur des enfants assistés manifeste l'espoir « que les membres des nouvelles commissions locales surveilleront les nourrissons et se réuniront régulièrement ».

Quelques juges de paix seulement se sont transportés dans les mairies pour la vérification des registres : dans le plus grand nombre des communes, ceux ci ont été envoyés au chef-lieu de canton, comme les années précédentes.

10 médecins seulement sur 94 n'ont pas adressé de rapports d'inspection ; mais la plupart se bornent à fournir les renseignements statistiques demandés ; quelques-uns se plaignent de ne pas recevoir des municipalités les notifications réglementaires.

L'observation suivante prouve d'ailleurs qu'un certain nombre d'enfants ne sont l'objet ni de ces notifications, ni même des inscriptions ordonnées par la loi.

En effet, ainsi qu'il a été dit plus haut, 2,374 enfants ont été signalés, pour 1883, par les médecins inspecteurs ; et les états nominatifs fournis par les municipalités pour la même année ne font ressortir qu'un chiffre de 2,141 enfants.

———

SARTHE

Crédits successivement votés par le conseil général :

1877.................................... »
1878.................................... 20.000 fr.
1879.................................... 20.000
1880.................................... 25 000
1881.................................... 25 000
1882.................................... 25 000
1883..................................... 50 000
1884.................................... 50.000

L'effectif total des enfants ayant figuré, en 1883, sur les registres de la Protection est de 6,100, qui se répartissent de la manière suivante :

Au point de vue du sexe :

Garçons...................... 3 054 } 6.100
Filles......................... 3 046 }

Au point de vue de l'état civil :

Légitimes.................... 4.329 } 6.100
Naturels...................... 1.771 }

Au point de vue de l'origine :

Nés dans la Sarthe............ 1.985 } 6.100
Nés dans d'autres départements.. 4.115 }

Au point de vue du mode d'alimentation :

Nourris au sein................ 1.051 } 6.100
Nourris au biberon............. 5.049 }

Les enfants naturels représentent donc 29 p. 100 ; les enfants étrangers à la Sarthe, 67,45 p. 100 ; et les enfants nourris au sein, 17,22 p. 100 de l'effectif total.

Ces chiffres méritent d'être notés ; ils prouvent que le département de la Sarthe est un pays d'industrie nourricière, dans toute l'acception du terme, qu'il reçoit une proportion considérable d'enfants illégitimes, enfin que près des cinq sixièmes des enfants sont élevés au biberon.

Sur les 4,115 enfants étrangers à la Sarthe, 3,766, 91,51 p. 100, sont originaires du département de la Seine.

L'effectif présent à la date du 31 décembre 1883 était de 3,310 enfants, se répartissant de la manière suivante :

Nés et placés dans la même commune	623
Nés dans le département, mais placés dans une autre commune que leur commune de naissance	491
Etrangers au département	2 196
	3.310

Le comité départemental a notamment appelé « l'attention de l'administration sur les pénalités à appliquer pour les irrégularités constatées par les procès-verbaux des juges de paix. Tout en reconnaissant la nécessité d'apporter un certain tempérament, quelques exemples de répression auraient cependant un salutaire effet. »

Le nombre des commissions locales ne s'est pas augmenté en 1883 ; il en est même qui ont cessé de fonctionner : dans des centres importants de placement, les efforts de l'administration pour créer une surveillance locale des nourrissons ont été infructueux.

L'inspecteur des enfants assistés mentionne dans son rapport d'ensemble « onze commissions qui continuent avec un véritable zèle l'accomplissement de leur mandat. »

Plusieurs demandes d'indemnités pécuniaires ont été présentées en faveur de membres de commissions locales ; de semblables allocations seraient incompatibles avec l'article 2 de la loi de 1874 aussi bien qu'avec le caractère du mandat dont il s'agit : c'est avant tout pour le développement de l'inspection médicale, et non en vue de l'institution de commissions locales salariées, que devrait être sollicité le concours financier de l'État et des départements.

Le conseil général a voté les indemnités de déplacement demandées en faveur des juges de paix.

La tenue des registres, à prendre les résultats d'ensemble, paraît à peu près satisfaisante dans onze cantons, assez régulière dans huit et laisse beaucoup à désirer dans les treize autres.

Un juge de paix fait connaître qu'il a conféré avec tous les secrétaires de mairie de son canton au sujet des difficultés qui se présentent dans l'application de la loi ; il espère avoir à l'avenir beaucoup moins d'infractions et d'irrégularités à relever.

Dans une commune, les registres étaient absents ; ils avaient été laissés au greffe de la justice de paix depuis la dernière vérification.

Beaucoup de secrétaires de mairie se plaignent de la difficulté qu'ils éprouvent à obtenir des nourrices les renseignements nécessaires ; les juges de paix ont reconnu le bien fondé de ces plaintes.

Dans une des communes les plus importantes d'un canton, aucune déclaration n'a été faite, bien que des enfants fussent notoirement placés en nourrice dans cette localité.

Un juge de paix déclare que, « le plus ordinairement, les secrétaires sont obligés de forcer les nourrices à se présenter aux mairies pour y remplir les formalités légales. »

Il était permis aux nourrices, dit un autre de ces magistrats, d'arguer, au début, de leur ignorance ; mais, depuis un certain temps, les avertissements ne leur ont pas manqué, et il est nécessaire de poursuivre les contraventions commises.

Une femme à qui le maire et le médecin-inspecteur refusaient les certificats et le carnet, avait trouvé à Paris un nourrisson ; l'enfant lui a été retiré et elle a été condamnée à l'amende par le tribunal de simple police.

Un juge de paix estime que « dans plusieurs communes de son canton, sinon dans toutes, il existe des enfants qui ont échappé à la surveillance des maires et pour lesquels les déclarations n'ont été faites ni par les parents, ni par les nourrices »

Dans quatre communes d'un autre canton, les registres sont restés une année entière à la justice de paix, à la suite de la vérification effectuée en 1882.

Dix condamnations ont été prononcées en 1883, pour infractions à la loi de 1874 ou règlement d'administration publique.

Quatre-vingts circonscriptions d'inspection médicale ont été établies ; le service a fonctionné dans 68 ; 64 médecins inspecteurs ont adressé leur rapport de fin d'année.

Le nombre des enfants soumis à la surveillance médicale a été de 5,141 ; 31,541 bulletins de visite, représentant à peu près une moyenne de 6 visites par enfant, sont parvenus à la préfecture.

Le tableau ci-après fait ressortir le développement de l'inspection médicale pendant les années 1881, 1882 et 1883 :

ANNÉES	NOMBRE de circonscriptions desservies.	NOMBRE de titulaires.	NOMBRE d'enfants inscrits sur les contrôles.	NOMBRE d'enfants visités.	NOMBRE d'enfants non visités.	TOTAL des visites.
1881	58	51	4 613	2.656	1.957	16.387
1882	66	61	5.306	3.962	1.344	23.426
1883	68	64	6.100	5.141	959	31.541

Ainsi, le nombre des visites s'est accru de 92,17 p. 100, tandis que l'effectif des enfants inscrits sur les contrôles n'augmentait que dans une proportion de 32,23 p. 100.

Un médecin-inspecteur maritime mentionne comme cause fréquente de maladie et de mort, « la fatigue du voyage et l'alimentation viciée pendant le transport. » Il conseille d'éviter les voyages qu'on fait effectuer aux enfants pour les conduire en visite chez leurs parents. « Il est rare que les nourrissons ne reviennent pas avec de la diarrhée, à laquelle quelques-uns succombent, victimes d'une tendresse mal comprise. »

En faisant connaître le décès d'un enfant, survenu par suite de brûlures, le même inspecteur se plaint de l'absence de garde-feu. « Ils n'existent presque nulle part, pas plus chez les personnes qui élèvent leurs propres enfants que chez les nourrices. »

« On trouve, dit un autre médecin, très peu de nourrices au sein ; et encore est-il très difficile de contrôler si ces dernières remplissent exactement leurs engagements. »

Un de ses confrères remarque aussi que « beaucoup d'enfants désignés comme élevés au sein ne le reçoivent que pendant un temps plus ou moins long, mais rarement pendant le temps normal de l'allaitement ».

D'après le même docteur, « si la propreté laisse à désirer, c'est le plus souvent par la faute ou l'incurie des mères qui ne fournissent pas aux nourrices les vêtements et le linge strictement nécessaires. Beaucoup d'enfants sont vêtus ou chaussés aux dépens de la nourrice, souvent même par la charité publique ».

Un inspecteur observe que, le plus souvent, les éleveuses vont chercher les enfants sans se munir des pièces réglementaires et ne font pas les déclarations prescrites. « Le médecin est donc obligé de se livrer à une véritable chasse qui, malgré ses efforts, reste souvent infructueuse ».

Le même docteur exprime itérativement le vœu « que le médecin-inspecteur ait seul qualité pour délivrer le certificat médical aux nourrices de sa circonscription. »

Un inspecteur n'a compté, dans sa circonscription, que 48 enfants vaccinés sur 119 : « Il y a de la part d'un grand nombre de parents une apathie qu'il est utile de faire connaître. »

On trouve dans un rapport cette opinion que « plusieurs médecins-inspecteurs, cinq ou six pour le département, ne devant absolument se livrer qu'à cette seule inspection, pourraient mieux assurer le service que les médecins cantonaux. »

Un inspecteur a enregistré une mortalité sensiblement plus élevée « dans les endroits éloignés des bourgs ; cela tient sans contredit à cette cause que l'hygiène est mieux observée dans les bourgs que dans les campagnes ».

D'après son rapport, les parents ne sont pas toujours assez soucieux de la santé de leurs enfants ; et il n'est malheureusement pas rare d'en rencontrer qui disent « qu'il n'y a rien à faire ».

Un médecin-inspecteur regrette de ne pouvoir obtenir que « les nourrices rationnent leurs élèves. Leurs propres enfants, bien portants et robustes, ayant le lait à discrétion, les nourrissons doivent être traités de la même manière, sans qu'on ait égard à leur constitution qui est souvent chétive. »

Un autre médecin demande la suppression des meneuses : les bureaux de placement pourraient se mettre en rapport direct avec le médecin-inspecteur et devraient être rendus responsables du payement du salaire.

Dans une circonscription, l'inspecteur, sur 30 enfants protégés, n'en a eu que deux nourris au sein.

La presque totalité des enfants, dans une autre circonscription, a été placée en nourrice par des parents qui habitaient des localités voisines de la commune de placement ; aussi les nourrices ont-elles été surveillées avec zèle et les soins donnés aux enfants généralement satisfaisants.

Il est bien regrettable, dit un médecin-inspecteur « que les municipalités se désintéressent de la protection des enfants du premier âge ; de plus, je vois souvent certains maires accorder des certificats à des nourrices sur le compte desquelles ils sont parfaitement renseignés ; mais la crainte de se créer des inimitiés fait que ces administrateurs n'osent souvent refuser ces certificats ».

Aux termes d'un autre rapport, les autorités locales ont toujours la même indifférence pour l'application de la loi Roussel : « Les placements sont rarement signalés ; le plus souvent, c'est le hasard qui les fait connaître ».

« Dans ma circonscription, dit un médecin, la loi n'est pas appliquée. Les maires, qui ne sont pas assez pénétrés de son importance, n'y mettent aucune bonne volonté et ne veillent pas à son exécution ; les parents et nourrices, certains de l'impunité, ne font aucune déclaration à la mairie. En un mot, aucune formalité n'est remplie »

On lit dans un autre rapport :

« La veuve X... allait à Paris chercher des enfants sans certificat, ni du maire, ni du médecin. Je voulais porter plainte ; la mairie délivra à la nourrice un livret et un certificat, ce qui paralysa mes poursuites ».

Un inspecteur dit avoir combattu énergiquement les erreurs de régime commises dans l'alimentation des jeunes enfants ; et il ajoute : « J'ai renvoyé les nourrices aux instructions de l'Académie de médecine, inscrites dans leur livret. Malheureusement, j'ai constaté que ces instructions ne sont jamais lues, soit que les nourrices ne s'en donnent pas la peine, soit le plus souvent parce qu'elles ne savent pas lire ».

D'après un rapport, il y aurait un grand intérêt à transférer aux médecins-inspecteurs les droits que la loi de 1874 confère aux municipalités, et que celles-ci négligent habituellement d'exercer.

Un médecin fait connaître qu'il a été appelé à donner ses soins à des nourrissons qui « partis de la campagne en bonne santé, avaient été conduits à Paris et en étaient revenus, après un séjour de quelques jours seulement, atteints d'entérite grave et même de choléra infantile.

Plusieurs de ces petits malades ont même communiqué la maladie aux enfants de la nourrice ».

Les nourrices, déclare un inspecteur, commencent à bien suivre les prescriptions du médecin; « et j'ai vu disparaître presque complètement le muguet, maladie très fréquente, il y a quelques années, que j'attribuais fort souvent à une alimentation solide prématurée et surtout à l'usage du vin dès les premiers mois »

Après avoir constaté que l'inspection des enfants du premier âge donne de jour en jour des résultats plus satisfaisants, un inspecteur signale l'abus suivant : « Lorsque je refuse un certificat à une nourrice malpropre ou brutale, il arrive presque toujours que cette nourrice se procure un certificat chez un autre médecin, de Paris notamment, qui ne connaît rien de cette femme, ni de son intérieur. »

Un médecin mentionne la présence de plusieurs nourrissons dans une même famille, comme une cause fréquente de mortalité; voici les faits très intéressants qu'il cite à l'appui de son opinion :

« Dans la commune de X..., je signalai au maire des nourrices chez lesquelles plusieurs décès avaient été constatés; je lui fis ressortir combien la mort frappait de préférence dans les maisons chargées de nourrissons, sans qu'on pût accuser d'autres causes que l'encombrement. Il fut convenu que nous ne donnerions de certificats qu'après nous être concertés; quelques nourrices furent éliminées; deux des plus mauvaises quittèrent le pays. Il y eut des mécontentements et des plaintes qui furent exploités; je ne m'en inquiétai point; l'année suivante, on ne comptait plus que 6 décès sur 65 enfants. Enfin, dans le courant de 1883, il n'y a plus eu que 4 décès sur 81 présents. »

On croit utile d'extraire du même rapport d'inspection un autre fait dont le simple exposé montre et l'importance et les difficultés de l'œuvre de la Protection :

Dans une commune autre que celle dont il vient d'être parlé, « les époux XX, vieillards se livrant à la mendicité, avaient deux nourrissons. C'était déjà trop, à mon avis. Je refusai un certificat pour le troisième qu'on leur proposait; le maire refusa également son autorisation. Néanmoins, la femme partit pour Paris, disant qu'elle aurait son nourrisson quand même. En effet, *après son retour*, elle eut un certificat médical de M. XXX; elle menaça le maire du juge de paix et l'inscription fut régularisée.... Le maire avoua en ma présence que cette femme était très méchante et que, craignant ses invectives, il avait donné le certificat demandé. Mon rôle s'est borné depuis à donner à ces malheureux enfants des soins inutiles que les parents refusent de payer (7 fr. 50 de médicaments); prévenus de la situation des époux XX, ils n'en ont tenu aucun compte. »

Un autre médecin-inspecteur estime que les nourrices font généralement leur possible; « elles sont assez propres dans les bourgs et laissent à désirer, sous ce rapport, dans le fond des campagnes. En revanche, les enfants sont mieux dans les campagnes que dans les bourgs. Le lait que l'on récolte chez soi se donne facilement; quand il faut l'acheter, on a des tendances à nourrir l'enfant par d'autres moyens; car il ne faut pas perdre de vue que c'est un triste métier que celui de nourrice .. Les femmes filaient autrefois et ensuite ont fabriqué des réseaux; ces industries sont mortes et remplacées par l'industrie nourricière, ces pays n'ayant pas d'autres occupations à donner aux nombreuses petites fermières qui ne sont pas assez occupées chez elles.

« Le jour où l'Etat garantira une prime de 15 francs par mois pendant un an, ce jour-là, malgré le prix peu élevé, le médecin aura une véritable autorité On pourra déplacer un enfant, il se trouvera des nourrices pour le prendre. Aujourd'hui, quand l'enfant est mal et que la nourrice n'est pas bien payée, il ne reste rien à faire. »

L'inspecteur des enfants assistés, dans son rapport d'ensemble, appelle de tous ses vœux la création d'une société protectrice de l'enfance qui pourrait s'alimenter au moyen de cotisations particulières, de dons et de subventions.

SAVOIE

Crédits successivement votés par le conseil général :

1877	16.000 fr.
1878	5 000
1879	8.000
1880	12 840
1881	12 840
1882	12.840
1883	22.500
1884	22.500

L'effectif total des enfants ayant figuré en 1883 sur les registres de la Protection est de 2,583; ce chiffre représente, par comparaison avec l'année antérieure, une augmentation de 446 nourrissons.

L'effectif présent à la date du 31 décembre 1883 était de 1,605 enfants, qui se répartissaient de la manière suivante :

1° Au point de vue du sexe :

Garçons	829
Filles	776
	1.605

2° Au point de vue de l'état civil :

Légitimes	1.284
Naturels	321
	1.605

3° Au point de vue de l'origine :

Nés dans le département	445
Nés hors du département	1.160
	1.605

4° Au point de vue du mode d'élevage :

Au sein	1.263
Au biberon	134
En sevrage ou en garde	208
	1.605

Le comité départemental a demandé notamment que les nourrices fussent obligées de se munir d'un certificat émané du médecin-inspecteur de la circonscription à laquelle elles appartiennent.

Douze commissions locales et 59 maires, suppléants de droit de ces commissions, ont adressé leur rapport de fin d'année; presque tous ces documents contiennent une appréciation favorable sur la manière dont l'industrie nourricière s'exerce dans la Savoie.

La vérification des registres par les juges de paix a été faite en 1883, au siège même des communes; elle a amené déjà de salutaires effets « Les rapports de ces magistrats, plus étendus et plus explicites que par le passé, ont permis à l'administration départementale de mieux préciser les défaillances et les communes où elles se produisent » La tenue des registres paraît généralement satisfaisante dans huit cantons, assez bonne dans cinq, passable dans six et laisse beaucoup à désirer dans les dix autres.

L'inspection médicale comprend 24 circonscriptions : 21 médecins ont transmis leur rapport annuel.

L'inspecteur des enfants assistés, dans son rapport d'ensemble, reconnaît que « les résultats obtenus sont dus, dans la plus large mesure, à l'inspection médicale, dont le zèle et le dévouement sont d'autant plus méritoires que les prescriptions sont encore, de la part des nourrices, trop inobservées et que les commissions locales n'ont donné au praticien qu'un concours peu généralisé ».

Un médecin-inspecteur avait trouvé dans un état inquiétant deux jumeaux qui étaient confiés à la même nourrice : « Il semblait, par conséquent, dangereux de les laisser tous les deux aux mains d'une seule femme ; mais les parents, pour éviter de trop grandes dépenses s'opposèrent à toute espèce d'intervention médicale » ; heureusement, grâce au dévouement de la nourrice, ces enfants parvinrent à se rétablir.

Un inspecteur exprime le regret que quelques femmes se soient fait délivrer des certificats de complaisance par des médecins étrangers au service ; il mentionne le défaut de concours des commissions locales et voudrait voir « confier leurs attributions aux gardes champêtres moyennant une légère rétribution; .... ils vont de village en village; ils surveilleront, annoteront et avertiront, soit le médecin, soit le maire ».

Aux termes d'un rapport, « la mortalité chez les enfants qui bénéficient de la protection du premier âge est de beaucoup plus faible que celle qui sévit sur les enfants en général de cette contrée ». L'auteur de ce rapport déclare que, dans sa circonscription, 8 enfants sur 46 sont nourris au sein, et cependant presque tous ont une bonne santé Le même médecin a fait, dans quelques communes, des conférences familières d'hygiène infantile; il pense qu'il y aurait un grand intérêt à propager un tel enseignement dans les campagnes.

Un médecin-inspecteur avait recommandé l'allaitement au sein, comme unique moyen de salut pour un enfant que sa grand'mère nourrissait au biberon ; « mais, dans un but d'économie, ce conseil, transmis aux parents, n'a pas été suivi, et l'enfant n'a pas tardé à succomber ».

Le même docteur regrette le peu d'exactitude que mettent les nourrices à se procurer le certificat médical; il ajoute que dans sa circonscription « tous les secrétaires de mairie, sauf un seul, inscrivent les nourrices sans exiger cette formalité. Cet oubli est déplorable ; on voit des enfants confiés à des nourrices épuisées pour avoir donné le sein pendant plusieurs années de suite ».

Un rapport contient l'observation que les bureaux de placement de Lyon confient trop facilement des enfants à des nourrices qui ne sont pas munies du certificat médical. « Les déclarations se font plus régulièrement depuis que les secrétaires de mairie y ont un petit intérêt ».

Dans une circonscription, deux enfants ont été retirés pour manque de soins, l'un sur l'avis du médecin, l'autre à la demande de la commission locale.

Le médecin-inspecteur de la même circonscription déclare que les retraits ne sont presque jamais notifiés; le certificat médical n'est presque pas demandé. Cet inspecteur désirerait « que tout enfant retiré ou changé fût présenté au médecin, qui dresserait procès-verbal de son état, dont une copie serait délivrée à la nourrice..... Ce serait un bon stimulant ». Il demande également et avec énergie « que les pouvoirs publics étendent le bienfait de la surveillance légale à tous les enfants placés hors de leur famille.... Sur 23 enfants qui ont atteint leur deuxième année en 1883, 18 ont été laissés chez leur nourrice; pourquoi ne seraient-ils pas surveillés? »

Un médecin-inspecteur fait connaître « que tous les enfants de sa circonscription, sauf trois, ont été vaccinés fructueusement : les nourrices, malgré ses vives recommandations, se sont refusées à les apporter ».

SAVOIE (HAUTE-)

Crédits successivement votés par le conseil général :

1877..........................	700 fr.
1878..........................	2.100
1879..........................	14 000
1880..........................	13 120
1881..........................	16.800
1882..........................	20.580
1883..........................	20 330
1884..........................	22 210

Le conseil général, sur les pressantes instances du préfet, et après une discussion approfondie, a voté, pour 1884, un crédit de 22,240 fr. Une allocation de 200 fr., pour récompenses aux nourrices n'a pas été admise. Le crédit proposé par le préfet était de 22,440 fr.

L'effectif total des enfants ayant figuré, en 1883, sur les registres de la Protection, est de 2,193.

L'effectif présent était, au 1er janvier 1884, de 1,065.

Les 1,065 enfants sont répartis de la manière suivante :

1° Au point de vue du sexe :

Garçons.........................	522	
Filles...........................	543	} 1.065

2° De l'état civil :

Légitimes........................	858	
Naturels	207	} 1.065

3° Du mode d'alimentation :

Au sein..........................	796	
Au biberon.......................	269	} 1.065

Placés par leurs familles..........	589	
— les bureaux des nourrices..	42	
— les hospices...............	9	} 1.065
Secourus temporairement..........	47	

Nés dans le département..........	274	
Nés hors du département :		

Rhône...................	686	
Savoie...................	15	} 1.065
Loire....................	3	
Seine....................	46	
Ain.....................	9	
Isère....................	2	} 791
Seine-et-Oise............	2	
Gard....................	1	
Drôme...................	2	
Suisse...................	25	

Les rapports des commissions locales ou des maires, qui, à leur défaut, en remplissent les fonctions, sont au nombre de 62 : 15 émanent de commissions locales et 47 de municipalités.

Les appréciations contenues dans ces documents sont généralement favorables aux nourrices.

Tous les juges de paix du département ont adressé leur rapport sur la vérification des registres de la Protection ; il résulte du travail de ces magistrats que, dans la plupart des communes, la tenue des registres est satisfaisante.

Il existe 11 circonscriptions d'inspection médicale : neuf médecins-inspecteurs ont transmis leur rapport ; ils s'accordent à constater les bons effets de la loi Roussel dans la Haute-Savoie.

Deux d'entre eux se plaignent du peu de sollicitude de certains bureaux de nourrices de Lyon pour la santé des enfants qu'ils se chargent de placer.

« Les bureaux confient trop souvent des enfants faibles à des nourrices dont le lait est déjà vieux ou insuffisant. Alors on met en usage le nourrissage mixte qui exige des soins minutieux trop négligés. »

Un médecin-inspecteur a provoqué, au cours de l'année 1883, quatre changements de nourrices. Le même praticien constate avec satisfaction que les nourrices font aujourd'hui, conformément à ses indications, le coupage du lait de vache destiné aux enfants.

Dans une circonscription où 348 enfants ont séjourné plus ou moins longtemps (huit mois en moyenne), « 24 ont dû être sevrés prématurément ou être rendus à leurs parents pour cause de grossesse des nourrices, et 7, qui ne recevaient pas des soins suffisants ou dont les nourrices étaient malades ou décédées, ont été confiés à d'autres nourrices de la localité. »

Le médecin de cette circonscription déclare que, « sous le rapport de l'hygiène, plusieurs habitations de nourrices laissent beaucoup à désirer ».

Il ajoute que « c'est là une condition fâcheuse à laquelle le médecin ne peut remédier ».

Un autre médecin-inspecteur déclare que « les visites médicales inculquent peu à peu aux nourrices des principes d'hygiène dont les enfants de la Protection ne sont pas les seuls à profiter. »

Il cite à ce propos : « Plus de propreté, en ce qui concerne les vêtements et le couchage, l'emploi régulier des bains généraux qu'il est déjà donné quelquefois de constater... les nourrices n'osent plus ou plutôt osent moins employer les médications empiriques, quelquefois barbares, usitées dans les campagnes ».

Un médecin-inspecteur s'élève avec une grande force contre la manière déplorable dont l'élevage au biberon est pratiqué dans sa circonscription. Le sixième seulement des enfants qu'il a visités est soumis à ce mode d'alimentation ; mais sur dix enfants élevés au biberon, il a constaté le chiffre effrayant de huit décès.

Le même médecin signale notamment ce fait que, chez les nourrices mercenaires de sa circonscription, « le lait reste à bouillir toute une journée devant le foyer et ne subit pas les coupages nécessaires ».

Il ajoute que « la nourrice qui doit prendre part aux travaux agricoles soigne bien son nourrisson tant qu'il n'y a que le sein à lui présenter..., mais s'il faut lui préparer une nourriture spéciale, se casser la tête de toutes les remontrances du médecin-inspecteur qui surveille plus attentivement les enfants élevés au biberon, comme étant les plus exposés, elle ne s'en donne pas la peine ».

Un autre médecin-inspecteur a dû provoquer le retrait de dix enfants pour insuffisance de nourriture, survenance de grossesse ou soins défectueux.

Le même médecin mentionne comme cause fréquente de maladie chez les nourrissons « l'insuffisance de vêtements chauds de laine pour l'hiver, surtout chez les enfants qui viennent des bureaux de placement. Cette insuffisance fait l'objet de réclamations journalières de la part des nourrices ».

L'inspection médicale n'est pas encore instituée dans les arrondissements de Bonneville et de Thonon où le nombre des enfants ayant droit à la Protection légale semble d'ailleurs très restreint.

Les bulletins de visite médicale transmis à la préfecture ont été de 9,668.

SEINE

Crédits successivement votés par le conseil général.

1877.............................. 70.000 fr.
1878.............................. 123 200
1879.............................. 161.400
1880.............................. 180 650
1881.............................. 181 650
1882.............................. 202 550
1883.............................. 202 550
1884.............................. 202.550

L'exécution de la loi du 23 décembre 1874 dans le département de la Seine est confiée au préfet de police, en vertu de l'article 2 de cette loi.

Comme le prouvent les chiffres relatés ci-dessus, le conseil général de la Seine a très généreusement voté toutes les dépenses qu'il a jugées nécessaires, en vue d'organiser de la manière la plus satisfaisante le service de la Protection des enfants du premier âge.

Pour l'année qui nous occupe, 1883, M. le préfet de police a adressé à M. le ministre de l'intérieur un rapport imprimé (in-4°) de 68 pages, accompagné de 16 tableaux statistiques. Le cadre restreint du présent travail ne permettra de donner ici qu'une analyse sommaire de ce remarquable document, qui offre un intérêt de premier ordre et auquel sont annexés 126 rapports manuscrits, émanés des divers agents d'exécution de la loi de 1874. On s'est du moins efforcé de dégager les observations et les faits essentiels d'une œuvre qui fait grand honneur à la préfecture de police et à ses collaborateurs.

Au 31 décembre 1882, l'effectif des enfants portés sur les registres et qui continuaient à avoir droit à la protection légale était de 1581 : pendant l'année 1883, 2.870 enfants sont entrés dans le service. L'effectif total des enfants protégés en 1883 s'est ainsi élevé à 4.451.

Ces 4.451 enfants se répartissent de la manière suivante :

Au point de vue du sexe :

Garçons....................................... 2.265
Filles... 2.186

        Total............... 4.451

Au point de vue de l'état civil :

Légitimes..................................... 3.308
Naturels...................................... 1.143

        Total............... 4.451

Au point de vue du mode d'élevage déclaré :

Au sein....................................... 2.311
Au biberon.................................... 1.582
En sevrage ou en garde..................... 558

        Total............... 4.451

Au point de vue de la commune d'élevage :

A Paris....................................... 1.348
Dans les communes suburbaines........ 3.103

        Total............... 4.451

Des 4.451 enfants qui ont figuré en 1883 sur les registres de la Protection, 2.945 sont sortis du service, savoir :

2.039 par suite de retrait effectué par les parents ;
129 par suite de retrait effectué d'office. (Application des articles 7 et 13 du règlement d'administration publique);
82 par suite du changement de résidence de la nourrice ;
414 par suite de décès ;
281 par limite d'âge.

2 945

L'effectif restant au 31 décembre 1883 était donc de 1.506, présentant une diminution de 75 enfants par comparaison avec l'effectif relevé au 31 décembre 1882.

M. le préfet de police constate que, d'une manière générale, « les enfants surveillés sont pour les trois quarts légitimes, et, pour un quart, naturels ; qu'un peu plus de la moitié des enfants surveillés sont élevés au sein et un peu plus d'un tiers au biberon. »

Des 414 enfants dont le décès a été signalé, 180, soit 43,47 p. 100, étaient élevés au sein ; 217, soit 52,41 p 100, étaient élevés au biberon ; 17, soit 4,12 p. 100, étaient placés en sevrage ou en garde.

La proportion générale de la mortalité par rapport au nombre d'enfants surveillés dans chaque mode d'élevage est : 7,79 p. 100 pour l'élevage au sein ; 13,72 p. 100 pour l'élevage au biberon ; 3,04 p. 100 pour le placement en sevrage ou en garde ; soit, pour l'année 1883, 9,30 p. 100, c'est-à-dire une diminution de 0,42 p. 100 sur l'année 1882.

La proportion générale constatée a été :

En 1880........................... 9,99 p. 100
En 1881........................... 9,25 —
En 1882........................... 9,72 —
En 1883........................... 9,30 —

Au point de vue du sexe, la proportion de mortalité en 1883 est de 9,06 p 100 pour les garçons et de 8,92 p. 100 pour les filles.

Au point de vue de l'état civil, des 414 enfants décédés, 287, soit 69,32 p. 100, étaient légitimes et 127, soit 31,68 p. 100, naturels.

Les causes des 414 décès sont indiquées de la manière suivante dans le rapport de M. le préfet de police :

Affections des organes digestifs......... 193
Affections des organes respiratoires..... 81
Diphtérie, croup......................... 7
Affections du système nerveux, méningite...................................... 35
Affections du système nerveux, convulsions....................................... 56
Rougeole................................. 13
Variole.................................. 1
Syphilis................................. 6
Causes diverses.......................... 17

        Total................ 414

A l'égard des décès occasionnés par les maladies du système nerveux, M. le préfet de police estime que « dans beaucoup de cas, les convulsions, qui sont notées par le médecin de l'état civil comme cause du décès, n'étaient peut-être que la phase ultime de l'affection quelconque à laquelle succombait l'enfant. » Il ajoutait : « Pour connaître la cause véritable de la mort, il faudrait que le médecin de l'état civil fût en même temps le médecin qui a traité l'enfant pendant sa maladie. »

Or, cette coïncidence ne se produit que fort rarement, aussi bien dans la banlieue qu'à Paris. Le médecin qui vient constater le décès n'a, le plus souvent, pour élément de diagnostic que les explications plus ou moins précises de la nourrice ou les ordonnances délivrées par le médecin traitant ; de là la confusion qui doit s'établir très souvent entre les convulsions considérées comme maladies du système nerveux et les convulsions considérées comme la manifestation dernière de l'affection à laquelle doit être attribué le décès. »

Au point de vue de l'âge des enfants décédés, les 414 décès se répartissent ainsi qu'il suit :

De 0 à 10 jours.......................... 6
De 11 à 20 jours......................... 36
De 21 à 30 jours......................... 21
De 31 à 45 jours......................... 41
De 46 jours à 2 mois..................... 22
De 2 à 3 mois............................ 45
De 3 à 4 mois............................ 29
De 4 à 5 mois............................ 26
De 5 à 6 mois............................ 25
De 6 à 9 mois............................ 67
De 9 à 12 mois........................... 45
De 12 à 15 mois.......................... 24
De 15 à 18 mois.......................... 15
De 18 mois à 2 ans....................... 12

Total............... 414

Au point de vue de la durée du séjour en nourrice des 414 enfants décédés, la statistique est la suivante :

Ont passé en nourrice :

De 0 à 10 jours.......................... 65
De 11 à 20 jours......................... 52
De 21 à 30 jours......................... 36
De 31 à 45 jours......................... 45
De 46 jours à 2 mois..................... 21
De 2 à 3 mois............................ 43
De 3 à 4 mois............................ 28
De 4 à 5 mois............................ 27
De 5 à 6 mois............................ 13
De 6 à 9 mois............................ 44
De 9 à 12 mois........................... 24
De 12 à 15 mois.......................... 9
De 15 à 18 mois.......................... 6
De 18 mois à 2 ans....................... 1

Total............... 414

153 enfants, c'est-à-dire plus du tiers des enfants décédés, ont succombé dans le premier mois de leur placement.

Des 153 enfants décédés pendant le premier mois de placement :

54 étaient âgés de 0 à 10 jours.
24   —   11 à 20 —
13   —   21 à 30 —
10   —   31 à 45 —
12   —   46 à 60 —
11   —   2 à 3 mois.
8   —   3 à 4 —
4   —   4 à 5 —
2   —   5 à 6 —
4   —   6 à 9 —
5   —   9 à 12 —
2   —   15 à 18 —

153

Des 153 enfants décédés, 54, un peu plus d'un tiers, ont été placés en nourrice à leur naissance ; les 99 autres avaient été soumis à un essai d'élevage dans la famille.

Des 153 décès survenus pendant le premier mois de placement, 96 ont été causés par des affections gastro intestinales.

En 1883, 15,242 nourrices, soit 142 de plus qu'en 1882, se sont présentées à la préfecture de police, en vue d'être autorisées à se procurer un nourrisson ou à se placer nourrices sur lieu.

Dans ces 15,242 nourrices, 10,629 ont été inscrites comme nourrices au sein, et 4,485 comme nourrices au biberon ; 128 ont été refusées.

Aux termes de l'article 7 de l'ordonnance de police du 1er février 1878 : « Toute délivrance, tout visa ou enregistrement de carnet de nourrice à la préfecture de police n'aura lieu, lorsque le cas l'exigera, qu'après un examen auquel il aura été procédé par un médecin de notre administration, et alors qu'il aura été établi que la nourrice remplit les conditions désirables pour élever un nourrisson. »

La contre-visite médicale à laquelle il a été procédé en conformité de la disposition précédente, a eu pour résultat d'infirmer les certificats médicaux qui avaient été délivrés à 402 nourrices, soit 80 de plus qu'en 1882, savoir : 355 femmes munies d'un certificat de nourrice au sein ont été reconnues insuffisantes et admises seulement comme nourrices au biberon ; 14 femmes ont été ajournées pour défaut de vaccination, puis inscrites ultérieurement ; enfin 33 femmes ont été refusées d'une façon absolue.

Des 15,242 nourrices qui ont sollicité en 1883 l'autorisation de la préfecture, 14,321 étaient présentées par des bureaux de placement et 921, étant domiciliées à Paris, étaient tenues, par l'article 2 de l'ordonnance de police du 1er février 1878, de se faire délivrer leur carnet à la préfecture de police.

Au point de vue de l'état civil, les 15,242 nourrices se répartissent ainsi :

3.620 célibataires, soit 23,81 p. 100.
11.163 femmes mariées, soit 73,18 p. 100.
459 veuves, soit 3,01 p. 100.

15.242

En 1883, les douze bureaux de nourrices de Paris ont placé 8,948 nourrissons (67 de plus qu'en 1882) qui ont été confiés, savoir : 5,208, à des nourrices au sein et 3,740 à des nourrices au biberon. Ces mêmes établissements ont placé, en 1883, 4,262 nourrices sur lieu (93 de moins qu'en 1882). Le nombre des femmes auxquelles les bureaux susvisés n'ont pu procurer de nourrisson ou de places de nourrice sur lieu, s'est élevé, pour la même année, à 1,190.

Il y a eu, en 1883, 20,071 enfants que leurs parents, domiciliés dans le département de la Seine, ont déclaré placer en nourrice, savoir :

18,085 hors du département de la Seine, et 1.986 dans ce département.

Voici les neuf départements qui ont reçu le plus grand nombre de nourrissons originaires de la Seine :

Eure-et-Loir	2 060
Seine-et-Oise	1 815
Loiret	1 771
Sarthe	1 677
Seine-et-Marne	1 480
Orne	1.326
Loir-et-Cher	1.083
Aisne	944
Yonne	943

Il y a eu :

En 1880...	17.145	déclarations de placement.
En 1881...	18 527	—
En 1882...	19 609	—
En 1883...	20 071	—

M. le préfet de police voit, à juste titre, dans cette progression, « la preuve évidente que les prescriptions de la loi de 1874 sont de mieux en mieux observées » Il exprime l'avis que le nombre des enfants qui, par suite de diverses circonstances, n'obtiennent pas la protection légale à laquelle ils ont droit, n'est pas aussi considérable dans le département de la Seine qu'on peut le croire. A l'appui de cette opinion, il invoque les faits suivants : De temps en temps, dit-il, « pour donner satisfaction à des commissions locales, je prescris des recensements dans certains quartiers ou certaines localités qui ont vu diminuer sensiblement le nombre de leurs nourrissons. Ces recensements, le plus souvent, ne donnent point les résultats qu'en espéraient les promoteurs de la mesure ; tout au plus, peut-on découvrir chaque fois un ou deux nourrissons qui n'étaient pas déclarés par suite des circonstances particulières dans lesquelles s'était effectué leur placement, placement provisoire ou quasi-gratuit (orphelin recueilli). »

M. le préfet de police reconnaît, d'autre part, « que les nourrices continuent à ne pas remplir, préalablement à la réception des nourrissons, les obligations qui leur sont imposées, et à apporter beaucoup de lenteur à régulariser la situation lorsqu'il n'y a plus qu'à consacrer le fait accompli, ce qui est le cas le plus fréquent. »

Envisageant le service dans son ensemble, M. le préfet de police se félicite « des résultats, de tous points excellents, produits dans le département de la Seine par six années d'application constante et rigoureuse de la loi de Protection ; » et il constate « que ces résultats sont dus à l'influence du service d'inspection, au zèle des médecins-inspecteurs et des visiteurs et au concours dévoué que leur ont prêté certaines commissions locales. »

Dans le département de la Seine, trois visites de surveillance sont faites par mois au nourrisson, lorsqu'au médecin inspecteur et à la dame visiteuse vient s'adjoindre un membre de la commission locale; les seules visites faites aux nourrissons par les médecins-inspecteurs ont atteint, en 1883, le chiffre de 20,720.

Grâce à cette action multiple, la plupart des mauvaises nourrices sont graduellement éliminées, les notions pratiques de l'hygiène infantile se vulgarisent, les soins donnés aux enfants sont à la fois plus attentifs et plus rationnels. Toutefois, dans le département de la Seine, à Paris surtout, le personnel des éleveuses se renouvelle rapidement, l'élimination des unes et l'éducation des autres doit donc être incessante pour maintenir les améliorations constatées, et, à plus forte raison, pour en réaliser de nouvelles.

M. le préfet de police se préoccupe justement de la salubrité du logement des nourrices et voudrait voir se généraliser une mesure adoptée avec succès par la mairie du treizième arrondissement de Paris et par celle de Courbevoie. Ces administrations, « préalablement à toute délivrance de certificats ou de carnet, font visiter les logements, se rendent compte de leur salubrité, de leurs dimensions, du nombre de personnes qui y habitent, et s'enquièrent, en même temps, des moyens d'existence de la nourrice. »

Dans le treizième arrondissement, les visites préalables dont il vient d'être parlé ont eu pour résultat de faire refuser douze nourrices et interdire absolument celles qui habitaient des rez-de-chaussée malsains.

A Courbevoie, grâce au concours dévoué des membres de la commission locale, aucun logement insuffisant n'a été accepté. Dans cette commune, sur 104 enfants protégés en 1883, il n'y a eu que 4 décès, un peu moins de 4 p. 100.

Les enquêtes dont il vient d'être parlé ne sont d'ailleurs, il faut le remarquer, que l'exacte application de l'article 28 du décret réglementaire : aux termes de cette disposition, le certificat délivré par le maire doit notamment contenir les renseignements que ce magistrat pourra fournir « sur la conduite et les moyens d'existence de la nourrice, sur la salubrité et la propreté de son habitation. »

On croit devoir exposer ici quelques-uns des vœux ayant pour objet l'amélioration du service et contenus dans le rapport de M. le préfet de police.

Ce haut fonctionnaire pense que la protection instituée par la loi de 1874 devrait être étendue aux enfants placés d'abord en nourrice, puis repris par leurs parents dans certaines conditions.

« Il suffit aujourd'hui à une nourrice que gêne la surveillance, de rendre son élève ; à des parents capricieux, de reprendre leur enfant pour que celui-ci soit tout à coup privé des bienfaits de la Protection, au moment peut-être où celle-ci allait plus que jamais lui devenir nécessaire. En effet, cet enfant était peut-être mal soigné, recevait une mauvaise alimentation ; son déplacement avait été reconnu indispensable. Le retrait s'effectue ; mais si le nourrisson n'est pas confié à une nouvelle éleveuse, s'il est repris purement et simplement par ses parents, quelles garanties aura-t-on qu'il va recevoir tous les soins que comporte son état ? »

M. le préfet de police voudrait, en conséquence, qu'il fût possible « de suivre l'enfant et de lui continuer, même dans sa famille, la protection à laquelle on a peut-être voulu le soustraire ».

Tout enfant repris par sa famille serait visité ensuite, au moins une fois, par un médecin-inspecteur : ce dernier constaterait l'état dans lequel le nourrisson est rendu, le degré de responsabilité qui peut incomber à l'éleveuse, et il continuerait à visiter l'enfant tous les mois, tant qu'il le jugerait nécessaire.

Dans le même ordre d'idées, M. le préfet de police demanderait qu'en cas de décès d'un nourrisson l'autorité judiciaire eût plus d'action « contre les parents qui, soit mauvais vouloir, soit désirs inavoués, se sont refusés à prendre les mesures destinées à sauver la vie de leur enfant ».

Voici un enfant confié à une nourrice au biberon, alors que l'alimentation au sein peut seule donner quelques chances de survie. Les parents persistent, malgré tous les conseils, à laisser leur enfant soumis à un mode d'alimentation qui lui sera funeste. L'enfant succombe. Dans l'état actuel de la législation, on ne peut poursuivre les parents que pour homicide par imprudence. « Des poursuites de cette nature paraîtraient excessives ; aussi serait-il préférable qu'on pût, dans la circonstance, appliquer une pénalité autre qui, malheureusement, n'existe pas....... Il y a là une situation qui mérite de fixer l'attention ; il est à souhaiter que l'administration, qui peut poursuivre les mauvaises nourrices, ne reste pas plus longtemps désarmée en face des parents négligents ou mal intentionnés. »

M. le préfet de police désire également que le bienfait de la Protection légale soit étendu aux enfants placés en nourrice et que l'on déclare être élevés sans salaire. Il est extrêmement rare qu'une telle déclaration soit l'expression de la vérité ; presque toujours elle n'est faite par l'éleveuse et confirmée par les parents que pour éluder la surveillance. Toutefois, la fraude est difficile à prouver ; le service est à peu près désarmé dans des cas semblables, et le rapport constate « que l'effet moral produit sur les nourrices qui sont surveillées est déplorable. »

M. le préfet de police serait d'avis qu'un délai de validité fût assigné aux certificats dont la nourrice doit se munir et, d'autre part, que la délivrance du certificat médical prévu par l'article 29 du décret réglementaire fût réservée aux médecins inspecteurs.

L'article 32 du règlement prescrit à la nourrice de faire vacciner son élève dans les trois mois du jour où il lui a été confié. Il y a là une disposition impérative dont l'inexécution expose la contrevenante aux pénalités édictées en l'article 13 de la loi, c'est-à-dire à une amende de 5 à 15 fr. Comme on le voit, dit le rapport, « la nourrice est seule visée par le règlement ; pourquoi ne pas viser également les parents qui, par leur ignorance ou leur mauvais vouloir, sont

généralement cause que la nourrice est en contravention ? »

La question de la qualité du lait que reçoivent les enfants élevés au biberon présente, comme on le sait, un intérêt capital : aussi croit-on nécessaire de reproduire à cet égard les parties essentielles du rapport :

« L'obstacle, comme toujours, c'est la question d'argent. A Paris même, on peut se procurer de bon lait, mais en le payant fort cher, c'est-à-dire au moins 60, 70 centimes et même 1 fr. le litre. Or, comment imposer cette dépense quotidienne à une nourrice qui reçoit une rétribution moyenne de 1 fr. à 1 fr. 25 par jour et qui a encore d'autres dépenses à supporter ? Exiger un pareil sacrifice des nourrices est impossible ; l'exiger des parents n'est pas plus facile. C'est probablement le défaut de ressources qui les a empêchés de prendre une nourrice au sein et leur a fait choisir une éleveuse au biberon ; c'est peut-être avec beaucoup de peine qu'ils parviennent à payer le salaire de cette femme.

Il faut donc absolument, si l'on ne veut pas voir la mortalité causée par le biberon se maintenir au chiffre actuel, venir en aide à l'enfant en permettant à son éleveuse de lui donner un lait de meilleure qualité.

Les moyens proposés à cet effet sont nombreux : les uns demandent la création de vacheries, de laiteries municipales, où nourrices et mères de famille seraient tenues de s'approvisionner. Cette substitution de l'administration à l'industrie privée ne paraît guère possible.

D'autres, et en plus grand nombre, demandent que « l'administration, l'assistance publique, les communes, passent des marchés avec des fournisseurs sérieux, qui, moyennant un prix minime de 40 centimes au maximum, donneraient aux nourrices un lait de première qualité, la différence entre le prix d'achat et le prix de vente devant être supportée par le budget de la Protection et faire l'objet d'un crédit spécial. Cette proposition paraît plus pratique et l'administration pourrait tenter un essai de ce genre ; le conseil général ne refuserait pas sans doute les quelques milliers de francs nécessaires à cette expérience. »

Les observations suivantes sont empruntées aux rapports des médecins-inspecteurs, des dames visiteuses, des maires, ainsi qu'aux délibérations des commissions locales.

1re circonscription (Paris) — Le médecin inspecteur constate que le chiffre de la mortalité reste à peu près stationnaire dans cette circonscription : « en effet, en 1881, 1882 et 1883, elle a été de 21,21 et 23 décès pour 250, 246 et 243 enfants en surveillance pendant le cours de chacune de ces années. »

Le médecin-inspecteur n'a pas à signaler « de nourrissons tombés malades ou décédés par suite de contraventions ou de négligence imputable aux nourrices. »

Il fait connaître que « la commission locale du 16e arrondissement, sur l'initiative du maire, a décidé de créer une caisse à l'effet de venir en aide aux familles qui ne pourraient payer régulièrement les mois de nourrice alors qu'après enquête la commission aurait été éclairée. Cette caisse de secours réunit le premier mois un fonds de 600 fr. environ; et l'administration préfectorale ne peut manquer d'encourager cette généreuse initiative.

Le rapport estime à 42 fr. 60 la moyenne du salaire mensuel des nourrices dans la circonscription susvisée.

Le même docteur se félicite de l'amélioration sensible réalisée en 1883 dans le service de la transmission des avis réglementaires. « Aujourd'hui les retards qui se produisent sont, dans la plupart des cas, le résultat de la négligence des nourrices qui ne font pas ou ne font que tardivement les déclarations de placement, de retrait ou de décès. »

Une commission locale se préoccupe « de l'arrêt sensible qui se produit dans le nombre des enfants déclarés comme placés sous sa surveillance. Elle croit que cet état de choses provient d'infractions à la loi, commises par des personnes qui nourrissent, gardent ou sèvrent des enfants, en ne faisant pas à l'administration les déclarations voulues. »

Il a été ouvert à la mairie du seizième arrondissement un registre des demandes et des offres des nourrices et des nourrissons.

Le maire du dix-septième arrondissement compris dans la même circonscription signale les faits suivants : « Le département d'Eure-et-Loir a reçu 144 nouveau-nés, celui de la Sarthe 114. Ce sont les deux régions qui ont recueilli le plus grand nombre d'enfants de mon arrondissement. J'ai fait dresser un relevé des différents avis que le maire de la commune où est envoyé l'enfant en nourrice doit faire au maire de la commune où a été enregistrée la déclaration prescrite par l'article 7.

Ce relevé fait ressortir avec quelle régularité sont tenus dans le département d'Eure-et-Loir les registres relatifs aux nourrices et le soin apporté aux diverses notifications. En effet, ce département, marqué pour avoir reçu 144 enfants, m'a notifié l'arrivée de 134 de ces enfants. Sur le nombre, il m'a fait savoir, en outre, que 40 étaient décédés et que 2 avaient été retirés. Ce travail, dressé pour les autres départements, ne présente pas une assez grande régularité dans les notifications pour qu'il y ait lieu d'en signaler le résultat. »

2° circonscription (Paris). — 253 enfants protégés : 27 décès. Le médecin-inspecteur fait remarquer que « sur ces 27 décès, 8 sont survenus chez des enfants qui n'ont point été visités, qui ont été placés malades, et dont le séjour chez la nourrice a été de 1, 2, 3 ou 8 jours... Trois autres décès sont survenus dans la première quinzaine du placement. »

14 retraits d'enfants ont été provoqués par le médecin-inspecteur; il s'exprime ainsi à cet égard : « Je n'ai trouvé aucune opposition et les parents invités à changer de nourrice, soit pour cause de logement insalubre, soit pour tout autre motif, se sont tous empressés de se conformer à l'invitation faite par M. le président de la commission locale.

Bien des retraits d'office ne sont pas opérés, ou du moins ne sont pas proposés, parce que les parents sont indigents et qu'aucune nourrice ne voudrait se charger des enfants retirés. Quel remède apporter à cela? Il n'y en a qu'un : une caisse de secours subventionnée par l'État et le département. Dans ma circonscription, plusieurs nourrices indigentes ont gardé des enfants par charité. Je dois dire que les municipalités ont facilité la chose, dans une certaine mesure, par des bons de 5 ou 10 fr. délivrés à ces braves nourrices sur un mot du médecin-inspecteur, de la dame visiteuse ou des membres de la commission locale. »

On lit dans le même rapport : « Beaucoup de filles-mères assistées s'engagent à remettre aux nourrices les secours qu'elles reçoivent de l'Assistance publique; mais elles ne tiennent pas leur promesse. Il serait donc utile d'obtenir de l'Assistance publique qu'elle voulût bien charger les municipalités de faire parvenir les secours à qui de droit. »

Une commission locale déclare « qu'indépendamment de l'affichage de la loi pratiqué par l'administration, il est absolument nécessaire, pour le bon fonctionnement du service, que tous les agents de la préfecture de police recherchent et signalent les infractions à la loi de Protection et au règlement. »

3° circonscription (Paris). — 232 enfants protégés : 15 décès En 1882, on avait compté 25 décès pour un effectif de 262 enfants protégés. Il y a donc eu, en 1883, une diminution notable de la mortalité. Le médecin-inspecteur tient à faire remarquer « la diminution du nombre des décès dus aux troubles digestifs. Ils ne figurent que pour 20 p. 100; l'année précédente, ils comptaient pour 40 p. 100. Il faut attacher de l'importance à ce rapprochement; car c'est tout particulièrement au point de vue du mode d'alimentation que le service d'inspection est appelé à protéger les enfants du premier âge. »

Quatre des nourrissons décédés avaient été placés en nourrice, déjà malades.

Un vœu est exprimé dans le rapport, en vue de l'assistance des nourrices dont les salaires sont irrégulièrement payés.

Le médecin-inspecteur constate que trop souvent les enfants sont placés en nourrice avec une layette des plus insuffisantes; mais, dit-il, « la mairie du vingtième arrondissement a sensiblement amélioré l'état des nourrissons pauvres en leur fournissant du linge et des vêtements Cette assistance est un véritable progrès et amène de très bons résultats. L'honneur de cette charitable intervention revient à Mᵐᵉ Violette de la 3° circonscription, qui a la première distribué des vêtements à nos petits enfants malheureux. »

Le médecin-inspecteur s'est efforcé « de diminuer autant que possible l'élevage au biberon et de faire adopter un autre modèle de biberon (biberon à sabot) que celui généralement mis en usage (biberon à long tube), cause la plus fréquente des affections des voies digestives que l'on rencontre chez les enfants... Quelquefois l'ignorance des parents vient rendre la tâche du médecin plus délicate et plus difficile, par suite des conseils étranges, des ordres qu'ils donnent à la nourrice sur la manière d'élever leur enfant. Il y aurait aussi bien des observations à faire sur le lait employé. Le montant du salaire reçu fait, dans ces cas surtout, sentir son influence. »

D'après le rapport de la dame visiteuse, « le refus de vaccination des nourrissons vient bien plutôt des parents que des nourrices qui, elles, trouvent un intérêt à faire vacciner l'enfant à la mairie, où elles touchent 3 ou 6 fr quand l'enfant fournit ensuite du vaccin. Chez les parents il y a encore beaucoup de préjugés à combattre »

On lit dans le même rapport : « Les logements sont très chers, et les nourrices pauvres se logent très haut, avec des escaliers impossibles, d'où il résulte que l'enfant n'est pas souvent sorti. D'autres encore habitent des endroits humides, une chambre étroite, où l'air n'est pas suffisant... Ces femmes vous répondent qu'étant pauvres, que, prenant un nourrisson pour les aider un peu à vivre, elles ne peuvent avoir un logement plus cher. »

La dame visiteuse exprime notamment le vœu « qu'une entente se produise entre les parents et les nourrices pour donner des bons de lait, afin que l'enfant ait chaque jour la quantité de lait suffisante et que la nourrice n'y supplée pas au moyen d'aliments indigestes qui occasionnent les plus graves désordres... Le secours que donne l'Assistance publique à la fille-mère qui élève son enfant ne pourrait-il être aussi remis directement à la nourrice et sous forme de bons de lait? »

M. le maire du onzième arrondissement constate « que les parents tendent de plus en plus, soit à élever eux-mêmes leurs enfants, soit à les envoyer dans différents départements éloignés, où les conditions de la vie sont moins onéreuses et où l'industrie nourricière est plus développée. C'est ainsi que nous avons eu à enregistrer, pendant l'année 1883, 1,380 déclarations d'envoi en nourrice, dont la presque totalité en dehors du département de la Seine. »

M. le maire du vingtième arrondissement fait connaître « qu'à la fin de l'année une tournée générale d'inspection a été faite au domicile des nourrices par le secrétaire de la mairie, la dame visiteuse, le médecin-inspecteur et l'employé chargé du service ; le résultat de cette enquête a été très satisfaisant. »

4ᵉ circonscription (Paris). — 264 enfants protégés : 24 décès. De ces 24 décès, dit le médecin-inspecteur, « 7 seulement ont été occasionnés par des maladies des voies digestives ». Il fait à cet égard un calcul comparatif en remontant à l'année 1880, et montre la diminution très sensible des décès causés par les affections gastro-intestinales; il ajoute que cette diminution lui paraît être une preuve des plus palpables, des plus éclatantes de l'utilité de la loi de 1874... Ce chiffre de 7 décès provenant de maladies des voies digestives appliqué à 264 enfants dont plus de 200 au-dessous d'un an a une éloquence significative et probante. »

Le rapport évalue à 38 fr. la moyenne, en 1883, du salaire mensuel des nourrices dans la circonscription.

L'administration a fait opérer 23 retraits, en s'adressant aux parents, soit par l'entremise du commissaire de police ou du maire, soit par

celle du médecin-inspecteur ou de la dame visiteuse.

Exiger, dit le médecin-inspecteur, « que tous les logements des nourrices fussent convenables serait impossible; la moitié sont insuffisants. Toutefois, dans un seul arrondissement, douze certificats administratifs ont été refusés cette année pour cause d'insalubrité de logements. Cette visite des logements a été décidée à ma demande, pour parer aux cas trop fréquents de bronchites et de pneumonies que j'observais dans les rez-de-chaussée notamment. »

Le médecin-inspecteur déclare « qu'en général le lait paraît un peu moins défectueux à Paris. D'autre part, les nourrices savent qu'elles ne doivent pas donner autre chose que du lait jusqu'à un certain âge ; et, sans exception, elles se sont conformées à cette pratique hygiénique. » Le même docteur voudrait voir supprimer, surtout pendant l'été, l'usage du biberon à long tube ; mais, ajoute-t-il, « je dois dire que les parents et les nourrices sont d'un accord désespérant pour empêcher cette réforme. Le biberon à tube est si favorable à la paresse des nourrices et si prôné par les réclames auprès des familles, que nos conseils échouent presque toujours. Il ne disparaîtra du service que par une ordonnance et encore... sera-t-elle exécutable? »

La dame visiteuse fait connaître que « dans le douzième arrondissement, les membres de la commission locale sont venus plusieurs fois en aide aux sevreuses nécessiteuses, afin de procurer aux enfants pauvres une meilleure alimentation. » Elle déclare que les parents qu'elle a quelquefois rencontrés chez les nourrices lui ont paru généralement très satisfaits de la loi de Protection. Ils en constatent les heureux effets, et c'est une grande sécurité pour eux. »

Une commission locale estime « qu'il conviendrait de faire rechercher par les soins des commissaires de police les nourrices qui contreviennent aux prescriptions réglementaires et de faire au besoin quelques exemples, surtout parmi celles qui sont signalées à la préfecture comme ayant eu chez elles des nourrissons morts avant d'être déclarés. Cette mesure aurait pour résultat de frapper l'esprit des nourrices récalcitrantes et de les déterminer à effectuer leurs déclarations dans les délais prescrits par la loi. »

On lit dans le rapport d'une autre commission locale : « Depuis un an déjà, les membres de la commission d'hygiène visitent le logement de toutes les femmes qui sont en instance pour obtenir un carnet de nourrice ; et, chaque fois qu'un logement est reconnu insalubre ou notoirement insuffisant, l'autorisation est refusée. »

5ᵉ circonscription (Paris). — 356 enfants protégés : 24 décès. La mortalité, dit le médecin-inspecteur, « a été en 1883 beaucoup moins élevée que pendant les années précédentes. Il y avait eu 31 décès en 1881, 42 en 1882 ; il y en a eu 24 seulement en 1883, quoique le nombre total des enfants inscrits et surveillés ait atteint dans cette dernière année un chiffre supérieur. »

4 retraits d'office ont été effectués.

Au cours d'un seul trimestre, sur 51 enfants sortis du service, 14 ont été rendus par les nouri ces aux parents qui payaient mal ou ne payaient plus.

Le médecin-inspecteur déclare « que la vaccination a été le plus souvent obtenue sans soulever de résistances. » Deux fois cependant l'intervention administrative a été nécessaire ; il s'agissait de deux enfants, âgés l'un et l'autre de plus d'un an, placés en nourrice, l'un depuis six mois, l'autre depuis un an. Les avertissements réitérés du médecin-inspecteur étaient comme non avenus. Ce n'est qu'à la suite d'une mise en demeure formelle du commissaire de police à la nourrice d'avoir à rendre ou à faire vacciner son nourrisson dans les 48 heures que cette opération a enfin été pratiquée. »

Une commission locale se félicite du bon résultat de l'affichage des prescriptions imposées aux nourrices ; il est à remarquer, dit-elle, « que dans les jours qui suivent immédiatement cet affichage, les nourrices qui sont en défaut par ignorance s'empressent de faire régulariser leur situation.

6° circonscription (banlieue), 1re section. — 303 enfants protégés : 37 décès. — La proportion des décès, dit le médecin-inspecteur, paraîtra cette année plus élevée qu'elle n'a jamais été dans ma circonscription depuis l'organisation du service. Or, sur les 37 décès survenus, 23 ont eu lieu dans les quinze premiers jours du placement ; et sur ces 23 décès, 5 se sont produits le jour même du placement, 11 dans le cours de la première semaine et 7 dans le cours de la seconde... Comme toujours, la cause principale des décès est attribuée à l'alimentation prématurée 25 fois sur 37. »

On lit dans le même rapport : « Le taux du salaire de nos nourrices a varié cette année entre 25 et 60 fr. ; le prix moyen est de 40 fr. au sein, de 35 au biberon. Ce salaire est insuffisant, en général, surtout pour l'élevage au biberon.

Faute de payement de la nourrice, trois enfants ont dû être recueillis par l'Assistance publique.

Le médecin-inspecteur ne considère pas comme praticable le retrait d'office, tel que le prévoit l'article 7 du règlement ; il s'est efforcé de suppléer à cette mesure, en intervenant officieusement avec toutes les précautions possibles, lorsqu'il a jugé la santé de l'enfant compromise par un élevage défectueux.

En 1883, il a demandé 25 retraits et en a obtenu 22. Voici, au sujet des conséquences de ces retraits, les renseignements qu'il fournit : 12 enfants, replacés en nourrice, se sont rétablis ; 8 enfants, repris par les parents, ont été améliorés ; 1 enfant repris par ses parents a succombé ; 1 enfant a été replacé en nourrice sans succès. Trois fois, les parents de nos nourrissons en danger se sont formellement opposés au changement de nourrice. Deux de ces enfants sont décédés et l'autre est resté en très fâcheux état.

Le médecin-inspecteur signale chez certaines nourrices une fraude qui consiste à simuler des placements sans salaire, afin d'éluder l'application de la loi.

Deux commissions locales ont pourvu par la fourniture de lait donné en nature à l'insuffisance de l'alimentation de quelques enfants de parents qui ne pouvaient payer les éleveuses.

La dame visiteuse reconnaît que les logements des nourrices sont en général bien tenus et assez aérés ; mais elle ajoute « qu'ils sont beaucoup trop chauffés par les grands fourneaux en usage aujourd'hui ; leur chaleur malsaine affaiblit le nourrisson ».

6° circonscription (banlieue), 2° section. — 164 enfants protégés : 26 décès. — Le médecin-inspecteur déclare que la mortalité a été sensiblement plus élevée que les années précédentes ; et il ajoute : « Ce résultat désolant est dû à plusieurs causes. D'abord, il y a eu plus que d'habitude des enfants nouveau-nés placés au biberon ; puis 6 enfants sont arrivés dans mon service en mauvais état, après avoir subi une alimentation défectueuse. De plus, sur 10 retraits que j'ai conseillés et sollicités, 5 seulement ont été obtenus ; et pour 4 enfants je n'ai reçu qu'un avis de décès. »

Des 26 décès, 20 ont été causés par les maladies des voies digestives.

Le médecin-inspecteur constate « que l'obtention préalable des différents certificats et du carnet n'a jamais lieu ; la nourrice prend d'abord un nourrisson, puis elle remplit les formalités. »

Le même docteur fait remarquer combien est peu rémunérateur l'élevage au biberon. « Le lait coûte en effet 40 centimes le litre ; si l'on ajoute à cette dépense celles occasionnées par le lavage du linge et l'emploi des liquides divers qui servent au coupage du lait, il reste à peine à la nourrice 15 francs par mois, quand elle reçoit 37 francs. Mais comment peut-elle faire quand elle n'est payée que 25 francs ? Quel lait peut-elle donner ? »

7° circonscription (banlieue), 1re section. — 297 enfants protégés : 21 décès.

Le médecin-inspecteur a observé « chez les enfants naturels une mortalité causée par la négligence ou le mauvais vouloir des sages-femmes chargées du placement. L'enfant sans nourrice, à peine nourri, reste chez ces personnes plus de temps qu'il ne faudrait ; et souvent elles ne se décident à prendre une nourrice (en général au biberon) que lorsque l'enfant est déjà malade et son existence compromise. »

La moyenne des salaires, est-il dit dans le même rapport, « est de 50 francs pour les nourrices au sein et, pour les nourrices au biberon, de 40 à 42 francs. Au-dessous de 35 francs, la nourrice peut à peine subvenir aux dépenses que lui cause ce mode d'élevage.

« Les logements occupés par les nourrices ou éleveuses au biberon sont loin d'être ce que l'on aurait le droit de demander au point de vue de la propreté et de l'hygiène ; et cependant la majeure partie de ces demeures est mieux tenue que celles des personnes de même condition qui n'ont pas de nourrissons. »

La dame visiteuse signale le fait suivant : « Beaucoup d'enfants en sevrage ou même élevés au biberon sont pris le dimanche par leurs parents : ces enfants sont dérangés de leurs habitudes ; on les refroidit ou on les nourrit trop ; et, quand ils sont rendus le lundi à leur nourrice, ils reviennent presque toujours souffrants. »

La même dame manifeste l'espoir « que le biberon à long tube finira par disparaître de la circonscription, grâce à la guerre acharnée que lui fait M. le médecin-inspecteur. »

7° circonscription (banlieue), 2° section. — 197 enfants protégés : 18 décès.

Le médecin-inspecteur signale, comme le font plusieurs de ses confrères, l'insuffisance du salaire des nourrices au biberon et les funestes conséquences qu'elle entraîne pour les enfants. « Il faut en moyenne de 80 centimes à 1 fr. de lait par jour ; et la nourrice ne peut y suffire si elle n'a que 30, 40, 45 et même 50 fr. par mois. Elle doit compter avec le blanchissage, l'entretien de la layette de l'enfant ; et surtout elle veut retirer son bénéfice. Le nourrisson est alors prématurément soumis à une alimentation substantielle ; et c'est là, continue le médecin-inspecteur, la cause de la mort des enfants au biberon et des enfants qui, élevés au sein, sont exposés au double allaitement autorisé par les parents. »

Le même docteur voudrait voir dresser des procès-verbaux contre toutes les nourrices qui n'auraient pas fait vacciner leur nourrisson dans les trois mois du placement.

Suivant l'appréciation de la dame visiteuse, « il devrait être absolument défendu à la nourrice d'élever au sein son propre enfant et son nourrisson, sous prétexte qu'elle a beaucoup de lait, que les parents du nourrisson donnent un certificat autorisant la nourrice à élever son propre enfant au sein encore quelques mois : un des deux enfants, souvent les deux, et la nourrice en souffrent, et il n'y a plus de garantie de bonne santé pour aucun. »

8° circonscription (banlieue), 1re section. — 292 enfants protégés : 29 décès.

Le médecin-inspecteur a constaté chez les enfants nourris au biberon une proportion de mortalité trois fois plus forte que chez ceux qui sont élevés au sein. Il évalue le salaire mensuel des nourrices « de 25 à 70 fr., prix extrême et rare. C'est l'élevage au sein qui est le mieux rétribué. »

20 retraits ont été provoqués par l'administration, « tous sur l'avis du médecin-inspecteur, et le plus grand nombre après consultation des commissions locales ».

Le médecin-inspecteur signale d'ailleurs une amélioration notable dans les soins donnés aux nourrissons : « les enfants sont moins souvent malades. Quand arrive une maladie ou une indisposition sérieuse, les nourrices observent nos instructions ; elles préviennent les parents, et, sans attendre des ordres, elles appellent le médecin. »

La dame visiteuse partage cette appréciation favorable ; elle mentionne ce fait que plusieurs éleveuses au biberon « ont deux biberons de rechange ; le lait ne s'y trouve plus aigri comme au début de la surveillance. »

8° circonscription (banlieue), 2° section. — 142 enfants protégés : 10 décès.

68 enfants étaient nourris au biberon ; il en est mort 8. — Des 74 enfants élevés au sein, 2 seulement ont succombé. On voit, dit le médecin-inspecteur, « l'écart considérable entre les deux modes d'élevage. »

Le même docteur évalue de 30 à 70 francs le salaire mensuel des nourrices ; « à peu d'exception près, les salaires convenus sont régulièrement payés. »

Le rapport signale la crèche de Boulogne comme « admirablement installée et pouvant servir de modèle. » Le nombre des enfants qu'elle reçoit a considérablement augmenté ; « c'est une des causes qui ont fait baisser sensiblement le nombre des nourrissons dans la circonscription de Boulogne. »

9° circonscription (banlieue). — 249 enfants protégés : 20 décès.

Remontant à l'année 1880, le médecin-inspecteur établit pour sa circonscription les proportions de mortalité suivantes :

1880 .... 12.29 p. 100
1881 .... 10.16 —
1882 .... 8.90 —
1883 .... 8.00 —

Le médecin-inspecteur a obtenu des parents « le retrait de deux enfants placés dans de mauvaises conditions et dont la vie paraissait en danger ».

D'après le rapport de la dame visiteuse, il est souvent difficile d'obtenir des nourrices qu'elles s'abstiennent de faire manger l'enfant avec elles ; mais on n'obtient rien des parents. Lorsque l'enfant a passé quelques jours dans sa famille, il revient malade.

Un des maires de la circonscription signale « le manque absolu de carnets chez les nourrices de province qui viennent chercher des enfants dans la commune, et le retard que mettent les maires de province à aviser de l'arrivée de l'enfant. La nourrice cherche d'abord le nourrisson et ne considère le carnet que comme un accessoire peu important ».

Un autre maire de la même circonscription a au contraire remarqué « que les communes des départements dans lesquelles les enfants sont envoyés en nourrice envoient avec beaucoup plus de régularité que par le passé les avis des déclarations qui leur sont faites ».

10° circonscription (banlieue). — 233 enfants protégés : 23 décès. 126 enfants étaient élevés au biberon, 84 au sein, 23 étaient placés en sevrage ou en garde.

Sur les 23 décès, dit le médecin-inspecteur, « il y en a eu 2 concernant des enfants nés avant terme, et dans des conditions telles qu'il n'y avait aucune chance de les faire vivre...... Sur les 21 décès restants, il y en a 12 pour les seuls mois de juillet et d'août. Ce fait d'une mortalité excessive pendant l'été est un fait général. Mais, si l'on considère que, sur ces 12 décès, 11 concernent des enfants élevés au biberon, il est bien évident que c'est la difficulté d'avoir du bon lait qui est la cause principale de cette mortalité effrayante. La grande question de l'élevage des enfants s'est donc un peu transformée depuis l'existence de la loi Roussel. Le manque de soins, les imprudences, les accidents figurent dans une petite part dans les causes de la mortalité. La grande affaire, c'est la difficulté d'avoir du bon lait, j'entends du lait fraîchement tiré. Ainsi, dans la commune de ..., une nourrice a pris au commencement de l'année deux enfants, non à terme, pour les élever au biberon. Elle a une vache dans son étable et je recommande de traire la quantité nécessaire aux deux nourrissons, de façon à ne leur donner du lait qu'immédiatement après la traite sans le laisser refroidir. J'ai la satisfaction de voir ces enfants se tirer d'affaire ; et actuellement, bien que délicats, ils se portent assez bien. »

On lit dans le même rapport : « Le lait dans les communes suburbaines laisse à désirer presque autant qu'à Paris ; il y a même dans ces communes des marchands qui se fournissent à Paris et ne reçoivent leur lait qu'une fois par jour, le matin, de sorte qu'à partir de trois ou quatre heures de l'après-midi, il n'y a plus moyen d'avoir une tasse de lait. J'en ai fait l'expérience moi-même. »

La moyenne des salaires des nourrices, dit le médecin inspecteur « s'est un peu élevée : elle était, en 1882, de 41 fr. 81 ; en 1883 elle est de 43 fr. 05. Cette moyenne, qui est de beaucoup plus élevée que dans le reste de la France, n'est pas suffisante, vu le prix du lait, même à la banlieue. »

Préoccupée de la même question, la dame visiteuse demande la création de laiteries municipales où le lait serait souvent contrôlé par l'autorité, et où les nourrices seraient tenues de se fournir à l'aide de bons à prix réduit, qui leur seraient remis par les mairies dans la mesure indiquée par M. le médecin-inspecteur. »

11ᵉ circonscription (banlieue), 1ʳᵉ section. — 259 enfants protégés : 21 décès. Le médecin-inspecteur ne croit pas que l'on puisse réduire ce chiffre de mortalité dans une proportion notable, si l'on tient compte de ce fait que dans un grand nombre de cas on n'a recours à une nourrice qu'après constatation de l'impossibilité pour la mère d'élever son enfant. « Souvent on tarde trop : l'enfant n'arrive entre les mains de la nourrice qu'à un moment où il ne peut plus digérer le lait abondant qu'il reçoit. Il meurt athrepsique ; mais on ne peut, en conscience, mettre la mort au bilan du mode d'élevage.... C'est ainsi que 4 des enfants décédés dans ma circonscription ont succombé moins de 20 jours après avoir été confiés à la nourrice. »

On lit dans le même rapport : « Il n'est pas de mois où je ne découvre quelque nourrice qui possède un nourrisson, souvent depuis longtemps, sans être mise en règle .... Il serait indispensable de faire faire dans toutes les communes, chaque trimestre ou chaque semestre, le recensement exact des nourrices. Une prime aux agents municipaux signalant les nourrices en contravention ; une réprimande d'abord, puis des poursuites contre les nourrices réfractaires, avec affichage à la porte de la mairie : tels sont les moyens qui me semblent les plus efficaces pour mettre un terme à ce fâcheux état de choses. »

L'auteur du rapport fait remarquer que « le retrait d'office, cette mesure si importante, ne peut être appliquée dans la majorité des cas. Le plus souvent, les parents refusent obstinément de changer de nourrice. Or, il n'existe au budget communal aucun crédit permettant à la municipalité de garantir à la nouvelle nourrice le payement du salaire auquel elle a droit : le maire hésite donc à engager une dépense non prévue ; et ce retard est d'autant plus regrettable que souvent la vie de l'enfant dépend de la promptitude de la décision. Un enfant est mort à Créteil dans ces conditions fâcheuses.

« C'est peut-être la question la plus urgente que soulève le service de Protection. »

11ᵉ circonscription (banlieue), 2ᵉ section. — 193 enfants protégés : 14 décès.

« Le salaire des nourrices, dit le médecin-inspecteur, a atteint une moyenne assez élevée, plus de 45 fr.. Presque toutes les nourrices ont pu être payées. Une d'entre elles a dû, faute de nouvelles des parents, porter l'enfant à l'hospice dépositaire. »

Le même docteur constate que « la vaccination des enfants soumis à la surveillance s'est faite en 1883 dans de très bonnes conditions et dans le délai indiqué par le règlement. Comme les années précédentes, la commune de Saint-Maur a fait venir à deux reprises une génisse ; et beaucoup de nos nourrissons ont eu le bénéfice de cette mesure. »

La commission locale de Saint-Maur exprime notamment le vœu que les nourrices aient la faculté de se procurer des nourrissons, par l'intermédiaire d'un bureau créé à la préfecture de police et donnant aux familles tous les renseignements utiles.

12ᵉ circonscription (banlieue), 1ʳᵉ section — 268 enfants protégés : 27 décès.

Le médecin-inspecteur exprime le vœu qu'avant de laisser confier un enfant à une nourrice au sein, on s'assure du point de savoir « si le propre enfant de celle-ci est à l'abri de la misère et si la nourrice chez laquelle il est placé offre toutes les garanties désirables. Dans le cas où les renseignements fournis par les municipalités ne seraient pas satisfaisants, il faudrait rendre la nourrice sur lieu à son enfant, afin que, dans un but de lucre, il n'y ait pas une victime de plus. Avant tout, une mère doit soigner son enfant. »

Un retrait d'office a été provoqué par le médecin-inspecteur : la mesure était motivée par l'insalubrité du logement de la nourrice.

L'auteur du rapport voudrait qu'aucune éleveuse au biberon ne pût prendre un enfant à moins de 40 fr. par mois ; et il ajoute : « Je mets au défi une femme de donner de bon lait à son nourrisson, à moins de 80 centimes par jour.»

Le même docteur demande qu'à l'égard des nourrices au sein le certificat d'aptitude physique ne puisse être valablement délivré que par le médecin-inspecteur de la circonscription.

Examinant la question du payement des salaires des nourrices, la dame visiteuse fait connaître qu'à ce point de vue les commissions locales ont été d'un grand secours, en s'adressant directement aux parents ; elles se sont efforcées de leur faire comprendre qu'il n'était pas possible d'exiger des soins maternels de la part d'une nourrice peu rétribuée. Cette intervention a souvent réussi.

La dame visiteuse demande « l'interdiction des gardeuses ou éleveuses au biberon, âgées de plus de 60 ans, ou ayant des infirmités qui les empêchent de promener les enfants et de les soigner convenablement. »

12ᵉ circonscription (banlieue), 2ᵉ section. — 167 enfants protégés : 22 décès.

« La mortalité, dit le·médecin-inspecteur, a été exceptionnellement forte cette année. C'est la commune de ..... qui a presque tous les décès à son compte. Il faut attribuer cette situation exceptionnellement mauvaise à la pauvreté des nourrices dans cette commune. Elles sont généralement mal logées, et leur indigence a pour conséquence de leur amener une clientèle de femmes pauvres et d'enfants qui ont déjà souffert avant d'être placés en nourrice. »

L'auteur du rapport estime que « l'assistance judiciaire aux nourrices (en vue du recouvrement de leurs salaires), peut être d'une certaine utilité. Mais, en somme, il est certain qu'elles n'ont pas le temps de s'occuper de poursuivre les personnes qui leur doivent. Le mieux pour elles est de ne pas laisser accumuler les mois qui leur sont dus : il n'y a, je le crains, que cela de pratique. »

Le même docteur voudrait voir établir un service de vaccination par génisses qui seraient amenées tous les trois mois dans chaque commune, soit que l'administration se mît à la tête de ce service, soit que l'on s'entendît avec un industriel. »

13ᵉ circonscription (banlieue). — 339 enfants protégés : 33 décès.

Le chiffre de la mortalité est un peu plus élevé en 1883 qu'en 1882. Le médecin-inspecteur dit à ce sujet : « L'humidité de l'atmosphère pendant l'année 1883 a augmenté la mortalité par les affections aiguës et chroniques contre lesquelles nous ne pouvons rien, et les décès causés par la misère physiologique, résultat d'une alimentation prématurée ou insuffisante contre laquelle nous sommes chargés de veiller, sont en petit nombre. »

On lit dans le rapport : « Pénétrées de l'importance de leur mission, bien dirigées par l'inspection, les commissions locales, alors que les municipalités mettent quelque argent à leur disposition, rendent les plus grands services. Leurs membres sont renseignés sur la moralité des nourrices, sur leur situation pécuniaire ; ils peuvent, dans les mille et un petits embarras de la vie, leur être utiles ; et leur surveillance assure la continuité de l'action de l'inspection dans l'intervalle des tournées. »

L'auteur du rapport renouvelle le vœu « de la création d'un office vaccinal qui rendrait les plus grands services au département de la Seine. »

Les constatations et réflexions suivantes ont trait à la question si importante du salaire des nourrices.

« En 1883, nous avons reçu de nombreuses plaintes des nourrices sur l'irrégularité du payement de leur salaire, notamment à Montreuil, où les enfants placés en nourrice appartiennent généralement à des familles ayant des ressources modiques et vivant de leur travail, dans les quartiers du faubourg Saint-Antoine et du Temple. Nous avons assisté, à un moment donné, à un véritable exode, le chiffre des enfants placés ayant diminué de près de moitié. Nous avons été, du reste, souvent le promoteur de la remise des enfants aux familles, notre expérience étant faite sur ce point : 1° que, lorsque les retards de payements s'accumulent, les nourrices ne peuvent plus être payées ; 2° que, lorsque la nourrice est mal payée, les enfants sont moins bien soignés. Depuis la fin de 1883, la situation s'est améliorée ; et aujourd'hui le nombre des nourrissons présents est revenu au taux normal, c'est-à-dire supérieur à 60 dans cette commune. Les payements se font régulièrement pour la plupart.

D'une manière générale, le médecin-inspecteur déclare avoir obtenu, dans l'hygiène des nourrissons, « des progrès notables là où la misère n'est pas un obstacle absolu ; » et il ajoute : « Par l'élimination successive des mauvaises nourrices, la vulgarisation des notions d'hygiène applicables à la première enfance, le service d'inspection a profondément modifié la situation existante lors de ses débuts. Sur cette question, le témoignage des commissions locales, des administrations municipales, qui connaissaient les mauvaises traditions ayant cours dans les diverses localités, est unanime ».

Deux des maires de la circonscription rendent hommage au remarquable dévouement dont les commissions locales qu'ils président n'ont cessé de faire preuve.

Un autre de ces magistrats constate « que souvent encore les nourrices de la province viennent chercher des nourrissons, sans être munies des certificats et du carnet réglementaires... des mairies de province négligent aussi l'envoi des avis de déclaration d'élevage, de retrait ou de décès. »

Une commission locale exprime notamment le vœu que les secours accordés aux enfants naturels par l'assistance publique cessent d'être payés aux filles-mères ; elle déclare qu'ils sont trop souvent détournés de leur but et demande qu'ils soient envoyés aux maires des communes où sont placés les enfants et remis aux nourrices par les soins de ces magistrats.

M. le préfet de police estime, à juste titre, que parmi les nombreuses questions soulevées par l'application de la loi du 23 décembre 1874, il en est une qui s'impose plus particulièrement à l'attention ; c'est la question du payement du salaire des nourrices. Elle sollicite vivement, dit ce haut fonctionnaire, « tous ceux qui s'intéressent à la première enfance ; et la solution du problème devient de jour en jour plus pressante. »

La préfecture de police reçoit de nombreuses réclamations ayant pour objet le recouvrement de mois de nourrice arriérés ou la recherche de parents disparus.

Ces réclamations ont pour cause, comme on le voit, l'inexécution de conventions intervenues entre des particuliers : elles ont par suite, en droit, le caractère de contestations d'un intérêt exclusivement privé, relevant des tribunaux civils et non de l'autorité administrative.

Toutefois, loin d'opposer une fin de non-recevoir à ces plaintes, la préfecture de police s'efforce, quand elles sont fondées, de leur faire donner amiablement satisfaction.

Voici comment elle intervient :

Lorsque l'adresse des parents est connue, ou peut être découverte, ils sont convoqués devant le commissaire de police de leur quartier ou dans les bureaux de la préfecture. « On leur donne connaissance de la réclamation dont ils sont l'objet ; on tâche de réveiller en eux les sentiments de famille ; on les exhorte à donner au moins une satisfaction partielle à la nourrice et à prendre pour le surplus des engagements précis ; on contrôle au besoin leurs déclarations, en cas d'impossibilité de leur part. »

Suivons maintenant, en les résumant, les indications du rapport, tant au point de vue du nombre et du caractère des réclamations qu'à celui des résultats obtenus, grâce à la bienveillante intervention de la préfecture de police : faisons d'ailleurs remarquer immédiatement que le travail en question ne porte que sur un semestre et a pour point de départ le 1er juillet 1883.

De la date précitée à celle du 31 décembre 1883, la préfecture de police a instruit 905 réclamations, soit une moyenne de 150 par mois et de 5 par jour.

De ces 905 réclamations, 307 émanaient de nourrices, 403 de municipalités, 65 d'administrations préfectorales, 76 de l'assistance publique de Paris, et 54 de diverses personnes.

De ces 905 réclamations, 220 ne mentionnaient pas le chiffre de la somme demandée ; M. le préfet de police supplée à cette lacune en prenant 25 fr. pour taux moyen du salaire mensuel de l'éleveuse : d'après cette base, et en additionnant d'autre part les créances dont le montant est spécifié dans les réclamations, il arrive pour le semestre à un total approximatif de 128,000 fr.

Des 905 enfants ayant fait l'objet de réclamations, 898 étaient placés en France et répartis dans 58 départements ; 7 étaient placés à l'étranger.

Des 58 départements où étaient élevés les enfants placés en France, 18 sont des départements d'industrie nourricière ; le nombre des réclamations qui émanaient de ces 18 départements s'élève à 765 et représente environ 85 p. 100 des cas.

Ces 18 départements se classent ainsi, d'après le nombre des réclamations : Loiret (91), Sarthe (87), Loir-et-Cher (78), Orne (74), Eure-et-Loir (57), Nièvre (50), Cher (49), Yonne (40), Pas-de-Calais (37), Aisne (36), Mayenne (33), Somme (33), Nord (32), Seine-et-Marne (19), Seine-et-Oise (14), Marne (13), Oise (11), Seine (11).

Parmi les 905 enfants qui ont été l'objet des réclamations, on compte 308 enfants légitimes, soit 34,03 p. 100, et 597 enfants naturels, soit 65,97 p. 100.

La profession n'ayant pas été désignée dans 126 cas sur 905, l'examen porte sur 779 cas, comprenant 221 professions d'hommes et 558 professions de femmes.

Sur 221 hommes, on compte : 42 journaliers, 98 ouvriers, 38 employés, 37 commerçants, 6 individus exerçant une profession libérale.

Sur 558 femmes, on compte : 36 journalières, 318 domestiques, 185 ouvrières, 6 employées, 3 commerçantes, 2 filles soumises, 8 femmes exerçant des professions libérales.

L'instruction des 905 demandes a donné lieu à 1,362 enquêtes.

Dans 33 cas (3,64 p. 100), la préfecture de police a obtenu le payement immédiat et intégral de la somme réclamée, et dans 108 cas (11,93 p. 100) le payement immédiat et partiel. L'intervention administrative a donc produit des résultats effectifs dans plus de 15 p. 100 des cas (15,57 p. 100).

Dans 226 cas (24,97 p. 100) la préfecture de police n'a obtenu que des promesses de payement à une échéance plus ou moins lointaine.

Dans 212 cas (23,42 p. 100), on a dû enregistrer une déclaration d'impossibilité de payement.

Dans 223 cas (24,64 p. 100), les parents n'ont pu être retrouvés.

Il n'est que juste de mettre ici en lumière la bienveillante initiative prise par la préfecture de police et qui s'exerce tout à la fois dans l'intérêt de pauvres femmes frustrées de leur modique salaire, et dans l'intérêt des nourrissons eux-mêmes, bien souvent victimes de l'inexécution des promesses de leurs parents. Cette inexécution n'est pas seulement constatée à l'égard des enfants originaires de Paris ; l'abus existe, toutes proportions gardées, dans les autres centres importants de population : il est donc bien à désirer que l'excellent exemple de la préfecture de police soit suivi par les administrations municipales des grandes villes.

SEINE-INFÉRIEURE

Crédits successivement votés par le conseil général :

1877	4.000 fr.
1878	4.000
1879	12.000
1880	12.000
1881	30.000
1882	55.600
1883	55.600
1884	56.000

Le crédit de 56,000 fr. proposé par le préfet a été voté sans débat par le conseil général.

Le service d'inspection a enregistré, pour 1883, un total de 7,476 enfants ayant droit à la Protection légale.

L'effectif présent, à la date du 31 décembre 1883, était de 3,632.

Avaient été enregistrés, en 1882, 7,730 enfants, soit 254 de plus qu'en 1883 ; mais, en 1881, on n'avait enregistré que 5,755 enfants.

De 1881 à 1882, l'effectif annuel s'était donc accru de près de 2,000 enfants (1,975).

Une progression semblable prouve l'énergie de l'impulsion donnée au service.

Parmi les 7,476 enfants enregistrés en 1883, 199 seulement appartenaient à d'autres départements que celui de la Seine-Inférieure, et parmi ces 199 enfants, 165 étaient originaires du département de la Seine.

Le comité départemental a tenu deux séances en 1883.

Bien peu de commissions locales fonctionnent régulièrement; presque toutes envoient des rapports trimestriels à l'appui des états fournis par les maires; mais le plus souvent rien n'indique que les enfants ont été visités par les membres des commissions.

Les juges de paix se sont transportés dans les communes pour opérer la vérification des registres; ces magistrats ont été priés de relever le nombre des inscriptions, mutations de toute nature et décès des enfants, ce qui a permis de contrôler la statistique dressée par l'administration départementale.

Les observations suivantes sont empruntées aux rapports des juges de paix.

Canton A. — « Les secrétaires de mairie ont de très grandes difficultés à obtenir des nourrices les pièces et renseignements exigés pour l'inscription régulière des enfants. »

Canton B. — « Dans toutes les communes du canton, les deux registres sont maintenant régulièrement tenus; les secrétaires de mairie se rendent bien compte de l'importance des inscriptions qui doivent y figurer. »

Canton C. — « Les registres sont généralement bien tenus; les visites médicales ne sont peut-être pas toujours régulièrement faites; la tenue des carnets à ce sujet aurait besoin d'être surveillée d'une façon plus sérieuse. »

Canton D. — « La surveillance des enfants en nourrice est réelle, grâce surtout au zèle du médecin-inspecteur qui se rend très fréquemment chez les nourrices. — Cette surveillance produit d'excellents résultats. Au chef-lieu notamment, les dames patronesses prêtent un utile concours au médecin-inspecteur. »

Canton E. — « La loi du 23 décembre 1874 est appliquée d'une manière satisfaisante par les nourrices; mais les parents négligent toujours, en grand nombre, de faire la déclaration qui leur incombe. »

Canton F. — « Sur les 15 communes composant le canton, il y en a seulement 4 où les déclarations ne sont pas faites régulièrement. 6 enfants sont décédés dans le cours de l'année : d'après les renseignements recueillis, aucun décès ne peut être attribué au défaut de soins des nourrices. »

Canton G. — « Tous les secrétaires de mairie se plaignent de la difficulté qu'ils éprouvent à obtenir des parents et des nourrices les déclarations imposées par la loi des 23 décembre 1874. Dans les grandes communes, il est presque impossible de connaître exactement le nombre des enfants ayant droit à la Protection légale. »

Canton H. — Le juge de paix signale une commune où, « malgré les affiches apposées et les avis, les nourrices font leurs déclarations très tardivement; et encore ne les font-elles que parce que le secrétaire de mairie les avertit plusieurs fois. »

Canton I. — « Les parents comme les nourrices négligent de faire les déclarations prescrites dans le délai légal. Il serait bon de leur rappeler les peines que leur insouciance leur fait encourir. Quelques poursuites, à titre d'exemple, seraient encore plus efficaces. C'est grâce au zèle des instituteurs qui, presque partout, sont secrétaires de mairie, que les registres contiennent les énonciations voulues par la loi. »

Canton J. — « Les parents négligent de remplir les obligations qui leur sont imposées par la loi du 23 décembre 1874. Il résulte, en effet, de l'examen auquel je me suis livré que, pour 50 enfants nés au Havre (et placés dans le canton), il n'a été reçu de la mairie de cette ville aucun avis de déclaration. »

Canton K. — « Le fonctionnement de la loi va toujours en s'améliorant. Cette année (1883), les secrétaires de la mairie ont apporté beaucoup plus de soin dans la tenue des registres. On rencontre bien encore quelques omissions; mais l'ensemble est généralement bon. La petite indemnité qu'on a accordée à ces secrétaires n'a pas peu contribué à les encourager dans l'accomplissement de leur tâche. »

Canton L. — Le juge de paix constate « que les commissions locales ne se réunissent pas et ne surveillent pas les nourrices ou gardeuses. Il y a sans doute quelques exceptions; mais elles sont rares. » Le même magistrat exprime le vœu que le médecin-inspecteur soit seul chargé, dans sa circonscription, « d'admettre ou de rejeter les demandes des femmes qui veulent être nourrices ou gardeuses. Le maire ne devrait être appelé qu'à délivrer un certificat de bonnes vie et mœurs à celles qu'il en jugerait dignes. »

Canton M. — « Les registres sont généralement bien tenus. Il y a encore cette année quelques irrégularités de détail qui certainement disparaîtront, les secrétaires de mairie paraissant tous pleins de bonne volonté et sensibles aux émoluments qui leur sont accordés. »

Canton N. — « La loi est maintenant parfaitement comprise par MM. les secrétaires de mairie. Les déclarations des nourrices et des parents se font très exactement dans toutes les communes. Les registres sont bien tenus et contiennent toutes les énonciations prescrites. Les omissions et irrégularités signalées dans notre rapport de l'année dernière ne se sont pas reproduites. »

Les sous-inspecteurs et les trois dames sous-inspectrices, dont l'emploi a été institué par le conseil général, ont visité, dans 558 communes, un grand nombre d'enfants ayant droit à la Protection légale : les sous-inspecteurs ont vu 1,702 et les sous-inspectrices 575 de ces enfants. Les cinq préposés au placement des pupilles hospitaliers ont vu, deux fois pendant l'année, chacun de ces pupilles âgés de moins de deux ans.

Il existait, en 1883, 95 circonscriptions d'inspection médicale : 80 médecins ont adressé le rapport de fin d'année.

35,095 bulletins de visite concernant 6,049 enfants ont été transmis à l'administration départementale. On rappelle que le total des enfants ayant figuré en 1883 sur les registres de la Protection est de 7,476.

40 enfants ont été retirés pour défaut de soins.

D'après les renseignements fournis par les médecins-inspecteurs, sur les 6,049 enfants visités, 5,703 étaient nourris au sein.

Les appréciations et renseignements qui suivent sont extraits de rapports des médecins-inspecteurs :

Circonscription A. — 72 enfants surveillés : 11 décès. Tous les enfants surveillés étaient élevés au biberon.

Circonscription B. — 79 enfants surveillés : 11 décès, 74 enfants étaient élevés au biberon et 5 seulement au sein : aucun de ces derniers n'a succombé. Des certificats, dit le médecin-inspecteur, « ont dû être refusés à des nourrices pour cause d'insalubrité de leur habitation. »

Circonscription C. — 45 enfants surveillés : 6 décès. Le médecin-inspecteur fait observer « que les enfants âgés de moins de six mois sont généralement enlevés par l'entérite, qui n'a le plus souvent pour cause qu'une alimentation mal dirigée. Dans ces cas, le délai d'un mois pour les visites médicales est un intervalle trop long; car la vie d'un enfant peut être sérieusement compromise d'une visite à l'autre. Si l'on veut obtenir de la loi Roussel tous les résultats favorables qu'elle peut donner, il vaudrait mieux limiter la surveillance à une année et faire pendant ce temps deux visites par mois. »

Circonscription D. — 25 enfants surveillés : 2 décès. Le médecin-inspecteur signale le danger et demande l'interdiction du biberon avec tube et tétine en caoutchouc.

Circonscription E. — 47 enfants surveillés : 3 décès. Tous les enfants surveillés étaient élevés au biberon. « Je n'ai pas reçu, dit le médecin-inspecteur, d'avis de placement, de mutation ou de décès émanant de MM. les maires de la circonscription. Je dois excepter, toutefois, la municipalité de ***, qui m'envoie régulièrement tous les bulletins. Dans les autres communes, c'est grâce à la bonne volonté des nourrices qu'il m'est possible de faire les visites mensuelles. »

Circonscription F. — 225 enfants surveillés : 23 décès, 215 enfants étaient élevés au biberon et 10 seulement au sein; aucun de ces derniers n'a succombé. Le médecin-inspecteur déclare que toutes les habitations des nourrices ne sont pas salubres, et il ajoute : « Une habitation humide est-elle une condition qui oblige à ordonner le retrait d'un enfant? Théoriquement, oui. Pratiquement, cela est bien difficile. »

Circonscription G. — 360 enfants surveillés : 39 décès. 356 enfants étaient élevés au biberon et 4 seulement au sein; aucun de ces derniers n'a succombé. La grande majorité des décès, dit le médecin-inspecteur, « est due aux maladies saisonnières, le choléra infantile pendant l'été, les bronchites et les broncho-pneumonies pendant la saison froide. »

On lit dans le même rapport : « Toutes les nourrices savent maintenant que le lait doit être l'aliment exclusif des six premiers mois de la vie, que cet aliment devient d'autant plus acide que l'on s'éloigne de l'heure à laquelle il a été trait, et qu'il y a lieu de rendre au lait son alcalinité première à l'aide d'une cuillerée d'eau de Vichy ou d'eau de chaux selon les cas ; aussi, toutes les nourrices sont-elles munies d'une bouteille d'eau de Vichy dont elles usent, d'ailleurs, avec la discrétion voulue. »

Dans la circonscription dont il s'agit, 2 retraits d'office ont été effectués pour manque de soins de la part des nourrices.

Circonscription H. — 151 enfants surveillés : 25 décès. — 142 enfants étaient élevés au biberon et 9 au sein; un seul de ces derniers a succombé. Le médecin-inspecteur répartit de la manière suivante les causes de décès : méningite, 4; bronchite aiguë, 5; bronchite spasmodique, 1; diphtérie, 1; diarrhée cholériforme, 12; diarrhée chronique, 2.

Circonscription I. — 22 enfants surveillés : 2 décès. — 15 enfants étaient élevés au biberon et 7 au sein; aucun de ces derniers n'a succombé. Le médecin-inspecteur se plaint de l'insalubrité des habitations des nourrices. « Tant que dure la belle saison, les enfants sont à peu près bien, car les habitants se répandent un peu dans toute la maison. Laissez venir la mauvaise saison; vous voyez souvent six, huit personnes réunies dans une petite pièce de 8 à 10 mètres carrés, chauffée par un mauvais poêle. L'air n'est pas renouvelé; la chaleur est énorme; les enfants respirent à peine dans cette atmosphère viciée et nauséabonde. »

Circonscription J. — 173 enfants surveillés : 27 décès. Le médecin-inspecteur a reconnu que le lait donné aux nourrissons était souvent falsifié; il ajoute : « J'en ai fait l'observation au conseil d'hygiène. M. le préfet a fait examiner le lait importé en ville à différentes reprises; un certain nombre de laitières ont été poursuivies et condamnées. »

Circonscription K. — 36 enfants surveillés : 1 décès (diphtérie). Tous les enfants étaient élevés au biberon. Beaucoup ont été éprouvés par la coqueluche.

Circonscription L. — 24 enfants surveillés : 1 décès (entéro-colite). Tous les enfants étaient élevés au biberon. Un retrait a été provoqué par le médecin-inspecteur.

Circonscription M. — 28 enfants surveillés : 3 décès. Le rapport signale la négligence des nourrices à demander le médecin. « J'ai été appelé deux fois dans la commune de *** pour constater le décès de deux enfants mis en nourrice et morts sans avoir reçu de soins médicaux. Les nourrices avaient ces enfants depuis environ quinze jours; elles ne possédaient ni certificat du médecin, ni carnet. »

Circonscription N. — 55 enfants surveillés : 4 décès. 47 enfants étaient élevés au biberon et 8 au sein. Trois des décès mentionnés sont afférents à cette dernière catégorie. Voici les causes assignées par le médecin-inspecteur aux trois décès survenus parmi les 8 enfants élevés au sein :

1° Enfant ***, grippe broncho-pneumonie, mauvais soins;

2° Enfant ***, constitution chétive, athrepsie ;
3° Enfant ***, misère physiologique, mauvais soins antérieurs.

L'enfant, élevé au biberon et décédé, n'a pas reçu de soins médicaux.

Circonscription O. — 220 enfants surveillés : 6 décès (1 par méningite, 1 par piqûre de mouche, 1 par rougeole compliquée d'inflammation des ganglions mésentériques, 3 par diarrhée pendant la période de la dentition). La santé est bonne en générale, dit le médecin-inspecteur, « la mortalité diminue beaucoup et mon, rapport le prouve ; car après vérification très scrupuleuse de mon livret, il n'y aurait que 6 décès ; et 3 auraient pu être évités, ceux qui se sont produits pendant la dentition. »

Circonscription P. — Après s'être félicité de l'abaissement de la mortalité, le médecin-inspecteur ajoute : « Dans ma circonscription s'est produite une épidémie de rougeole scarlatineuse qui a mis beaucoup d'enfants en danger ; et j'ai la conviction intime que si la loi Roussel n'eût pas été mise en vigueur, une trentaine d'enfants aujourd'hui ne seraient plus, faute d'avoir reçu tous les soins que nécessitait leur état nuit et jour. » Le même médecin-inspecteur déclare n'avoir eu qu'à se louer de MM. les maires de sa circonscription. Tous ont envoyé régulièrement les avis de placement, de mutation et de décès. »

Circonscription Q. — 80 enfants surveillés : 12 décès. — 67 enfants étaient élevés au biberon, 12 au sein et un au petit pot. Les 12 décès sont afférents à la catégorie des enfants élevés au biberon.

Circonscription R. — 41 enfants surveillés : 9 décès (6 par l'entérite, 2 par la broncho-pneumonie, 1 par l'athrepsie). — 32 enfants étaient élevés au biberon et 9 au sein : aucun de ces derniers n'a succombé.

Circonscription S. — 67 enfants surveillés : 10 décès. 56 enfants étaient élevés au biberon et 11 au sein. Un de ces derniers a succombé. Le médecin-inspecteur s'exprime ainsi : « La salubrité des habitations laisse toujours à désirer ;...... pour remédier au mal dans ma circonscription, il faudrait démolir complètement tout le quartier. En général, les enfants sont malingres, chétifs. Privés de l'air et de la lumière indispensables à leur développement, ces pauvres petits êtres ne tardent pas à s'étioler et à devenir la proie de cette misère physiologique qui a nom anémie. »

Circonscription T. — 112 enfants surveillés : 19 décès. 94 enfants étaient élevés au biberon et 18 au sein : 15 décès sont afférents à la première catégorie et 4 à la seconde (11 décès par entérite, 3 par broncho-pneumonie, 2 par méningite, 2 par athrepsie, 1 par rougeole). On lit dans le rapport : « Cette année (1883), aucune maladie épidémique grave n'a sévi sur les enfants du premier âge. — La majorité d'entre eux étant souvent visitée par les parents, leur santé, sitôt compromise, est l'objet de soins médicaux immédiats. »

Circonscription U. — Le médecin-inspecteur déclare que « le quartier soumis à son inspection étant un quartier excentrique, la régularité des avis de placements, mutations et décès en a beaucoup souffert. Il m'arrive chaque mois d'aller visiter des nourrices dont les nourrissons sont morts ou retirés depuis assez longtemps. Réciproquement, je ne visite point des nourrisseurs dont j'ignore absolument l'existence. Il résulte de ces faits que je ne puis donner un total exact des enfants soumis à l'inspection non plus que des décès. — Les irrégularités signalées sont dues en grande partie à l'incurie des nourrices et même des parents qui ignorent complètement la loi Roussel. »

Circonscription V. — 185 enfants surveillés : 28 décès. 161 enfants étaient élevés au biberon et 24 au sein : 26 décès sont afférents à la première catégorie et 2 à la seconde. On lit dans le rapport : « L'épidémie habituelle de diarrhée infantile estivale a été très sévère en 1883, et la mortalité est montée à 15 p. 100 ; je crois d'ailleurs que ce chiffre aurait été beaucoup plus élevé sans l'influence de la loi Roussel. »

Circonscription X. — 65 enfants surveillés : 8 décès. La plus grande cause de mortalité, dit le médecin-inspecteur, « a été une épidémie de bronchite capillaire. 2 enfants sont morts presque aussitôt arrivés chez les nourrices. Quant aux enfants au sein, il y a de graves inconvénients dans l'élevage simultané de l'enfant de la mère et du nourrisson. C'est l'enfant de la maison qui prospère et l'enfant en nourrice qui demeure presque toujours chétif. Les enfants au biberon qui ont un bon lait prospèrent mieux dans de telles conditions. Ainsi, dans ma circonscription, sur 5 enfants au sein, il y a 3 morts, tandis que sur 60 au biberon, il n'y en a que 5. »

Circonscription Y. — 150 enfants surveillés : 17 décès. « L'entérite des nouveau-nés est la principale cause de mortalité ; mais le nombre des décès est plus considérable que l'an dernier (1882)... La femme X, qui soignait très mal ses nourrissons, a été poursuivie à une requête et condamnée par le tribunal de police correctionnelle. »

Circonscription Z. — 58 enfants surveillés : 9 décès. Tous les enfants surveillés étaient élevés au biberon. La santé des enfants, dit le médecin-inspecteur, « a été généralement bonne. Il n'y a pas eu de maladies épidémiques sérieuses. »

Circonscription A'. — 30 enfants surveillés : 1 décès. Un retrait d'office a été prononcé ; le médecin-inspecteur s'exprime ainsi au sujet de cette mesure : « l'enfant, dans un état de saleté repoussant, était abandonné aux soins d'une petite fille de six ans. La dame sous-inspectrice, M. le préposé et moi, avons agi d'un commun accord. »

Circonscription B'. — 18 enfants surveillés : 3 décès. Le médecin-inspecteur déclare « que la santé des enfants a été moins satisfaisante qu'en l'année 1882. La mortalité, en 1883, s'est élevée à plus de 16 p. 100, tandis qu'elle ne dépassait guère 7 p. 100 en 1882. »

Circonscription C'. — 97 enfants surveillés : 6 décès. Le médecin-inspecteur déplore l'insalubrité générale des habitations des nourrices, à quelques exceptions près; il ajoute qu'il n'y a que les pauvres gens qui consentent à recevoir des enfants en nourrice ou en garde et que le défaut d'instruction empêche toutes ces personnes de comprendre les lois les plus élémentaires de l'hygiène.

SEINE-ET-MARNE

Crédits successivement votés par le conseil général :

1877	16.000 fr.
1878	4.000
1879	20.000
1880	20.000
1881	30.000
1882	30 000
1883	51.300
1884	52.300

L'effectif total des enfants observés au cours de l'année 1883 est de 4,837.

Ces 4,837 enfants se répartissent de la manière suivante :

D'après le sexe :

Garçons	2.455
Filles	2.382
	4.837

D'après l'état civil :

Légitimes	3.923
Naturels	887
Etat non indiqué	27
	4.837

D'après le département d'origine :

Originaires de Seine-et-Marne	1.350
Originaires de la Seine	3.347
Originaires d'autres départements	140
	4.837

D'après le mode d'alimentation déclaré :

Au sein	2.258
Au biberon	2.524
Au pis de la chèvre	32
En garde	23
	4.837

Il a été notifié à la préfecture 634 décès afférents à l'effectif susvisé de 4 837 enfants. La proportion est de 13.10 p. 100; en 1882, elle était de 11.71 p. 100; d'où une augmentation de mortalité de 1.39 p. 100 pour l'année 1883.

L'effectif présent au 1er janvier 1884 était de 2,321 enfants.

L'inspecteur des enfants assistés déclare « que le comité départemental de Seine-et-Marne n'est resté étranger à aucune des questions ni à aucun des faits de service sur lesquels il avait à se prononcer; ce n'est qu'après une étude approfondie qu'il a exprimé son avis sur les affaires qui ont été soumises à son examen. Il est tout prêt à seconder plus amplement encore l'administration, quand elle le jugera nécessaire. »

En 1883, il existait 264 commissions locales dans le département de Seine-et-Marne : 103 se sont réunies. Elles ont tenu 263 séances et ont fait parvenir 125 délibérations à la préfecture. Ces documents, à l'exception de trois, contiennent des propositions de récompenses en faveur de nourrices et déclarent que les enfants sont généralement bien soignés; mais ils ne constatent nullement qu'une surveillance effective ait été exercée au profit de ces derniers par les commissions locales.

Les tribunaux de simple police ont condamné 5 nourrices, qui n'étaient pas munies des pièces réglementaires ou qui n'avaient pas fait les déclarations prescrites, à 1 fr. d'amende et aux dépens, et trois autres à 5 fr. et 3 fr. d'amende : une nourrice a été notamment condamnée pour ne s'être pas pourvue d'un garde-feu, ainsi que l'exige l'article 28 du règlement.

Le tribunal de police correctionnelle de Fontainebleau a condamné à 5 francs d'amende une nourrice qui avait contrevenu aux articles 9 de la loi et 27 du règlement En résumé, il y a eu trois condamnations de plus en 1883 qu'en 1882.

L'inspecteur des enfants assistés déclare qu'un examen attentif des états de recensement dressés par les municipalités « lui a fait découvrir 328 infractions qui n'ont été l'objet d'aucune poursuite. »

23 nourrices ont été interdites pour leur manque de soins à l'égard des enfants qui leur étaient confiés.

Tous les juges de paix ont procédé à la vérification des registres et signalent une notable amélioration dans la tenue des écritures. D'autre part, ils s'accordent à constater et à regretter le défaut de fonctionnement des commissions locales.

Canton de A. — On lit dans le rapport du juge de paix : « Les cadres des deux registres qui paraissaient à l'origine si compliqués et restaient en grande partie en blanc, sont mieux compris et sont remplis exactement. . . . . Je suis d'avis que le meilleur moyen d'assurer le fonctionnement régulier de la loi du 23 décembre 1874 est de poursuivre sans hésitation les parents ou nourrices, sevreuses ou gardeuses qui désobéissent gravement à ses prescriptions et de récompenser, comme cela a lieu, les nourrices qui le méritent. »

Canton de B. — « Il serait à désirer, dit le juge de paix, que le certificat médical fût gratuit, comme le sont toutes les autres pièces; les nourrices, auxquelles on réclame, pour ce certificat, 2 fr. et 2 fr. 50, reculent devant ces frais.
— Il y aurait lieu d'exiger des nourrices plusieurs paillassons; la plupart n'en ont qu'un qu'elles tournent et retournent : il est toujours humide, surtout l'hiver. »

Canton de C. — Le juge de paix demande que les maires des communes rurales fassent publier à son de caisse, plusieurs fois dans l'année, les dispositions essentielles de la loi de 1874. « De cette façon, bien que nul ne soit censé ignorer la loi, les parents et les nourrices ne pourraient arguer de leur ignorance. » Le même magistrat voudrait également que « les maires se fissent représenter, plusieurs fois dans l'année, les carnets des nourrices pour contrôler la tenue de ces carnets. »

Canton de D. — « La loi n'est pas bien connue et n'est pas encore entrée dans la pratique. Presque partout les maires et les secrétaires de mairie sont obligés de solliciter et de presser les nourrices pour arriver à l'exécution des prescriptions légales. Il serait bon qu'un extrait de la loi fût affiché et publié dans chaque commune une fois par an. »

Canton de E. — « Souvent les maires de la commune d'origine des nourrissons n'avertissent pas les maires du domicile des nourrices. Cela a lieu fréquemment pour les nourrissons de Paris, qui sont les plus nombreux. Le juge de paix recommande bien de révéler à qui de droit les irrégularités commises; mais il appartient à une autorité supérieure d'agir plus efficacement et d'inviter les maires à être plus exacts, moins indulgents, moins tolérants »

En 1883, il y avait dans le département de Seine-et-Marne 100 médecins-inspecteurs des enfants du premier âge.

Sur ces 100 médecins, 76 ont adressé à la préfecture leur rapport de fin d'année accompagné de renseignements statistiques, 11 ont envoyé un rapport incomplet, 9 n'ont fait parvenir aucun document, 3 se sont démis de leurs fonctions et 1 est décédé.

En 1882, sur 103 médecins-inspecteurs, 42 seulement avaient adressé leur rapport de fin d'année.

En 1883, 22,522 bulletins de visites faites par 87 médecins-inspecteurs et concernant 4,187 enfants ont été transmis à la préfecture. L'inspecteur des enfants assistés ajoute « que 15 praticiens ayant à surveiller 592 enfants, qui l'ont été effectivement, ont négligé d'envoyer leurs bulletins mensuels et de faire liquider leurs honoraires ».

Dans les 76 circonscriptions dont les titulaires ont fourni un rapport accompagné de renseignements statistiques, l'effectif total des enfants observés en 1883 est de 3,984.

Les 76 médecins-inspecteurs ont signalé 473 décès afférents à cet effectif de 3,984 enfants.

Voici, d'après les rapports de ces médecins, comment se divisent, par périodes d'âge et par maladies, les 473 décès signalés :

De 1 jour à 1 mois	148
De 1 mois à 2 mois	74
De 2 mois à 3 mois	42
De 3 mois à 4 mois	30
De 4 mois à 5 mois	31
De 5 mois à 6 mois	31
De 6 mois à 1 an	78
De 1 an à 2 ans	39
	473

Faiblesse congénitale	27
Affections syphilitiques	5
Affections cérébrales et convulsions	52
Gastro-entérite	114
Athrepsie et diarrhée cholériforme	140
Diphtérie	7
Broncho-pneumonie	75
Coqueluche et maladies diverses	46
Causes non indiquées	7
	473

Circonscription A. — Le médecin-inspecteur propose l'allocation « d'une légère indemnité aux gardes champêtres (50 centimes par exemple) pour chaque nourrisson qu'ils feraient découvrir ».

Circonscription B. — Les habitations, dit le médecin-inspecteur, « laissent certainement à désirer : toutes sont au rez-de-chaussée et plus ou moins humides, toujours composées de deux pièces. La plus spacieuse, la plus aérée, la mieux éclairée sert de cuisine, de salle à manger, etc. ; la seconde pièce, plus petite, moins aérée et éclairée, très souvent humide, sert de chambre à coucher. La première, où l'on se tient tout le jour, est la seule chauffée; là se trouve le berceau du nourrisson qu'on transporte la nuit dans la seconde pièce qui est toujours froide : de là une cause de bronchites fréquentes.»

Circonscription C. — Le médecin-inspecteur déclare « que les habitations des nourrices sont assez bien tenues et bien aérées. Les enfants sont promenés au grand air lorsque la température est favorable. Cette pratique les fortifie et calme, en outre, la surexcitation nerveuse très fréquente dans l'enfance ».

On lit dans le même rapport : « La loi ne protège pas assez les intérêts de la nourrice contre la mauvaise foi et les manœuvres frauduleuses des parents des nourrissons. Trop souvent la nourrice ajoute foi à leurs promesses; elle attend son salaire pendant trois ou quatre mois; et, après ce laps de temps, elle est obligée de renvoyer à ses frais le nourrisson à ses parents. Si elle a recours à la justice pour obtenir une réparation pécuniaire, les frais de poursuite restent à sa charge.. ...... Pour remédier à cet abus, il serait urgent d'introduire dans la loi un article qui taxerait d'escroquerie le non-payement des frais de nourrice et obligerait le ministère public à poursuivre sur la plainte justifiée de la nourrice. »

Circonscription D. — « Il est fâcheux que le médecin-inspecteur ne soit pas toujours appelé à constater les maladies, sinon à les traiter, ce qu'on ne peut exiger. Mais, lorsqu'un nourrisson meurt après avoir été soigné par un médecin étranger au service, le médecin-inspecteur ne peut s'en rapporter qu'au certificat de décès pour en classer les causes. Il m'est arrivé quelquefois de n'apprendre la mort d'un nourrisson, que j'avais vu très bien portant à ma dernière visite, qu'en allant le visiter le mois suivant. J'ai remarqué que ce sont surtout les nourrices auxquelles j'ai eu des reproches à adresser qui ont appelé des médecins étrangers à donner des soins à leur nourrisson. »

Le même inspecteur déclare « n'être pas partisan des chariots dans lesquels on place, souvent pendant des heures entières, des enfants de 7 à 8 mois, quelquefois moins âgés encore. J'ai eu souvent à constater des incurbations des jambes qui ne provenaient pas d'une autre cause. Je voudrais qu'il fût interdit aux nourrices, sevreuses ou gardeuses, de prendre une lice ou un chariot. »

On lit enfin dans le même rapport : « Il arrive très souvent que le médecin n'est pas payé par les parents des nourrices (pour les visites faites à ceux-ci pendant la maladie). Il arrive aussi que la nourrice reçoit l'argent et ne le remet pas au médecin. Je pourrais citer au moins quatre nourrices qui sont dans ce cas, une même pour une somme assez forte. Il me répugne de les dénoncer à M. le procureur de la République.

« Le moyen d'assurer le payement des soins médicaux et des médicaments consisterait peut-être à employer celui qui se pratique à Paris pour les visites de nuit. La préfecture de police remet au médecin un bon de la somme qui lui est due et se fait rembourser elle-même par les personnes solvables. La préfecture de la Seine pourrait faire de même à l'égard des médecins pour les enfants de Paris, qui sont les plus nombreux : le département de Seine-et-Marne payerait pour les autres. »

Circonscription E. — Le médecin-inspecteur demande « qu'il soit interdit aux nourrices de se servir de biberons avec tube en caoutchouc ou fermant avec un bouchon de liège. . . . . .

« Il faudrait que la nourrice fût contrainte de faire usage du biberon en verre tout d'une pièce. »

Circonscription F. — L'allaitement au biberon, dit le médecin-inspecteur, « réussit chez les enfants placés dès les premiers jours de leur naissance dans ma circonscription, tandis que l'allaitement mixte, continué à Paris pendant plus ou moins de mois, expose les enfants, soit au muguet, soit à une débilité générale. »

Circonscription G. — Aux yeux du médecin-inspecteur, « la cause principale des décès chez les enfants en nourrice est due au manque de propreté des biberons. »

Circonscription H. — « Les nourrices sont souvent absentes au moment de la visite du médecin-inspecteur. J'estime qu'une fois sur trois on ne les trouve pas à leur domicile. Les enfants des nourrices et les nourrissons sont souvent seuls, enfermés à clef dans une chambre ; d'autres fois, ils sont confiés à la garde d'un enfant de dix à douze ans. L'inspecteur se trouve donc obligé de faire, si mon évaluation est exacte, un tiers de plus de visites qu'il ne devrait, s'il rencontrait chaque fois la nourrice. »

Circonscription I. — « Assez souvent le médecin-inspecteur, dans ses tournées, ne trouve personne dans la maison de la nourrice : la porte est fermée ; il n'y a que le nourrisson qui pleure. Si l'inspecteur s'informe, on lui répond invariablement : « Bien sûr qu'elle est allée laver ». J'ai souvent changé mes heures, parce que d'habitude on m'avait dit: C'est dans l'après midi, quand les enfants dorment, que les nourrices vont laver. Mais, à mes tournées du matin, je n'étais pas plus heureux. »

Circonscription J. — Le médecin-inspecteur signale comme un danger pour la santé des nourrissons « le chauffage exagéré de presque toutes les habitations par des fourneaux à combustion de houille. »

Circonscription K — « Le voisinage de Paris, dit le médecin inspecteur, fait que les mauvaises nourrices, dans la crainte de ne pas obtenir de certificat du médecin-inspecteur, vont se procurer cette pièce à Paris. »

Circonscription L. — « Les habitations d'un grand nombre de nourrices laissent beaucoup à désirer... Il ne faut pas oublier toutefois que la plupart des nourrices ne sont que les femmes de simples ouvriers ou de petits artisans, et qu'il serait bien difficile, dans nos régions, d'en recruter dans une autre classe. Une amélioration très grande, au point de vue de l'hygiène, pourrait être introduite dans les campagnes si l'on faisait fonctionner rigoureusement la loi sur les logements insalubres »

Le même médecin-inspecteur déclare « que l'on est parfois presque suffoqué quand on entre dans la demeure de certaines nourrices, par la température qui y règne... Rien ne prédispose autant les enfants à contracter des refroidissements, des maux de tête, etc. »

On lit dans le même rapport : « Il conviendrait de bannir de la pratique de l'élevage l'emploi des biberons à appendices en caoutchouc... Ces instruments réclament toujours la propreté la plus minutieuse, en dehors de laquelle ils deviennent une des causes les plus puissantes des affections gastro-intestinales qui tuent la plupart des enfants. Le verre est mille fois préférable au biberon le plus perfectionné. »

Circonscription M. — Le médecin-inspecteur constate que « les cas de bronchite diminuent, ce qui indique plus de précautions de la part des nourrices. »

Circonscription N.—« La plupart des nourrices ne veulent pas admettre qu'on baigne les enfants ou même qu'on les passe à l'éponge. Elles ne le font que très rarement, lorsqu'il règne des chaleurs excessives. »

Circonscription O. — Le médecin-inspecteur exprime notamment le vœu :

« Que le salaire mensuel des nourrices soit garanti par la loi ;

« Que toute nourrice ait droit, à la fin de l'année, à une prime d'encouragement de 100 fr., quand elle pourra présenter un bel enfant gros et fort comme preuve et témoignage de ses bons soins ;

« Qu'il soit réservé au budget départemental un modeste crédit pour fournir l'hiver aux nourrices délaissées des habits chauds et quelque linge de rechange pendant l'été. »

Circonscription P. — Le médecin-inspecteur voudrait voir protéger les nourrices, au point de vue de leur salaire, ainsi que les médecins et les pharmaciens qui donnent des soins ou délivrent des médicaments aux enfants malades : il conviendrait « de faire en sorte qu'ils ne fussent pas constamment frustrés. »

Circonscription Q. — « On peut dire d'une manière générale, toutes réserves faites d'ailleurs, que les soins donnés aux enfants sont proportionnels :

« 1° Aux recommandations émanées des parents et à la conviction que la nourrice s'est faite qu'on tient ou qu'on ne tient pas à conserver l'enfant (ce sont les expressions employées d'ordinaire dans le pays);

« 2° A la régularité avec laquelle les mois sont payés. »

Circonscription R. — Le médecin-inspecteur estime que « la cholérine sévissant du mois de

juin au mois de septembre, il serait nécessaire
d'interdire aux bureaux de placement de délivrer des nourrissons au biberon pendant cette
période. — Par ce seul moyen, on pourrait éviter de nombreuses pertes de nourrissons dues à
la cholérine. »

Circonscription S. — Le médecin-inspecteur
demande instamment que l'on garantisse aux
nourrices leur salaire mensuel.

Circonscription T. — Le médecin-inspecteur
exprime le regret :

« Que les bulletins mensuels ne puissent être
communiqués aux parents. Ce serait là un des
plus grands bienfaits de la loi Roussel ; mais si
cette mesure, qui s'imposera forcément avec le
temps, est retardée par des considérations bud-
gétaires, il me semble qu'on trouverait facilement le moyen de la faire attendre patiemment
aux intéressés.

« Que ne leur fait-on savoir (en l'inscrivant,
par exemple, au carnet, à la page de la layette
ou verbalement par l'employé de mairie qui
reçoit la déclaration), qu'en envoyant un timbre-
poste au maire de la commune où se trouve leur
enfant, ils seront renseignés immédiatement sur
son état actuel et qu'en s'adressant au médecin-
inspecteur, ils auront la situation constatée à la
dernière visite.

« C'est ainsi que j'ai toujours procédé dans
mon inspection, où je suis en relations suivies
avec beaucoup de parents. Outre que par ce
moyen j'arrive à leur rendre service, j'y gagne
aussi beaucoup en ascendant sur mes nourrices. Connaissant mes rapports réguliers avec
les pères des enfants, me sachant en commu-
nauté d'idées avec eux, elles n'ignorent pas que
si un retrait me semble nécessaire, j'ai plein
pouvoir pour l'opérer immédiatement et sans
consultation préalable.

« De plus, rien ne les stimule, ne les tient
plus en haleine, que la pensée de savoir que les
parents sont régulièrement renseignés sur les
soins donnés à leurs enfants : et je les vois tout
heureuses quand elles apprennent par une lettre
reçue de Paris qu'on est content d'elles et qu'on
leur en fait compliment. »

Le même médecin-inspecteur signale avec une
extrême énergie tout à la fois la nécessité et
l'absence d'une protection légale en faveur des
nourrices ; il recherche « les mesures qui pourraient donner satisfaction à des intérêts si mé-
connus.

« Pourquoi ne pas obliger, par exemple, les
bureaux, qui encaissent d'assez gros bénéfices, à
devenir responsables des mois de la nourrice ?

« L'État ne pourrait-il pas garantir, sinon la
totalité du salaire, du moins une somme fixe qui
en représenterait une partie, 15 ou 20 fr., si l'on
veut ? Cette manière de faire était celle de l'assistance publique, lorsqu'elle favorisait, il y a
quelques années encore, des nourrices aux familles parisiennes, au moyen de son bureau de
la rue des Tournelles. J'ai même vu bien des
fois de braves campagnardes ne recevoir que
cette indemnité de 15 fr., pendant tout l'élevage
de l'enfant et s'en contenter.

« Il serait peut-être plus pratique encore et
moins onéreux de charger les percepteurs du
recouvrement des mois de nourrice, en les ar-
mant des mêmes droits que pour la rentrée des
contributions. Enfin, le moins qu'on puisse faire
pour les nourrices serait de leur assurer la gratuité des poursuites dans une action contre le
débiteur. »

SEINE-ET-OISE

Crédits successivement votés par le conseil
général :

1877	»
1878	14.500 fr.
1879	14.500
1880	14.500
1881	20.000
1882	20.000
1883	22.000
1884	24.000

L'effectif total des enfants ayant figuré en
1883 sur les registres de la Protection est de
6,834.

L'effectif au 31 décembre 1883 est de 3,054.

Les 6,834 enfants constituant l'effectif total se
répartissent de la manière suivante :

D'après le sexe :

Garçons	3.461
Filles	3.373
	6.834

D'après l'état civil :

Légitimes	5.771
Naturels	1.063
	6.834

D'après le mode d'élevage déclaré :

Au sein	3.187
Au biberon, en sevrage ou en garde	3.647
	6.834

En 1882, 615 décès avaient été notifiés à la
préfecture pour 6,084 enfants observés, soit 10.10
p. 100. En 1883, 736 décès ont été notifiés à la
préfecture pour 6,834 enfants observés, soit
10.77 p. 100.

Voici comment se répartissent, par périodes
d'âge, les 736 décès notifiés en 1883 :

De la naissance à 15 jours	54
De 15 jours à 1 mois	139
De 1 à 2 mois	137
De 2 à 4 mois	132
De 4 à 6 mois	85
De 6 à 12 mois	110
De 1 à 2 ans	67
Âge non indiqué	12
	736

L'inspecteur des enfants assistés se félicite du
concours prêté par un certain nombre de commissions locales : leurs membres, dit ce fonctionnaire, « sont arrivés à exercer une réelle influence ; et leur dévouement leur a valu une

respectueuse déférence. Ces commissions rendent de véritables services, bien que réduites à une ou deux visiteuses qui ont pris leur tâche à cœur et qui fournissent au médecin-inspecteur et à l'autorité de précieux renseignements. Nous voudrions voir les commissions disposer de quelques ressources, non pour aider les parents à payer les mois de nourrice, mais pour l'achat de médicaments indispensables que, faute de ressources, la nourrice ne peut pas se procurer. On sait avec quelles difficultés le médecin obtient le payement de ses visites. Quant aux médicaments, la nourrice est presque partout obligée d'en faire l'avance : trop souvent cette dépense reste à sa charge. »

Dix-sept rapports de juges de paix ont été joints au rapport d'ensemble présenté par l'inspecteur des enfants assistés. (Il existe trente-six cantons dans le département de Seine-et-Oise).

Les observations suivantes sont empruntées à cinq de ces documents.

Canton de A. — En résumé, dit le juge de paix, la tenue des registres a continué à s'améliorer et est arrivée presque partout à être irréprochable.

Seule une femme X... a été condamnée à deux amendes d'un franc chacune, pour deux infractions très légères commises par ignorance.

Nous avons vu nous même un certain nombre d'enfants dont la tenue atteste le bienfait d'une surveillance suivie.

Canton de B. — Trois nourrices ont été condamnées par le tribunal de simple police pour ne s'être pas pourvues du carnet réglementaire.

Canton de C. — Il y a, dit le juge de paix, «un progrès réel dans la tenue des registres, surtout dans les communes où il existe des secrétaires de mairie spéciaux. Mais presque partout, sauf au chef-lieu du canton peut-être, les nourrices ne régularisent leur situation que sur l'invitation de la mairie ou du médecin-inspecteur. — Les notifications prescrites se font beaucoup plus régulièrement entre les municipalités.

Canton de D. — Le juge de paix signale les communes d'Essonnes où le comité de dames patronnesses coopère de la manière la plus dévouée à l'œuvre de la Protection infantile : « il a distribué en 1883, à des nourrices, une somme de 408 fr. »

Canton de E. — Le juge de paix fait connaître que sur les 28 communes du canton, il en est 11 où « la commission locale existe et fonctionne. » Dans une localité, « le comité existe, mais ne se réunit pas ; toutefois, les dames visitent les enfants. »

En 1883, les interdictions et retraits d'autorisation, motivés par de mauvais soins donnés aux enfants, se sont élevés à 60.

Une interdiction, prononcée en 1882, a été levée en 1883.

144 médecins-inspecteurs ont prêté leur concours à l'administration : 117 ont transmis leur rapport.

Circonscription A. — Le médecin-inspecteur déclare « qu'en thèse générale, il n'y a pas de bon lait dans sa circonscription (qui est urbaine). Les vaches des nourrisseurs ne sortent jamais et sont très mal nourries. » Le même docteur regrette « la trop grande facilité qu'ont les nourrices de rendre leur nourrisson, sans rime ni raison, pour la moindre observation des parents. Ne pourrait-on pas entourer cet acte de formalités qui empêcheraient les coups de tête? »

Circonscription B. — Chaque année, dit le médecin-inspecteur, « j'acquiers la conviction que l'allaitement au sein est de beaucoup préférable à l'allaitement par le biberon ; les cas de décès, dans ma circonscription, ont été de moitié moins nombreux parmi les enfants élevés au sein. » Ce docteur fait connaître « que beaucoup de parents croient avoir droit, de par la loi de 1874, aux soins gratuits du médecin-inspecteur, quand leurs enfants sont malades ; de là, pour nous, des difficultés et même souvent un refus absolu d'acquitter les comptes d'honoraires que nous présentons. Ne pourrait-il pas y avoir à ce propos un petit avis sur les livrets » ?

Circonscription C — « Une nourrice, enceinte sans le savoir de 4 mois et demi, fait appeler le médecin-inspecteur pour se renseigner sur son état. Les parents, mécontents, ordonnent immédiatement le sevrage, mais laissent l'enfant à la nourrice. Celui-ci, au moment du sevrage, et malgré le mauvais lait, était magnifique. Mis au biberon, il succombait, au bout de trois semaines, d'entérite. »

On lit dans le même rapport : « La nourrice X... était pourvue du certificat médical. A ma première visite, je constatai une roséole syphilitique ; il a fallu faire retirer immédiatement. D'un autre côté, il y a dans la commune de X..., une nourrice, signalée par moi, qui a été infectée par son nourrisson. Il serait indispensable que tout enfant, arrivant en nourrice, fût muni d'un certificat constatant qu'il est sain et que les père et mère le sont également. »

Circonscription D. — Le médecin-inspecteur déclare que « si les commissions locales existent dans sa circonscription, elles n'y fonctionnent aucunement. Cependant leur surveillance serait encore plus efficace que celle du médecin-inspecteur qui ne peut intervenir aussi souvent. »

Circonscription E. — « Il ne me paraît plus nécessaire de démontrer que l'allaitement artificiel et l'alimentation prématurée ont une funeste influence sur la santé des enfants petits, faibles, peu développés à leur naissance. Il y a de la part des parents une bien grande indifférence à ce sujet.

« Le relevé joint à mon rapport constate 11 décès sur 42 enfants. — Ces onze décès n'ont atteint que des enfants élevés au biberon ; quatre enfants auraient peut-être été sauvés avec de bonnes nourrices. Sans doute, pour de malheureuses filles séduites, c'est une question d'économie; mais je vois souvent des familles de commerçants donnant 45 et même 50 fr. par mois pour élever leurs enfants au biberon. Il y a donc là des préjugés à combattre. Sur ce chiffre de 42, 11 enfants seulement ont eu le sein. Encore je dois dire que trois nourrices n'avaient pas de lait et que l'une d'elles était tuberculeuse. J'ai dû faire retirer le nourrisson. »

Circonscription F. — Des appréciations différentes se trouvent sous la plume du médecin-inspecteur. « Il est évident que l'alimentation au sein est préférable à toute autre, surtout pour les enfants de Paris qui ont presque tous un commencement d'entérite en venant à la campagne. Mais, malgré cela, comme on peut se procurer de très bon lait, on élève tout aussi bien les enfants. En 1883, dans une circonscription, la mortalité est égale, et, à voir les enfants nourris au biberon et ceux qui sont élevés au sein, on reconnaît que c'est l'alimentation artificielle qui a le mieux réussi. »

Circonscription G. — « Les trois quarts des décès sont dus à l'entérite (maladie qu'on ne voyait guère que pendant les grandes chaleurs, mais qui maintenant apparaît en toute saison); beaucoup d'enfants restent après leur naissance plusieurs jours à Paris. Quelle est leur nourriture pendant ce temps? Là est le mal ; ils viennent en nourrice pour mourir quelques jours après. »

Circonscription H. — « La cause principale des trois décès observés doit être attribuée à l'alimentation artificielle, c'est-à-dire au biberon, bien que le lait de cette contrée ne laisse absolument rien à désirer. »

Circonscription I. — « Les causes des décès des nourrissons élevés au biberon tiennent généralement à la mauvaise qualité du lait qui est ou additionné d'eau, et par là il devient insuffisant, ou quelquefois sophistiqué pour l'empêcher d'aigrir. »

Circonscription J. — « J'ai eu à surveiller presque autant d'enfants au biberon que d'enfants au sein, et je ne vois pas que la santé de ceux-ci soit meilleure que celle des premiers. Cela tient peut-être à ce que les nourrices au biberon, plus âgées, plus ordonnées dans leurs soins, surveillent mieux leurs enfants. Il est, du reste, très difficile d'empêcher les nourrices au sein de partager leur lait. »

Circonscription K. — « Les parents des enfants placés en nourrice dans ma circonscription ont la prétention de faire soigner gratuitement leurs enfants par le médecin-inspecteur, déclarant que ce dernier est payé par le département pour le faire. Quelques-uns d'entre eux se refusent obstinément à entendre raison. Ne serait-il pas possible d'ajouter dans le carnet des nourrices une petite note à ce sujet ? »

Circonscription L. — « L'état de santé des nourrissons ne diffère pas très notablement entre ceux qui sont élevés au sein et ceux qui sont élevés au biberon. »

Circonscription M. — « Je ne fais pas de différence entre l'allaitement artificiel et l'allaitement au sein Ils ont tous deux leurs avantages et leurs inconvénients. Tout dépend des soins que la nourrice donne à l'enfant et de l'intelligence qu'elle apporte dans l'accomplissement de sa tâche. — J'ai vu des nourrices ne donner que le sein et avoir des nourrissons maigres, venant mal, parce qu'elles ne s'apercevaient pas que l'enfant ne prenait à leur mamelle qu'une nourriture insuffisante. La femme s'imagine souvent que l'enfant n'a qu'à prendre le sein pour y trouver une nourriture convenable. C'est une grosse erreur ; car rien n'est plus irrégulier que l'allaitement au sein. »

Circonscription N. — « Les nourrices au biberon ne possédant pas une vache se plaignent toutes sans exception de la difficulté qu'elles ont à se procurer du lait ; aussi prennent elles le premier lait venu, aujourd'hui d'une vache, demain d'une autre, sans s'inquiéter si ce changement peut nuire à leur nourrisson...

« Puisque l'élevage au biberon est passé dans nos mœurs, et qu'il serait peut-être difficile de le supprimer, le médecin doit chercher à diminuer la mortalité dont la cause réside dans ce mode d'élevage. Pour cela, je crois qu'en exigeant que toute nourrice au biberon fût en possession d'une vache, on restreindrait beaucoup les funestes effets du biberon, et l'entérite ne serait pas une des plus grandes causes de la dépopulation. »

Circonscription O. — « L'allaitement artificiel fait plus de victimes encore que l'alimentation prématurée. Il y aurait lieu d'interdire aux nourrices l'usage de tous les biberons à tube ; il faudrait presque ne tolérer que l'usage du verre, malgré ses inconvénients relatifs. Tous les biberons sont mal tenus, même chez les meilleures nourrices.. . . . .

. . . .

« La commune de XX était la seule qui ne fût pas de ma clientèle ; et, par conséquent, je pourrais y avoir des coudées bien plus franches que dans celles où j'exerce. A cette occasion, je dirai qu'une surveillance médicale effective et sérieuse ne peut être effective qu'à la condition que le médecin-inspecteur n'ait pas affaire à des clientes. Tout en sentant ce que lui impose son devoir, le médecin est tenu de ménager sa clientèle ; il n'est pas libre. Il faudrait que chaque médecin-inspecteur fût chargé tous les deux ou trois mois d'inspecter une circonscription autre que celle où il exerce J'exprime aussi une fois de plus le vœu que les gendarmes soient chargés de relever les délits afférents à la loi de 1874 · les maires, les gardes champêtres, à peu près pour les mêmes motifs que le médecin-inspecteur, ne peuvent avoir ni l'autorité ni la sévérité voulues. »

Circonscription P. — Le médecin-inspecteur « demeure convaincu que les enfants élevés au biberon peuvent venir tout aussi bien et être aussi forts que les enfants élevés au sein ».

Circonscription Q. — Le médecin-inspecteur produit une conclusion toute différente : « M'appuyant sur une expérience datant déjà d'un demi-siècle, je puis affirmer que l'alimentation au sein est bien préférable à l'allaitement artificiel. Combien de fois n'ai-je pas vu des enfants périr par suite de l'allaitement artificiel ou de l'alimentation prématurée ? Il est impossible d'obtenir des femmes de la campagne, ignorantes et plus ou moins rapaces, la graduation nécessaire dans le choix des aliments Outre la question des préjugés encore innombrables, il y a la question d'argent qui joue ici un grand rôle ; et la nourrice, à peu d'exceptions près, emploie plus volontiers ce qui lui coûte le moins cher en dépit de la surveillance la plus active. »

Le même médecin « attache une grande importance à ce que les dames inspectrices fassent régulièrement leurs visites : car elles seules peuvent veiller à l'hygiène des enfants, s'assurer que les prescriptions du médecin sont exécutées, enfin tenir constamment en haleine le zèle des nourrices ».

On lit dans le même rapport : « Je n'ai presque toujours été avisé de la présence des enfants dans les communes que longtemps après leur arrivée. Même, dans quelques cas, je n'ai pas été averti et je n'ai appris la présence des enfants que par une voie indirecte. »

SÈVRES (DEUX-)

Crédits demandés par le conseil général :

1877	2.720 fr.
1878	4.600
1879	7.500
1880	8.000
1881	4.000
1882	4.000
1883	3.000
1884	3.000

Le service des déclarations et notifications réglementaires ne fonctionne pas d'une manière effective ; aussi, bien que le département des Deux-Sèvres ne soit pas un centre d'industrie nourricière proprement dite, le chiffre de 267 enfants, indiqué dans le rapport d'ensemble présenté par l'inspecteur des enfants assistés, est-il certainement loin de représenter celui des nourrissons qui avaient droit à la Protection légale.

Le comité départemental s'est réuni une fois en 1884 : il a exprimé le vœu de voir l'administration instituer des commissions locales dans tous les cantons et les municipalités adresser au moins deux fois par an des bulletins indiquant le nombre des nourrissons placés dans chaque commune.

Des formules imprimées ont été transmises pour être remplies, soit aux commissions locales, soit aux maires suppléants de droit desdites commissions (il existe 356 communes dans les Deux-Sèvres) ; 245 formules ont été renvoyées à la préfecture ; mais 162 ne forment que des états négatifs ; dans les autres documents il est généralement déclaré que « les enfants sont bien soignés et bien tenus ».

Il existe 49 circonscriptions d'inspection médicale ; 36 médecins ont adressé un état des enfants qu'ils ont visités et quelques-uns l'ont accompagné d'un rapport.

Ces documents prouvent qu'au point de vue de la protection, presque tout est à faire dans les Deux-Sèvres.

Un médecin-inspecteur s'exprime ainsi : « L'industrie nourricière n'existant point, à proprement parler, dans le pays, MM. les maires ne donnent point avis du placement des enfants en nourrice ; les nourrices ne demandent jamais de certificat médical, et je ne suis jamais averti du retrait des enfants. En présence de cet état de choses, que je ne puis modifier, je n'ai plus pris la peine, cette année, d'inscrire sur mon registre le petit nombre d'enfants placés en nourrice (trois ou quatre), que j'ai rencontrés par hasard dans ma clientèle ».

Un autre inspecteur déclare, à raison des mêmes motifs et presque dans les mêmes termes, « ne plus prendre la peine d'inscrire sur son registre le nom des enfants qu'il rencontre, par hasard, placés en nourrice ».

Voici enfin la situation et les griefs exposés dans un rapport :

« Le service d'inspection est de jour en jour plus difficile. Pas une nourrice ne veut prendre de certificat. Aucun conseil médical n'est accepté, et le régime de la soupe est, dès le premier mois, substitué à celui du sein ou du biberon. Les renseignements donnés par les maires sont des plus incomplets et rendent les recherches très difficiles. J'ai dans ma circonscription des nourrices dont je n'ai jamais pu trouver le domicile. Les avertissements et les menaces de poursuites, n'ayant jamais reçu aucune sanction, sont tournés en ridicule. »

« On a supprimé les récompenses qui avaient amené quelques résultats. Enfin, les indemnités de visite sont tellement minimes qu'il est vraiment impossible de faire 22 ou 23 kilomètres pour aller surveiller un enfant moyennant la somme peu honorable d'un franc. Si la loi Roussel doit être appliquée strictement, il faut que le règlement, très bien fait, soit rendu pratique et que les médecins chargés de le faire observer puissent faire le service sans être obligés d'y mettre du leur comme argent. Le corps médical est toujours prêt au dévouement ; mais il ne peut cependant pas dépasser certains sacrifices, et il serait juste, s'il donne son temps, sa santé et son dévouement, qu'il ne fût pas mis en mesure de dépenser encore de l'argent pour faire le service : c'est ce qui arrive en ce moment. »

SOMME

Crédits successivement votés par le conseil général :

1877	10.000 fr.
1878	10.000
1879	10.000
1880	10.000
1881	14.000
1882	14.000
1883	14.000
1884	16.000

L'effectif total des enfants ayant figuré en 1883 sur les registres de la Protection est de 2,774.

Ces 2,774 enfants se divisent ainsi qu'il suit, au point de vue de l'origine :

Nés dans la Somme................... 1.230
Nés dans d'autres départements....... 1.544
                                       —————
                                       2.774

L'effectif présent à la date du 31 décembre 1883 était de 1,337.

Le comité départemental a notamment exprimé le vœu « que les maires fussent autorisés, en cas de suspension de payement, à faire l'avance des salaires des nourrices et des frais médicaux, à l'acquit du département d'origine et sauf recours par ce département contre les parents ».

L'inspecteur des enfants assistés déclare que les commissions locales sont restées, à peu d'exceptions près, inactives ; ce fonctionnaire signale toutefois le zèle de trois d'entre elles.

19 rapports ont été adressés à la préfecture, soit par les commissions locales, soit par les maires suppléants de droit de ces comités.

Commune de **. — 43 enfants ont été observés en 1883, 10 sont décédés. 4 décès ont été causés par une épidémie de coqueluche, 1 par la syphilis congénitale, et 5 par des affections gastro-intestinales. La commission constate que « quelques nourrices sont payées irrégulièrement et ne reçoivent pas des parents les effets nécessaires pour tenir convenablement leurs nourrissons. Il serait à désirer que la loi édictât des peines spéciales contre les parents qui ne remplissent pas le premier de leurs devoirs, celui d'assurer la subsistance de leurs enfants. »

Commune de ***. — 25 enfants observés ; 4 décès. 19 nourrissons étaient élevés au biberon et 6 seulement au sein « Les membres de la commission, accompagnés du médecin-inspecteur, ont fait régulièrement les visites mensuelles, à des époques indéterminées, afin de tenir les nourrices en haleine. A la suite de chaque visite, une réunion avait lieu dans une des salles de la mairie. Le procès-verbal de chaque séance a été rédigé sur un registre *ad hoc*...... La commission a constaté, avec beaucoup de satisfaction, que les nourrices, ainsi dirigées et stimulées, acquièrent chaque jour plus d'expérience et semblent rivaliser de zèle dans l'accomplissement de leur tâche. »

Commune de ****. — 43 enfants observés : 16 décès. Ce chiffre de mortalité est fort élevé : il dépasse le tiers de l'effectif. La commission déclare que presque tous les nourrissons qui ont succombé « étaient d'une grande faiblesse native. » Elle ajoute « qu'en général, les nourrices tiennent leurs habitations avec propreté, soignent convenablement les enfants et suivent les avis du médecin et des dames inspectrices.

Tous les juges de paix du département ont transmis leur rapport sur la vérification des registres de la Protection.

Ces registres paraissent généralement bien tenus dans 7 cantons.

Les juges de paix relèvent encore de nombreuses irrégularités dans 26 cantons ; ils reconnaissent néanmoins qu'une amélioration s'est produite. Enfin, dans 8 cantons, ces magistrats ne signalent pas de progrès sensibles.

Les emprunts suivants ont été faits aux rapports des juges de paix.

Canton de A. — Le magistrat fait connaître que les irrégularités relevées sont encore moins nombreuses en 1883 qu'en 1882 ; il constate toutefois « que les mentions de retrait ou de décès des enfants continuent à être négligées ». Ainsi, sur 32 déclarations de placement, faites en 1882, 5 seulement ont été complétées en 1883 par la mention du décès ou du retrait de l'enfant.

Canton de B. — Une observation identique est présentée par le juge de paix. « J'ai remarqué, dit-il, que les déclarations de retrait ou de décès manquent presque absolument ; presque toutes les cases réservées pour ces indications sont demeurées vides. »

Canton de C. — MM. les maires et les secrétaires de mairie, dit le juge de paix, « paraissent faire tous leurs efforts pour arriver à l'exécution de la loi ; mais les parents et les nourrices apportent toujours une certaine lenteur à se conformer aux prescriptions qui les concernent.

Canton de D. — « Plusieurs maires et secrétaires de mairie m'ont répondu que s'il y avait faute ou négligence, elle devait être imputée aux nourrices qui, presque toujours, ne se présentent, pour faire la déclaration prescrite, qu'avec le bulletin de naissance de l'enfant. Lorsqu'on leur parle du certificat du maire exigé par l'article 27, du certificat du médecin et du carnet, elles font la sourde oreille ; aussi les registres demeurent-ils incomplets. D'autres maires et secrétaires de mairie ont appelé mon attention sur le défaut d'envoi des copies des déclarations faites par les parents ou ayants droit, soit à Paris, soit ailleurs, copies réclamées souvent inutilement aux parents ou aux mairies. Il est certain que, sans ces pièces, aucun contrôle des déclarations des nourrices n'est possible. »

Canton de E. — « La loi n'est pas assez connue ; et, partant, elle n'est pas exécutée. La plupart des écritures ne sont passées que pour régulariser les situations existantes après enquêtes de MM. les maires ou de leurs secrétaires. Il serait bon qu'un avis indiquant sommairement les obligations des parents et des nourrices fût affiché et publié dans chaque commune à plusieurs reprises, et qu'ensuite quelques infractions fussent réprimées ; on convaincrait ainsi les récalcitrants que les invitations de se conformer à la loi, à eux adressées paternellement par les maires, ne sont pas de la taquinerie, comme il arrive à certaines nourrices de le croire et même de l'exprimer assez insolemment. »

Canton de F. — Le juge de paix insiste sur les avantages qu'offrirait la coopération des gardes champêtres au service de la Protection infantile.

Canton de G. — « Dans la commune de *** « le registre des déclarations des nourrices fait défaut ; il a été égaré. Les mentions qu'il devait contenir ont été irrégulièrement portées sur le registre des parents ».

Canton de H — « Des irrégularités que j'ai relevées, quelques-unes ont pour cause le peu de soin apporté dans la tenue des registres; mais la plupart sont imputables aux parents ou ayants droit, qui, sans se préoccuper ou dans l'ignorance où ils sont de leurs obligations, ne fournissent pas les pièces exigées d'eux, lors qu'ils remettent leurs enfants aux nourrices. Si celles-ci, de leur côté, ne se munissent pas des certificats prescrits, c'est, de leur part, ignorance des dispositions réglementaires. J'ai lieu de penser aussi que plusieurs enfants, placés en nourrice dans le canton, n'ont pas même été déclarés aux mairies. »

132 circonscriptions d'inspections médicales ont été créées dans la Somme; 58 médecins inspecteurs ont transmis à la préfecture leur rapport annuel.

Les renseignements et les appréciations qui suivent ont été puisés dans les communications faites par ces médecins.

Circonscription A. — Le médecin-inspecteur désirerait « que l'enfant fût examiné, avant son départ, par un médecin qui verrait si ce nourrisson n'est pas atteint d'une maladie contagieuse, surtout de la syphilis... Avant d'être chargé du service d'inspection, j'ai vu deux familles entières infectées de cette terrible maladie par un nourrisson, confié sans avertissement à une mère de famille. Trois personnes, dont deux enfants et une vieille femme, en sont mortes pour n'avoir pas été soignées à temps ou traitées pour une autre maladie.

L'année dernière encore (1882), j'ai eu à soigner un nourrisson pour un accident quelconque qui m'a permis de découvrir la syphilis, mais pas assez tôt pour en préserver la nourrice et l'enfant de cette dernière. Cette fois, pourtant, je n'eus aucune suite grave à déplorer. »

Le même médecin demande « que l'on assure aux nourrices une rétribution fixe, au cas où les parents viennent à ne plus pouvoir ou à ne plus vouloir payer eux-mêmes. » Il ajoute que, dans sa circonscription, « ce cas se présente au moins une fois sur quatre. »

Circonscription B. — 164 enfants surveillés : 17 décès, soit un peu plus de 10 p 100. « Cinq des enfants décédés n'ont été déclarés comme nourrissons qu'un ou deux jours avant leur mort, et un autre ne l'a été que le jour même de son décès. Sur les 17 enfants qui ont succombé, 16 étaient élevés au biberon. »

Circonscription C. — 20 enfants surveillés : 1 décès occasionné par la diphtérie.

Circonscription D. — 29 enfants surveillés : 2 décès amenés, l'un par une méningite, l'autre par athrepsie, suite de syphilis; 21 enfants étaient élevés au biberon et 8 au sein. Il s'est produit un décès dans chacune de ces deux catégories de nourrissons.

Circonscription E. — 101 enfants surveillés : 20 décès; 67 enfants étaient élevés au biberon et 34 au sein.

« Si la loi de 1874 a réussi à donner aux enfants en nourrice une protection efficace, il faut reconnaître qu'elle n'a rien fait pour les nourrices, dont beaucoup, pourtant, sont très méritantes. Or, sans demander que le budget de l'État, déjà assez chargé, vienne au secours de celles qui ne sont pas payées, il serait peut-être facile à l'administration de venir en aide, notamment en faisant payer directement à la nourrice, et non plus à la mère, qui parfois la retient pour elle, la subvention mensuelle accordée, pendant les neuf premiers mois de la vie de l'enfant, par l'assistance publique de Paris; en abrégeant les formalités exigées pour l'admission dans un établissement hospitalier des nourrissons abandonnés. »

Circonscription F. — Le médecin-inspecteur fait connaître « qu'il rencontre souvent des enfants en nourrice qui n'ont pas été déclarés ».

Circonscription G. — 45 enfants surveillés : 9 décès :

« Beaucoup de nourrices ne sont pas régulièrement payées; certaines même ne le sont pas du tout ; et ce n'est qu'après bien du temps et des démarches qu'elles peuvent rendre les enfants ou les déposer à l'hospice. Il serait à désirer que l'administration indemnisât ces pauvres femmes qui sacrifient leur temps, leur santé et leur argent, pour élever sans rémunération les enfants des autres. »

Circonscription H. — 15 enfants surveillés : pas de décès.

Circonscription L. — 46 enfants surveillés : 13 décès causés, à l'exception d'un seul, par des affections intestinales.

L'année 1883, dit le médecin-inspecteur, « a été très mauvaise pour les enfants en nourrice dans ma circonscription. Parmi les causes de cette grande mortalité, il en est une tout accidentelle : c'est l'existence d'une épidémie de cholérine qui a sévi pendant plusieurs mois de l'année. Plus de la moitié des décès a été occasionnée par cette maladie, soit que l'enfant succombât les premiers jours du mal, soit que, celui-ci passant à l'état chronique, le nourrisson mourût d'athrepsie quelques semaines plus tard. Il est mort de cette maladie beaucoup d'enfants du pays, en proportion moindre cependant. »

On lit dans le même rapport : « Il est bien rare qu'à chaque visite mensuelle le médecin n'ait à combattre quelque absurde préjugé nuisible aux nourrissons. C'est ainsi qu'un jour je trouvai un de ceux-ci dans un état de malpropreté révoltante; j'apprends que cet enfant, atteint de diarrhée, avait été conduit avec plusieurs autres à Abbeville, où une femme, ayant la réputation de guérir le carreau, avait recommandé, en même temps que d'autres pratiques ridicules, mais du moins inoffensives, de ne pas changer l'enfant de chemise pendant neuf jours. »

Circonscription J. — 91 enfants surveillés : 16 décès. Sur les 16 enfants décédés, 13 ont succombé dans les deux premiers mois du placement.

Le médecin-inspecteur déclare que les maires négligent trop souvent de lui notifier l'arrivée des nourrissons. « Cette partie du service laisse beaucoup à désirer : à côté des secrétaires de mairie qui ignorent, il y a ceux qui négligent, et ce sont les plus nombreux. »

Circonscription K. — 22 enfants surveillés : 3 décès. 15 enfants, dit le médecin-inspecteur, « avaient été placés sous la condition d'être élevés au sein ; les 7 autres devaient être nourris au biberon. Parmi les enfants élevés au se n, 7 seulement ont eu du lait de femme en proportion convenable et pendant un temps suffisant. 8 ont été sevrés prématurément ou n'ont eu le sein que d'une manière insuffisante ». Le médecin-inspecteur a dû provoquer le retrait de trois nourrissons.

Circonscription L. — 12 enfants surveillés : pas de décès. Le médecin-inspecteur fait remarquer que la plupart de ces enfants étaient élevés au biberon.

Circonscription M. — Le médecin-inspecteur signale le décès d'un enfant légitime « dont la mère était placée comme nourrice dans une famille riche : l'enfant, privé du lait maternel, n'a pas tardé à dépérir, puis à mourir. Je n'ai su que trop tard ce qui se passait; si je l'avais appris plus tôt, j'aurais essayé de ramener la mère à son enfant. Ce cas doit encore se présenter assez souvent ».

TARN-ET-GARONNE

Crédits successivement votés par le conseil général :

1877............................	»
1878............................	4.000 fr.
1879............................	6.000
1880............................	6.000
1881............................	6.000
1882............................	6.000
1883............................	8.000
1884............................	8.000

Le crédit de 8.000 fr., proposé par le préfet, à la session d'août 1883, a été adopté sans discussion par le conseil général.

L'effectif total des enfants ayant figuré sur les registres de la Protection, en 1883, n'est que de 176 enfants.

Aucune commission locale ne figure dans le département.

Les juges de paix ont concouru, en 1883, pour la première fois à l'application de la loi du 23 décembre 1874 et vérifié les registres de la Protection infantile tenus dans les mairies.

De l'ensemble des rapports transmis par ces magistrats, il ressort avec évidence que la loi est peu connue et mal appliquée dans le département de Tarn-et-Garonne.

Grâce à l'organisation prochaine de l'inspection médicale, cette situation ne tardera pas, on l'espère, à se modifier.

L'inspecteur départemental insiste sur les services que des commissions locales seraient appelées à rendre; il ne croit pas que les maires des communes rurales, dont l'existence est généralement absorbée par les travaux agricoles, puissent remplacer les commissions. Il estime même que l'on n'obtiendra le concours des municipalités à l'œuvre de la Protection du premier âge « qu'en leur adjoignant les gardes champêtres rémunérés pour ce nouveau service ».

On ajoute que le préfet, dans une circulaire du 4 avril dernier, a rappelé aux maires, d'une manière très pressante, les obligations et les responsabilités que la loi Roussel leur impose.

VAR

Crédits successivement votés par le conseil général :

1877..............................	400 fr.
1878..............................	400
1879..............................	400
1880..............................	5.470
1881..............................	4.000
1882..............................	4.000
1883..............................	17.000
1884..............................	17.000

Le crédit de 17,000 fr. proposé par le préfet a été voté sans discussion par le conseil général à la session d'août 1883.

L'effectif total des enfants ayant figuré, en 1883, sur les registres de la Protection est de 1,038.

Plus des 9/10 de ces enfants sont originaires du Var; 97 seulement appartiennent à d'autres départements.

Aucune commission locale n'a fonctionné, en 1883, dans le Var.

Tous les juges de paix ont adressé leur rapport sur la vérification des registres de la Protection.

Il résulte du travail de ces magistrats que, dans la moitié des cantons, la tenue des registres est généralement satisfaisante et qu'elle tend à s'améliorer dans la plupart des communes des autres cantons. Ce service, toutefois, dans trois cantons, est entièrement défectueux.

Un juge de paix demande « qu'une amende, quelque minime qu'elle soit, soit appliquée au contrevenant : de cette manière, la loi sera mieux appliquée et suivie ».

Trois autres juges de paix expriment une opinion analogue; l'un d'eux voudrait qu'on fît remonter la responsabilité de la tenue des registres jusqu'au maire de chaque localité ».

Un magistrat pense « qu'il serait bon que, dans les campagnes, les gardes champêtres fussent invités à s'assurer de la présence des enfants nourris et de voir si les prescriptions de la loi ont été remplies à leur égard ».

Vingt-trois rapports de médecins-inspecteurs ont été transmis : la condition hygiénique des nourrissons est l'objet d'appréciations relativement favorables.

C'est ainsi qu'un médecin-inspecteur ne croit pas que l'inobservation des prescriptions légales soit imputable au mauvais vouloir des nourrices: car, dit-il, « l'élevage des enfants ne constitue pas, dans le pays, comme dans d'autres, une véritable spéculation ; les nourrissons sont généralement bien soignés, et leurs nourrices n'ont aucun motif pour se soustraire à la visite du médecin ».

Un autre inspecteur regrette « que les familles, en retirant les enfants de nourrice, se préoccupent bien plus de la saison que de leur état de santé. Les retraits se faisant en avril et en octobre, les parents devraient s'enquérir auprès des médecins pour savoir si les enfants ont opéré leur dentition, de façon à pouvoir les prendre auprès d'eux sans crainte ».

Un médecin-inspecteur affirme n'avoir reçu d'une commune qu'une notification de placement alors que onze déclarations ont été faites à la mairie.

Sept de ses confrères se plaignent, avec une légitime insistance, des difficultés que rencontre, de la part des familles et des nourrices, la vaccination des enfants Un d'eux, notamment, a été victime du préjugé et a succombé, à treize mois, à une variole confluente. « La nourrice, d'accord avec les parents, avait, pour se soustraire à la surveillance de l'autorité, caché la maladie de cet enfant qui n'a pas reçu de soins médicaux. »

Plusieurs retraits ont été provoqués par les médecins-inspecteurs à raison de l'insuffisance du lait de la nourrice, de survenance de grossesse ou de mauvais soins.

VAUCLUSE

Crédits successivement votés par le conseil général :

1877	1.000 fr.
1878	6.000
1879	6.000
1880	6.000
1881	9.000
1882	9.000
1883	21.000
1884	21.000

Le crédit de 21,000 fr. proposé par le préfet a été voté sans discussion par le conseil général à la session d'août 1883.

L'effectif total des enfants ayant figuré en 1883 sur les registres de la Protection est de 2,012.

L'effectif présent, à la date du 31 décembre 1883, était de 844, parmi lesquels 441 garçons et 403 filles.

Le comité départemental a renouvelé deux voeux antérieurement émis et tendant « l'un à ce que des balances soient achetées et confiées aux médecins-inspecteurs, afin de leur permettre de peser les nourrissons », et l'autre, « à ce que les nourrices soient convoquées avec leurs nourrissons, à la mairie, les jours de réunion des commissions locales.

« Il a été institué 114 commissions locales dans le département de Vaucluse : le préfet déclare qu'elles continuent à s'acquitter « de leur mandat avec beaucoup de zèle ».

Cette coopération régulière des commissions locales à l'œuvre de la Protection infantile est malheureusement rare et n'en doit que plus être mise en lumière.

De la vérification faite par les juges de paix il résulte que la tenue des registres de la Protection était satisfaisante dans 63 communes, passable dans 59 et mauvaise dans 5 ; il n'avait pas été inscrit de nourrissons dans 23 communes.

Un juge de paix déclare que les maires et les secrétaires de mairie se plaignent à juste titre « de la négligence que met le public, que mettent les intéressés à faire dans les mairies les déclarations prescrites par la loi ». Ce magistrat se demande « si, après avoir rappelé de nouveau au public les prescriptions de la loi du 23 décembre 1874, il n'y aurait pas lieu de poursuivre devant les tribunaux la première personne qui ne se serait pas conformée à la loi ». Il n'est pas éloigné de croire « qu'un exemple, un seul, pourrait produire de bons résultats dans la contrée où il aurait été donné ».

Un autre juge de paix manifeste sa surprise d'avoir trouvé les registres très régulièrement tenus et constaté que « cette exactitude dans l'exécution de la loi, des règlements et des instructions, était due surtout au zèle du médecin-inspecteur ».

Celui-ci profite de ses courses pour faire remplir par les maires et par les nourrices les formalités légales.

Sur 28 médecins inspecteurs, 26 ont adressé leur rapport : ils estiment que, généralement, l'hygiène des nourrissons s'améliore et que l'application de la loi Roussel dans le département devient de plus en plus satisfaisante. Ils expriment toutefois le regret qu'un certain nombre de nourrices s'abstiennent encore de faire les déclarations et se procurer les carnets et les certificats réglementaires.

Ils rendent hommage au dévouement des commissions locales et spécialement des dames qui veulent bien en faire partie.

L'inspection départementale a constaté que, « par suite des préjugés enracinés, un assez grand nombre de nourrices refusent de faire vacciner les enfants qui leur sont confiés ».

Cette assertion est confirmée par le témoignage de plusieurs médecins-inspecteurs : deux d'entre eux font remarquer que ce refus des nourrices tient souvent « à l'opposition inconcevable des familles ».

VIENNE

Crédits successivement votés par le conseil général :

1877...............................	200 fr.
1878...............................	4 000
1879...............................	4.600
1880...............................	4.600
1881...............................	4.600
1882...............................	1.000
1883...............................	2.278
1884...............................	2.300

Le comité départemental s'est réuni deux fois en 1883.

Les commissions locales n'ont pas donné signe d'existence.

L'administration départementale n'a pu fournir de renseignements statistiques précis sur le nombre d'enfants protégés, « attendu que les municipalités négligent de tenir les registres de la Protection et de remplir les obligations imposées par la loi ».

En 1883, 26 enfants seulement ont été déclarés par leurs parents pour être placés dans la commune même de Poitiers. Comme le fait remarquer l'inspecteur départemental, « il n'y a pas de proportion entre le chiffre de 26 et le nombre réel des enfants placés dans la commune même de Poitiers, ville de 35,000 habitants et où un certain nombre de petits commerçants, d'industriels, d'employés sont connus pour placer leurs enfants dans la banlieue et les faubourgs même de la ville ».

Il existe six circonscriptions d'inspection médicale : un seul médecin a transmis un rapport de fin d'année ; ses confrères se sont bornés à faire parvenir les bulletins constatant les visites effectuées. Il est juste d'ajouter que les annotations portées sur ces bulletins témoignent du zèle avec lequel les inspections ont été faites dans trois inspections.

Trente enfants ont été visités dans l'une d'elles : les relevés fournis par les municipalités n'accusaient que dix nourrissons ; c'est grâce à l'initiative du médecin inspecteur que les vingt autres enfants ont été protégés.

Dans une autre circonscription, sur les conseils du médecin-inspecteur, « plusieurs enfants malades ont été retirés par leurs parents et confiés à d'autres nourrices qui présentaient les qualités nécessaires ».

En conformité des instructions du parquet, deux juges de paix ont mis les nourrices de leur canton en demeure de se pourvoir du carnet réglementaire.

Dans une autre circonscription, les états transmis par les maires n'indiquaient que deux enfants ayant droit à la protection légale : le médecin a bien voulu faire lui-même son enquête et il a trouvé vingt cinq nourrissons.

VIENNE (HAUTE-)

Crédits successivement votés par le conseil général :

1877...............................	«	fr.
1878...............................	4.000	
1879...............................	500	
1880...............................	500	
1881...............................	6 000	
1882...............................	6.000	
1883...............................	6.000	
1884...............................	6.000	

L'effectif total des enfants ayant figuré, en 1883, sur les registres de la Protection, est de 1,185.

Ces 1,185 enfants se divisent ainsi qu'il suit :

1° D'après l'état civil :

Légitimes............................	868
Naturels (y compris 104 pupilles hospitaliers)............................	317
	1.185

2° D'après le département d'origine :

Nés dans le département de la Haute-Vienne............................	1.106
Nés dans d'autres départements........	79
	1.185

Le comité départemental a tenu trois séances en 1883.

Il a été institué 53 commissions locales dans la Haute-Vienne : 26 procès-verbaux de séance, émanant de trois de ces commissions, ont été transmis à la préfecture. Les rédacteurs de ces documents se bornent, en général, à déclarer que les enfants sont entourés de soins convenables.

26 juges de paix sur 27 ont adressé leur rapport concernant la vérification des registres.

Des irrégularités et des lacunes fort nombreuses ont été signalées dans la tenue des écritures : il y a même beaucoup de communes où aucune mention n'a été portée sur les registres, au cours de l'année, malgré la présence probable de nourrissons dans un certain nombre de ces localités au moins.

Les renseignements et appréciations qui suivent sont empruntés aux rapports des juges de paix :

Canton de A. — Le juge de paix exprime notamment le vœu « qu'il soit alloué une prime aux parents ayant plus de quatre enfants, lorsqu'ils en feront la demande et qu'ils seront dans une situation peu aisée ».

Canton de B. — Les registres sont très irrégulièrement tenus et les déclarations sont le plus souvent inscrites d'une manière très incomplète. La faute n'en est pas toujours du reste à MM. les secrétaires de mairie qui se plaignent avec raison, je crois, de n'obtenir que très difficilement des intéressés les déclarations auxquelles ils sont astreints. Il serait urgent de faire connaître à ces derniers les peines qu'ils encourent et, au besoin, de faire quelques exemples. »

Canton de C. — Le juge de paix déclare que « la loi sur la Protection des enfants du premier âge est très peu connue du public et que les maires ne semblent prendre aucune mesure pour la faire connaître et apprécier ».

Canton de D. — L'absence de toute déclaration est signalée par le juge de paix.

Canton de E. — Dans cinq communes sur six, les registres ne contenaient aucune inscription depuis le dernier visa du juge de paix. Il y avait trois inscriptions sur les registres de la commune de X...

Canton de F. — Aucune déclaration.

Canton de G. — Dans quatre communes sur six, les registres ne contiennent aucune inscription.

Canton de H. — Absence de toute déclaration.

Canton de I. — Le juge de paix constate que les inscriptions s'opèrent régulièrement dans toutes les communes de son canton : il regrette l'absence de commissions locales.

Canton de J. — Le juge de paix déclare qu'après avoir vérifié avec soin les registres, il les a trouvés régulièrement tenus.

Il existait, en 1883, 46 circonscriptions d'inspection médicale dans la Haute-Vienne. 34 rapports ont été transmis à la préfecture.

Les passages suivants ont été extraits de ces documents :

Circonscription A. — « Sur dix enfants, un seul était nourri au biberon, et son état de santé était tel, que j'ai dû forcer la famille à prendre une nourrice au sein. La petite fille, qui allait infailliblement succomber si l'on eût continué son mode d'allaitement, est aujourd'hui vigoureuse et pleine de santé.

« Quant aux difficultés que rencontre, dans ma circonscription, l'application de la loi du 23 décembre 1874, elles ont été jusqu'à présent insurmontables ; sur onze communes confiées à ma surveillance, trois seulement ont fait des déclarations en 1882, et encore chaque commune n'en a-t-elle fait qu'une seule, alors que celle de X..., par exemple, devait en faire quatre dans les seuls mois de mars, mai, juin et juillet.

« ..... On n'arrivera à une surveillance efficace que par une salutaire intimidation. Quelques-uns ignorent la loi ; presque tous ne veulent pas s'y soumettre. Aucun secrétaire de mairie, à deux ou trois exceptions près, ne s'enquiert, comme je l'ai conseillé, auprès les déclarants de naissances, de la manière dont sera élevé l'enfant, ni ne leur rappelle les peines encourues par les nourrices et les parents qui ne se conforment pas à la loi de 1874. »

Circonscription B. — « La loi du 23 décembre 1874 est inconnue dans nos campagnes : je n'ai visité cette année qu'un seul enfant. »

Circonscription C. — « En 1883, 37 enfants ont été placés dans ma circonscription ; 29 devaient être élevés au sein, 2 au biberon et 6 étaient placés en garde. » Il n'y a eu que deux décès : l'un a été causé par la diphtérie, l'autre par une pneumonie.

Les familles, dit le médecin-inspecteur, « apprécient de plus en plus la loi de Protection et reconnaissent qu'elle peut leur rendre des services. La nourrice elle-même s'habitue à cette loi et s'en effraye moins qu'au début. Les enfants les plus mal soignés sont ceux des filles-mères, placés en nourrice, le plus souvent élevés au biberon, pour permettre à la mère de se placer elle-même comme nourrice à la ville. La plupart du temps, l'enfant est victime de cette manière de faire. Aussi l'administration devrait-elle tâcher de s'y opposer, ce qui, dans bien des cas, lui serait possible en menaçant la mère de lui retirer le secours qui lui a été accordé. »

Circonscription D. — « L'élevage au sein est généralement en usage dans ma circonscription et il est sans contredit de beaucoup préférable à l'alimentation au biberon. »

Circonscription E. — Le médecin-inspecteur constate « que les déclarations sont faites bien plus régulièrement par les parents des nourrissons ».

Circonscription F. — « La rémunération accordée aux nourrices est insuffisante ; celles-ci sont obligées d'aller travailler aux champs et de confier leur nourrisson à des enfants parfois très jeunes.... Ne pourrait-on pas allouer une prime en argent à toute femme qui rendrait le nourrisson en bonne santé, soit aux parents, soit à l'hospice ? Il ne faut pas se le dissimuler, la question d'argent est le point capital pour la nourrice, qui proportionne ses soins au salaire qu'on lui donne. »

Circonscription G. — « Peu de personnes, dans nos campagnes, connaissent la loi de 1874. Il faudrait qu'on lui donnât la plus grande publicité : on devrait l'afficher tous les mois, pendant un an, dans chaque hameau. »

Circonscription H. — « Il est regrettable, dit le médecin-inspecteur, que les certificats médicaux puissent être délivrés aux nourrices par n'importe quel médecin ; car certains de nos confrères, qui ne sont pas chargés de la surveillance des enfants, sont beaucoup trop faciles pour la délivrance de ces pièces. »

Circonscription I. — 28 enfants surveillés : pas de décès. — Après avoir constaté cet heureux résultat, le médecin-inspecteur ajoute : « Je ne suis point tombé sur une série de bonnes nourrices, *rara avis* ; en neuf fois j'ai dû en provoquer le changement, et, pour obtenir des soins à peu près convenables, il a fallu, presque partout, faire l'éducation des nourrices.

« Dans aucun cas je n'ai eu à faire intervenir l'autorité pour aviser les familles de la nécessité de déplacer l'enfant ; chaque fois j'ai informé directement et officieusement les parents. Ce moyen m'a paru plus prompt et partant plus efficace. Cela m'était d'autant plus facile que j'avais constamment des nourrices inscrites pour prendre les enfants déplacés. »

Circonscription J. — 20 enfants surveillés : 4 décès. Sur les 4 enfants décédés, 2 ont succombé à une broncho-pneumonie, un est mort d'entérite, et un autre de faiblesse générale. Ces deux derniers enfants étaient élevés au biberon avec le lait de chèvre. L'allaitement au sein, dit le médecin-inspecteur, est et doit être « la règle dans notre département, quoique les laits de chèvre et de vache s'y trouvent en abondance ».

On lit dans le même rapport : « Souvent c'est par hasard que le médecin découvre le placement d'un enfant ; il se trouve alors en face d'un fait accompli, d'une nourrice acceptée, d'un enfant plus ou moins habitué à ses soins, de parents éloignés, en un mot, de toute une situation qu'il peut essayer d'améliorer par ses conseils, mais qu'il est obligé de subir ; car il lui serait à peu près impossible de la changer entièrement. »

Circonscription K. — 60 enfants surveillés : 3 décès. « Tous les enfants de ma circonscription, dit le médecin-inspecteur, sont nourris au sein ; ce mode d'élevage, le meilleur de tous, explique le peu de décès que j'ai eu à déplorer cette année. » Le même praticien demande que les pénalités édictées par la loi de 1874 soient appliquées aux parents et aux nourrices qui l'enfreignent.

Circonscription L. — 14 enfants surveillés : 1 décès. — Le médecin-inspecteur constate, comme l'a fait son confrère, « que tous les enfants placés dans sa circonscription sont nourris au sein et que ce mode d'élevage est le meilleur ». Il ajoute : « On ne doit pas pour cela rejeter l'alimentation avec le biberon, car, faite dans de bonnes conditions, elle peut rendre les plus grands services, et il ne faut pas se dissimuler que l'allaitement mixte est pratiqué à la campagne pour permettre à la nourrice de se livrer aux travaux des champs. »

Circonscription M. — « Il faudrait, dit le médecin-inspecteur, que l'administration devint plus sévère pour les nourrices et les parents qui refusent de faire les déclarations voulues par la loi. A mon avis, il suffirait d'infliger aux contrevenants une bien légère amende et d'en faire mention dans un journal du département, afin que les autres se tinssent pour avertis. J'ai un enfant à la porte de X..., dont les parents ne peuvent prétendre ignorer la loi, car la grand'mère de l'enfant fait partie de la commission locale. Ils n'ont produit aucune déclaration de placement.... Tous ont l'air de se moquer de la loi et du médecin-inspecteur. »

Circonscription N. — On lit dans le rapport : « Notre département, bien que sans analogie avec les départements voisins de Paris où l'élevage des enfants est une véritable industrie, peut cependant beaucoup bénéficier de cette loi Roussel, si humanitaire, si patriotique... Mon inspection a toujours été facile ; les parents sont heureux de la surveillance exercée sur les nourrices et s'en montrent reconnaissants. Beaucoup d'entre eux sont venus me remercier de ma peine, de mes observations ou me demander des conseils. J'ai lutté de toutes mes forces contre l'alimentation prématurée, si désastreuse et pourtant si chère à toutes les nourrices, à toutes les familles ouvrières : le terrain gagné depuis trois ans est sensible, je dirai même considérable. »

VOSGES

Crédits successivement votés par le conseil général :

1877	4 400 fr.
1878	1.000
1879	11.000
1880	14.000
1881	14.000
1882	14.000
1883	18.500
1884	20.800

Le préfet a demandé à l'assemblée départementale de porter de 18,500 fr. à 20,800 fr. le crédit de la Protection pour l'exercice 1884 : cette proposition a été adoptée sans débat.

L'effectif des enfants ayant figuré, en 1883, sur les registres de la Protection, a été de 1,226 enfants, qui se répartissent de la manière suivante :

Au point de vue du sexe :

Garçons	603	} 1.226
Filles	623	

Au point de vue de l'état civil :

Légitimes	1.025	} 1.226
Naturels	201	

Au point de vue de l'origine :

Nés dans le département	1.120	} 1.226
Nés hors du département	106	

L'effectif présent au 31 décembre 1883 était de 606 enfants, qui se répartissaient ainsi :

Garçons	281	} 606
Filles	325	
Légitimes	505	} 606
Naturels	101	
Nés dans le département	558	} 606
Nés hors du département	48	

Les enfants étrangers aux Vosges ne représentent en chiffres ronds qu'un douzième des enfants placés en nourrice dans ce département ; c'est dans la zone accidentée, entre d'importantes manufactures, que se trouvent la plupart des nourrissons. « Dans la portion de la plaine où prédomine l'industrie agricole, les nourrissons sont moins nombreux que dans la montagne de près des 3/4. Les enfants restent dans la famille. »

La plupart des enfants sont alimentés au biberon ; sur 1,226 enfants protégés en 1883, 147 seulement, moins d'un huitième, étaient élevés au sein. L'allaitement artificiel, antérieurement déjà si répandu, s'est encore développé en 1883 ;

17

l'augmentation, par comparaison avec 1882, est de 9.51 p. 100 d'après le rapport d'ensemble présenté par l'inspecteur des enfants assistés.

Le comité départemental a reconnu que les progrès constatés dans le service étaient « des plus satisfaisants ». Il a donné au corps médical « un nouveau témoignage de reconnaissance pour sa participation si active, si efficace dans l'œuvre de la Protection. »

Il a exprimé le vœu de voir « s'ouvrir dans les centres d'industrie, à côté de chaque grande manufacture, des crèches qui permettraient aux mères soucieuses de la santé de leurs enfants de les allaiter elles-mêmes sans perte de temps et d'argent. La création d'établissements de ce genre serait peu coûteuse pour les manufacturiers et elle produirait les plus heureux résultats. »

Cent quarante et une délibérations de commissions locales ont été adressées, en 1883, à la préfecture ; c'est 34 de moins qu'en 1882 ; mais l'administration a reçu 14 rapports de maires suppléant la commission locale, tandis qu'en 1882 elle n'en avait obtenu que 4. L'inspecteur des enfants assistés mentionne, comme difficulté spéciale que rencontre le fonctionnement des commissions, la dissémination des habitants en un nombre très considérable de hameaux dont l'accès est pénible.

Un médecin a signalé le dévouement des membres d'une commission locale, lesquels payent les mois de nourrice d'un petit orphelin.

A Remiremont, les dames visiteuses ne se bornent pas à exercer une active surveillance dans l'intérêt des nourrissons, elles donnent des vêtements aux enfants pauvres et « un supplément de pension aux nourrices, quand les parents malheureux ou indifférents oublient leurs enfants ».

Sur 29 juges de paix, 22 ont transmis leur rapport sur la vérification des registres : la tenue des écritures paraît satisfaisante dans neuf cantons, assez bonne dans onze et laisse beaucoup à désirer dans les deux autres. Les irrégularités relevées semblent provenir plutôt de l'ignorance des prescriptions légales que de la mauvaise volonté de ceux qui doivent les accomplir.

Toutefois, dans cette branche du service, bien des progrès restent à réaliser, comme le prouvent et les rapports des juges de paix et ceux des médecins-inspecteurs.

Il existe 70 circonscriptions d'inspection médicale : quelques praticiens ayant été provisoirement chargés de deux circonscriptions, 59 médecins ont été en fonctions pendant l'année 1883 : presque tous (56) ont adressé leur rapport de fin d'année.

Plusieurs médecins-inspecteurs regrettent de voir laisser en dehors du service des enfants mis en garde chez leurs proches ou ascendants, « bien que ce soit presque toujours moyennant salaire et que ces enfants ne soient pas, tant s'en faut, ceux qui reçoivent les soins les plus intelligents ».

Un médecin-inspecteur s'efforce d'obtenir que les jeunes mères allaitent leur enfant pendant les deux premiers mois. « Le biberon serait alors facilement supporté en prenant les soins nécessaires ; mais la misère force souvent les ouvrières à reprendre trop tôt leurs occupations à la fabrique. »

Le même docteur se plaint de l'ingérence des sages-femmes dans le domaine de la médecine : « elles distribuent elles-mêmes des médicaments dont elles ne connaissent guère que le nom et pratiquent des accouchements dangereux, sans l'aide de praticiens, ce qui provoque souvent des naissances d'enfants sans vie. Tout enfant présenté sans vie devrait être visité par un docteur en médecine qui rendrait compte des causes probables du décès de l'enfant et de la responsabilité de l'accoucheuse. »

Un rapport signale un déplorable préjugé dont beaucoup de nourrices sont imbues ; elles croient qu'un nourrisson est trop jeune pour recevoir les soins d'un médecin, que celui-ci est absolument inutile. Ce préjugé règne dans certaines familles ; et voici un fait exorbitant cité par l'inspecteur à l'appui de son opinion.

« Une mère a retiré son enfant à une nourrice qui lui donnait les soins les plus dévoués ; elle l'e replacé autre part et moins bien, parce que, l'enfant étant tombé malade, la nourrice avait pris sur elle de consulter et de faire venir un médecin. »

Les conditions anti-hygiéniques où se trouvent beaucoup de nourrissons pendant l'hiver, au point de vue de la privation d'un air pur, sont exposées dans un rapport d'inspection. « La famille se retire dans une chambre commune dont l'air est insuffisamment renouvelé. On y fait la cuisine ; il y a là une température presque toujours très élevée et viciée. A raison de la rigueur du climat pendant l'hiver, on ne sort plus guère les enfants de cette chambre ; et ce n'est qu'exceptionnellement qu'on leur fait prendre l'air extérieur. »

Un inspecteur s'élève contre une recommandation faite dans une brochure publiée sous les auspices d'une société de médecine, et d'après laquelle le lait destiné à l'alimentation des enfants ne devrait jamais être bouilli ; ce docteur demande que la distribution de cet imprimé ne soit pas continuée dans sa circonscription.

Un autre médecin estime « que les prescriptions de la loi sont généralement connues, mais non généralement observées ». Il remarque que le nombre des enfants protégés a diminué d'une vingtaine dans sa circonscription d'une année à l'autre. « Est-ce par suite de négligence et de mauvais vouloir? Il n'est pas rare que les familles ou nourrices fassent leur déclaration au moment où les enfants vont succomber, et alors qu'ils sont placés depuis plusieurs mois, sans doute, dans la crainte tardive d'encourir une amende. » On croit ainsi se mettre en règle avec la loi. » L'auteur du rapport a reçu des déclarations de décès en même temps que les avis de déplacement.

D'après un autre rapport, « si l'administration n'intervenait pas au commencement de l'année auprès des municipalités pour les inviter à rappeler la loi aux intéressés par des affiches et par des annonces à son de caisse, le nombre des inscriptions serait bientôt nul ».

Un médecin fait connaître que, « dans sa circonscription, parfois l'enfant nourri au biberon pendant le jour est repris chaque nuit par sa mère. Cette combinaison de l'allaitement artificiel avec l'allaitement maternel est essayée par quelques mères dans l'intention, assurément très louable, de nourrir elles-mêmes leur enfant, tout en continuant le travail qui les fait vivre. Mais les résultats sont presque toujours désavantageux ; bientôt la femme, privée de repos et de sommeil, est obligée de renoncer à un mode d'élevage aussi pénible que peu profitable. »

Un autre inspecteur indique le danger « de l'opposition que peuvent faire des parents arriérés à un traitement prescrit par le médecin qu'a appelé la gardeuse. » Ce docteur, mandé près d'un enfant atteint de broncho-pneumonie grave, juge nécessaire l'emploi d'un vésicatoire que la gardeuse consent à appliquer, mais après en avoir référé aux parents. Ceux-ci font enlever le vésicatoire et décident d'appeler « un médecin plus humain. » Quelques jours après, l'enfant succombe.

Quelques médecins ont provoqué des réunions où se trouvaient des maires, des membres de commissions locales, des nourrices, sevreuses et gardeuses ; ils leur ont fait des conférences pour vulgariser la connaissance de la loi de Protection ainsi que des règles de l'hygiène infantile.

Aux termes du rapport d'ensemble rédigé par l'inspecteur des enfants assistés, des médecins, en plus grand nombre que l'an dernier, voudraient voir le législateur étendre aux nourrissons élevés dans la famille le bienfait de la Protection.

On exprime même la pensée que cette mesure pourrait être prise immédiatement à l'égard des enfants appartenant à des familles indigentes : « la surveillance serait certainement acceptée avec joie, et s'il se trouvait quelques récalcitrants pour opposer une résistance absurde, il serait facile d'en avoir raison en faisant de la mesure en question une condition de l'assistance. »

Les passages suivants, extraits de trois rapports d'inspection médicale, sont cités à l'appui du vœu dont il vient d'être parlé :

1° « Les enfants protégés par la loi sont l'objet de soins plus attentifs que les autres... Instruit par l'expérience acquise, je suis convaincu maintenant que si la protection de la loi couvrait tous les enfants, les résultats obtenus étonneraient. »

2° « On voit une différence énorme entre les enfants placés sous la surveillance instituée par la loi du 23 décembre 1874 et les malheureux que la même loi ne peut atteindre, parce qu'ils sont chez leurs parents. »

On ne rencontre pas chez les premiers la mortalité que l'on constate avec douleur chez ceux que la famille élève elle-même suivant la routine et les préjugés les plus funestes.

3° « On peut dire que, dans un grand nombre de cas, la condition des nourrissons est rendue, par le service de protection, bien meilleure que celle des enfants pauvres élevés dans la famille.

En effet, bien souvent, la mère est une nourrice très imparfaite ; et la misère empêche de suppléer à ce défaut par du lait qu'il faudrait acheter assez cher. Et puis, il n'y a pas de surveillance organisée, pas de conseils, si ce n'est ceux de personnes qui n'en savent pas plus que la mère sur l'art difficile d'élever des enfants. »

YONNE

Crédits successivement votés par le conseil général :

1877	1.000 fr.
1878	38.034
1879	28.400
1880	32.100
1881	28 900
1882	24.000
1883	25.220
1884	25.100

Le crédit de 25,100 fr., proposé par le préfet à la session d'août 1883, a été voté sans discussion par le conseil général.

L'effectif total des enfants ayant figuré en 1883 sur les registres de la Protection est de 3,044 ; il avait été de 2,721 en 1882 : l'augmentation est donc de 323.

L'effectif précité de 3,044 enfants se répartit ainsi :

Suivant le département d'origine :

Originaires de l'Yonne	701	
Originaires de la Seine	2.175	3.044
Originaires d'autres départements	168	

71,45 p. 100 de ces enfants appartiennent, on le voit, au département de la Seine.

Le rapport de l'inspecteur départemental ne contient pas de détails sur le fonctionnement des commissions locales ; il est seulement dit « qu'elles paraissent avoir mieux compris les instructions ministérielles ».

D'après la vérification faite par les juges de paix, la tenue des registres est généralement satisfaisante dans 15 cantons sur 37 ; elle est souvent défectueuse dans le reste du département. Le préfet exprime l'espoir qu'à ce point de vue un progrès sensible sera obtenu « grâce au soin minutieux avec lequel la vérification a été opérée ».

Vingt-neuf rapports de médecins-inspecteurs sont parvenus à la préfecture.

Un grand nombre de ces médecins reconnaissent les heureux effets produits par la loi de Protection, malgré les graves lacunes que présente encore l'organisation du service.

Un médecin-inspecteur mentionne la diminution du nombre des nourrices et déclare « que cette diminution porte presque exclusivement sur les mauvaises ».

« Beaucoup de nourrices, est-il dit dans un autre rapport, ont eu des enfants dont les mois

ne leur ont pas été payés. Le médecin et le pharmacien ne touchent que très rarement les honoraires qui leur sont dus pour les déplacements
qu'ils s'imposent et les médicaments qu'ils fournissent quand les enfants sont malades, en dehors de la visite mensuelle. »

Un médecin-inspecteur fait connaître « que
les enfants sont emmaillottés avec plus de soin,
plus libres dans leurs mouvements et, par conséquent, moins exposés à ces défectuosités d'at-
titude des membres, résultant le plus souvent
de ces entraves routinières dans lesquelles ils
demeurent si longtemps comprimés. »

Résumant, on peut le dire, l'opinion générale,
un médecin-inspecteur s'exprime en ces termes :

« La loi de 1874 a apporté des améliorations
appréciables dans la situation des enfants du
premier âge.

« La mortalité a sensiblement diminué : c'était
le but philanthropique qui l'avait inspirée ; mais
il est permis de croire que, mieux pratiquée,
elle procurerait de nouveaux bienfaits. »

Le même médecin voudrait que les bureaux
de nourrices fussent rendus responsables, pour
les enfants placés par leur intermédiaire, d'une
partie au moins du prix consenti.

Il estime qu'à l'égard des enfants confiés directement aux nourrices par les familles, on
pourrait établir un minimum de salaire qui serait garanti, soit par la commune de la naissance,
soit par le département, soit par l'Etat.

Un autre médecin-inspecteur déplore les effets
produits « par le lait de mauvaise qualité qu'ab-
sorbent les enfants venus de Paris pendant les
premiers jours qui suivent leur naissance et
pendant leur séjour dans cette ville ».

Le fait suivant est indiqué dans un rapport et
paraît devoir être noté :

« Une nourrice, grand'mère, n'achetait qu'un
demi-litre de lait par jour, à son enfant âgé de
sept mois, et le nourrissait, comme complément,
avec du jus de cerisettes. L'enfant dépérissait ;
le maire a voulu le placer ailleurs, mais il n'a
pas trouvé une seule femme qui voulût s'en
charger. Il y a là un esprit de solidarité contre
lequel la loi est impuissante. »

Un médecin-inspecteur croit que dans l'Yonne
« le nombre des bonnes nourrices au sein diminue progressivement. » A ses yeux, le fait résulte « de l'aisance devenue plus grande dans
les campagnes, aisance qui affranchit les paysan-
nes du métier de nourrice mercenaire, lequel
reste dévolu aux plus malheureuses. »

Un médecin-inspecteur fait connaître que,
dans la circonscription, deux enfants abandonnés par leurs parents ont été adoptés par leur
nourrice : de tels actes de dévouement doivent
être mis en lumière.

LOI

Relative à la protection des enfants du premier âge et en particulier des nourrissons.

Du 23 décembre 1874.

ARTICLE PREMIER

Tout enfant, âgé de moins de deux ans, qui est placé, moyennant salaire, en nourrice, en sevrage ou en garde, hors du domicile de ses parents, devient, par ce fait, l'objet d'une surveillance de l'autorité publique, ayant pour but de protéger sa vie et sa santé.

ARTICLE 2.

La surveillance instituée par la présente loi est confiée, dans le département de la Seine, au préfet de police, et, dans les autres départements, aux préfets.

Ces fonctionnaires sont assistés d'un comité ayant pour mission d'étudier et de proposer les mesures à prendre, et composé comme il suit :

Deux membres du conseil général désignés par ce conseil ;

Dans le département de la Seine, le directeur de l'assistance publique, et, dans les autres départements, l'inspecteur du service des enfants assistés ;

Six autres membres, nommés par le préfet, dont un pris parmi les médecins membres du conseil départemental d'hygiène publique et trois pris parmi les administrateurs des sociétés légalement reconnues qui s'occupent de l'enfance, notamment des *Sociétés protectrices de l'Enfance*, des *Sociétés de Charité maternelle*, des *Crèches* ou des *Sociétés des Crèches*, ou, à leur défaut, parmi les membres des commissions administratives des hospices et des bureaux de bienfaisance.

Des commissions locales sont instituées, par un arrêté du préfet, après avis du comité départemental, dans les parties du département où l'utilité en sera reconnue, pour concourir à l'application des mesures de protection des enfants et de surveillance des nourrices et gardeuses d'enfants.

Deux mères de famille font partie de chaque commission locale.

Les fonctions instituées par le présent article sont gratuites.

ARTICLE 3.

Il est institué, près le Ministère de l'Intérieur, un Comité supérieur de Protection des enfants du premier âge, qui a pour mission de réunir et coordonner les documents transmis par les comités départementaux, d'adresser chaque année au Ministre un rapport sur les travaux de ces comités, sur la mortalité des enfants et sur les mesures les plus propres à assurer et étendre les bienfaits de la loi, et de proposer, s'il y a lieu, d'accorder des récompenses honorifiques aux personnes qui se sont distinguées par leur dévouement et leurs services.

Un membre de l'Académie de médecine, désigné par cette Académie, les présidents de la *Société protectrice de l'Enfance de Paris*, de la *Société de Charité maternelle* et de la *Société des Crèches* font partie de ce Comité.

Les autres membres, au nombre de sept, sont nommés par décret du Président de la République.

Les fonctions de membre du Comité supérieur sont gratuites.

ARTICLE 4.

Il est publié, chaque année, par les soins du Ministre de l'Intérieur, une statistique détaillée de la mortalité des enfants du premier âge et, spécialement, des enfants placés en nourrice, en sevrage ou en garde.

Le Ministre adresse, en outre, chaque année, au Président de la République un rapport officiel sur l'exécution de la présente loi.

ARTICLE 5.

Dans les départements où l'utilité d'établir une inspection médicale des enfants en nourrice, en sevrage ou en garde est reconnue par le Ministre de l'Intérieur, le Comité supérieur consulté, un ou plusieurs médecins sont chargés de cette inspection.

La nomination de ces inspecteurs appartient aux préfets.

ARTICLE 6.

Sont soumis à la surveillance instituée par la présente loi : toute personne ayant un nourrisson ou un ou plusieurs enfants en sevrage ou en garde, placés chez elle moyennant salaire ; les bureaux de placement et tous les intermédiaires qui s'emploient au placement des enfants en nourrice, en sevrage ou en garde.

Le refus de recevoir la visite du médecin-inspecteur, du maire de la commune, ou de toutes autres personnes déléguées ou autorisées en vertu de la présente loi, est puni d'une amende de cinq à quinze francs (5 à 15 fr.).

Un emprisonnement de un à cinq jours peut être prononcé si le refus dont il s'agit est accompagné d'injures ou de violences.

ARTICLE 7.

Toute personne qui place un enfant en nourrice, en sevrage ou en garde, moyennant salaire, est tenue, sous les peines portées par l'article 346 du Code pénal, d'en faire la déclaration à la mairie de la commune où a été faite la déclaration de naissance de l'enfant, ou à la mairie de la résidence actuelle du déclarant, en indiquant, dans ce cas, le lieu de la naissance de l'enfant, et de remettre à la nourrice ou à la gardeuse un bulletin contenant un extrait de l'acte de naissance de l'enfant qui lui est confié.

ARTICLE 8.

Toute personne qui veut se procurer un nourrisson ou un ou plusieurs enfants en sevrage ou en garde, est tenue de se munir préalablement des certificats exigés par les règlements pour indiquer son état civil et justifier de son aptitude à nourrir ou à recevoir des enfants en sevrage ou en garde.

Toute personne qui veut se placer comme nourrice sur lieu, est tenue de se munir d'un certificat du maire de sa résidence, indiquant si son dernier enfant est vivant et constatant qu'il est âgé de sept mois révolus, ou, s'il n'a pas atteint cet âge, qu'il est allaité par une autre femme remplissant les conditions qui seront déterminées par le règlement d'administration publique prescrit par l'article 12 de la présente loi.

Toute déclaration ou énonciation reconnue fausse dans lesdits certificats entraîne l'application au certificateur des peines portées au paragraphe 1er de l'article 155 du Code pénal.

ARTICLE 9.

Toute personne qui a reçu chez elle, moyennant salaire, un nourrisson ou un enfant en sevrage ou en garde, est tenue, sous les peines portées à l'article 346 du Code pénal :

1° D'en faire la déclaration à la mairie de la commune de son domicile dans les trois jours de l'arrivée de l'enfant, et de remettre le bulletin mentionné en l'article 7;

2° De faire, en cas de changement de résidence, la même déclaration à la mairie de sa nouvelle résidence;

3° De déclarer, dans le même délai, le retrait de l'enfant par ses parents ou la remise de cet enfant à une autre personne, pour quelque cause que cette remise ait lieu;

4° En cas de décès de l'enfant, de déclarer ce décès dans les vingt-quatre heures.

Après avoir inscrit ces déclarations au registre mentionné à l'article suivant, le maire en donne avis, dans le délai de trois jours, au maire de la commune où a été faite la déclaration prescrite par l'article 7.

Le maire de cette dernière commune donne avis, dans le même délai, des déclarations prescrites par les nᵒˢ 2, 3, 4 ci-dessus, aux auteurs de la déclaration de mise en nourrice, en sevrage ou en garde.

ARTICLE 10.

Il est ouvert dans les mairies un registre spécial pour les déclarations ci-dessus prescrites.

Ce registre est coté, parafé et vérifié tous les ans par le juge de paix. Ce magistrat fait un rapport annuel au procureur de la République, qui le transmet au préfet, sur les résultats de cette vérification.

En cas d'absence ou de tenue irrégulière du registre, le maire est passible de la peine édictée à l'article 50 du Code civil.

ARTICLE 11.

Nul ne peut ouvrir ou diriger un bureau de nourrices, ni exercer la profession d'intermédiaire pour le placement des enfants en nourrice, en sevrage ou en garde, et le louage des nourrices, sans en avoir obtenu l'autorisation préalable du préfet de police dans le département de la Seine, ou du préfet dans les autres départements.

Toute personne qui exerce, sans autorisation, l'une ou l'autre de ces professions, ou qui néglige de se conformer aux conditions de l'autorisation ou aux prescriptions des règlements, est punie d'une amende de seize à cent francs (16 à 100 fr.). En cas de récidive, la peine d'emprisonnement prévue par l'article 480 du Code pénal peut être prononcée.

Ces mêmes peines sont applicables à toute sage-femme et à tout autre intermédiaire qui entreprend, sans autorisation, de placer des enfants en nourrice, en sevrage ou en garde.

Si, par suite de la contravention ou par suite d'une négligence de la part d'une nourrice ou d'une gardeuse, il est résulté un dommage pour la santé d'un ou de plusieurs enfants, la peine d'emprisonnement de un à cinq jours peut être prononcée.

En cas de décès d'un enfant, l'application des peines portées à l'article 319 du Code pénal peut être prononcée.

ARTICLE 12.

Un règlement d'administration publique déterminera :

1° Les modes d'organisation du service de surveillance institué par la présente loi ; l'organisation de l'inspection médicale, les attributions et les devoirs des médecins-inspecteurs, le traitement de ces inspecteurs, les attributions et devoirs de toutes les personnes chargées des visites ;

2° Les obligations imposées aux nourrices, aux directeurs des bureaux de placement et à tous les intermédiaires du placement des enfants ;

3° La forme des déclarations, registres, certificats des maires et des médecins, et autres pièces exigées par les règlements.

Le préfet peut, après avis du comité départemental, prescrire, par un règlement particulier, des dispositions en rapport avec les circonstances et les besoins locaux.

ARTICLE 13.

En dehors des pénalités spécifiées dans les articles précédents, toute infraction aux dispositions de la présente loi et des règlements d'administration publique qui s'y rattachent est punie d'une amende de cinq à quinze francs (5 à 15 fr.).

Sont applicables à tous les cas prévus par la présente loi le dernier paragraphe de l'article 463 du Code pénal et les articles 482 et 483 du même Code.

ARTICLE 14.

Les mois de nourrice dus par les parents ou par toute autre personne font partie des créances privilégiées et prennent rang entre les n°s 3 et 4 de l'article 2101 du Code civil.

13

ARTICLE 15.

Les dépenses auxquelles l'exécution de la présente loi donnera lieu sont mises, par moitié, à la charge de l'État et des départements intéressés.

La portion à la charge des départements est supportée par les départements d'origine des enfants et par ceux où les enfants sont placés en nourrice, en sevrage ou en garde, proportionnellement au nombre desdits enfants.

Les bases de cette répartition sont arrêtées tous les trois ans par le Ministre de l'Intérieur.

Pour la première fois, la répartition sera faite d'après le nombre des enfants en nourrice, en sevrage ou en garde existant dans chaque département au moment de la promulgation de la présente loi.

RÈGLEMENT D'ADMINISTRATION PUBLIQUE

Du 27 février 1877.

Le Président de la République française,

Vu la loi du 23 décembre 1874, sur la protection des enfants du premier âge, et notamment l'article 12 de ladite loi, ainsi conçu :

« Un règlement d'administration publique déterminera :

« 1º Les modes d'organisation du service de surveillance institué par la présente loi; l'organisation de l'inspection médicale, les attributions et les devoirs des médecins-inspecteurs, le traitement de ces inspecteurs, les attributions et devoirs de toutes les personnes chargées des visites ;

« 2º Les obligations imposées aux nourrices, aux directeurs des bureaux de placement et à tous les intermédiaires du placement des enfants ;

« 3º La forme des déclarations, registres, certificats des maires et des médecins, et autres pièces exigées par les règlements » ;

Sur le rapport du Ministre de l'Intérieur,

Le Conseil d'État entendu,

Décrète :

TITRE PREMIER

ORGANISATION DU SERVICE

ARTICLE PREMIER

La surveillance instituée par la loi du 23 décembre 1874 en faveur des enfants au-dessous de deux ans placés, moyennant salaire, en nourrice, en sevrage ou en garde, hors du domicile de leurs parents, est exercée, sous l'autorité du préfet assisté du comité départemental, par des commissions locales, par les maires, par des médecins-inspecteurs et par l'inspecteur des enfants assistés du département.

PREMIÈRE SECTION

DES COMMISSIONS LOCALES

ARTICLE 2.

Les commissions locales, instituées conformément à l'article 2 de la loi du 23 décembre 1874, sont présidées par le maire de la commune.

L'arrêté préfectoral qui institue la commission fixe le nombre de ses membres.

La commission comprend nécessairement deux mères de famille, le curé, et, dans les communes où siège un conseil presbytéral ou un consistoire israélite, un délégué de chacun de ces conseils.

Le médecin-inspecteur, nommé en exécution de l'article 5 de la loi, est convoqué aux séances des commissions de sa circonscription ; il y a voix consultative.

ARTICLE 3.

Les membres des commissions sont nommés et révoqués par le préfet.

ARTICLE 4.

A Paris et à Lyon, il y aura dans chaque arrondissement municipal une commission instituée conformément aux articles qui précèdent, et présidée par le maire de l'arrondissement.

Il pourra être adjoint à la commission des visiteurs rétribués ; leur nombre et le taux de leur traitement seront déterminés par le Ministre de l'Intérieur, sur la proposition du préfet de police pour Paris, et du préfet du Rhône pour Lyon.

Ces visiteurs assisteront aux délibérations de la commission d'arrondissement avec voix consultative.

Le Ministre de l'Intérieur pourra également instituer, sur la proposition du préfet, des visiteurs rétribués dans les autres communes où la nécessité en sera reconnue.

ARTICLE 5.

La commission se réunit au moins une fois par mois ; elle peut être convoquée extraordinairement par le maire, soit d'office, soit sur la demande d'un des membres de la commission ou du médecin-inspecteur.

Les séances de la commission se tiennent à la mairie.

ARTICLE 6.

La commission répartit entre ses membres la surveillance des enfants à visiter au domicile de la nourrice, sevreuse ou gardeuse.

Chaque membre doit rendre compte à la commission des faits qu'il a constatés dans ses visites périodiques.

ARTICLE 7.

Si la commission juge que la vie ou la santé d'un enfant est compromise, elle peut, après avoir mis en demeure les parents et pris l'avis du médecin-inspecteur, retirer l'enfant à la nourrice, sevreuse ou gardeuse et le placer provisoirement chez une autre personne. Elle doit, dans les vingt-quatre heures, rendre compte de sa décision au préfet et prévenir de nouveau les parents.

En cas de péril imminent, le président de la commission prend d'urgence et provisoirement les mesures nécessaires; il doit, dans les vingt-quatre heures, informer de sa décision la commission locale, le médecin-inspecteur et le préfet, et avertir les parents.

Dans les communes où il n'a pas été institué de commission locale, le maire exerce les pouvoirs conférés à ces commissions par le présent article.

Les mesures prises par les autorités locales, en vertu du présent article, sont purement provisoires; le préfet statue.

ARTICLE 8.

La commission signale au préfet, dans un rapport annuel, les nourrices qui mériteraient une mention spéciale, à raison des bons soins qu'elles donnent aux enfants qui leur sont confiés.

IIᵉ SECTION

MÉDECINS-INSPECTEURS

ARTICLE 9.

Des médecins-inspecteurs, institués conformément à l'article 5 de la loi, sont chargés de visiter les enfants placés en nourrice, en sevrage ou en garde dans leur circonscription.

ARTICLE 10.

Le médecin-inspecteur doit se transporter au domicile de la nourrice, sevreuse ou gardeuse pour y voir l'enfant, dans la huitaine du jour où, en exécution de l'article 24 ci-après, il est prévenu par le maire de l'arrivée de l'enfant dans la commune.

Il doit ensuite visiter l'enfant au moins une fois par mois et à toute réquisition du maire.

ARTICLE 11.

Après chaque visite, le médecin-inspecteur vise le carnet délivré à la nourrice, sevreuse ou gardeuse, en exécution de l'article 30 ci-après, et il y inscrit ses observations; il transmet au maire un bulletin indiquant la date et les résultats de sa visite. Ce bulletin est communiqué à la commission locale.

En cas de décès de l'enfant, il mentionne sur le bulletin la date et les causes du décès.

ARTICLE 12.

Le médecin-inspecteur rend compte immédiatement au maire et au préfet des faits qu'il aurait constatés dans ses visites, et qui mériteraient leur attention.

Chaque année, il adresse un rapport sur l'état général de sa circonscription au préfet, qui le communique à l'inspecteur départemental du service des enfants assistés et au comité départemental.

ARTICLE 13.

Si le médecin reconnaît, soit chez la nourrice, soit chez l'enfant, les symptômes d'une maladie contagieuse, il constate l'état de l'enfant et celui de la nourrice, et il peut faire cesser l'allaitement naturel.

Dans ce cas, ainsi que lorsqu'il constate une grossesse, il informe le maire, qui doit aviser les parents, sans préjudice, s'il y a lieu, des mesures autorisées par l'article 7.

ARTICLE 14.

Dès que le maire apprend qu'un enfant placé en nourrice ou en garde dans la commune est malade et manque de soins médicaux, il prévient le médecin-inspecteur de la circonscription, et si celui-ci est empêché, il requiert le médecin le moins éloigné de la résidence de l'enfant. Ce dernier doit, si l'enfant succombe, mentionner les causes du décès dans un bulletin spécial, ainsi qu'il est prescrit à l'article 11 pour le médecin-inspecteur.

ARTICLE 15.

Les médecins-inspecteurs reçoivent, à titre d'honoraires, des émoluments qui sont fixés par le ministre, sur la proposition du préfet, après avis du conseil général.

III° SECTION

DE L'INSPECTION DÉPARTEMENTALE

ARTICLE 16.

L'inspecteur du service des enfants assistés est chargé, sous l'autorité du préfet, de centraliser tous les documents relatifs à la surveillance instituée par la loi.

Chaque année, il présente un rapport sur l'exécution du service dans le département, et il rend compte du résultat de ses tournées.

IV° SECTION

DES COMITÉS DÉPARTEMENTAUX

ARTICLE 17.

Les membres des comités départementaux sont nommés pour trois ans.

Le membre qui sera nommé à la suite d'une vacance sortira du comité au moment où serait sorti le membre qu'il a remplacé.

Les membres sortants sont rééligibles.

ARTICLE 18.

Le comité départemental élit un président et un secrétaire.

Il se réunit au moins une fois par mois. Il peut être convoqué extraordinairement par son président ou par le préfet, soit d'office, soit sur la demande d'un de ses membres.

ARTICLE 19.

Le préfet lui communique les rapports qui lui sont envoyés par les commissions locales et par les médecins-inspecteurs, ainsi que le rapport d'ensemble présenté annuellement par l'inspecteur départemental.

TITRE II

PLACEMENTS

PREMIÈRE SECTION

DE LA DÉCLARATION IMPOSÉE A TOUTE PERSONNE QUI PLACE UN ENFANT EN NOURRICE, EN SEVRAGE OU EN GARDE, MOYENNANT SALAIRE

ARTICLE 20.

Tout officier de l'état civil, qui reçoit une déclaration de naissance, doit rappeler au déclarant les dispositions édictées par l'article 7 de la loi du 23 décembre 1874.

ARTICLE 21.

La déclaration prescrite par ledit article à toute personne qui place un enfant en nourrice, en sevrage ou en garde, moyennant salaire, est inscrite sur le registre spécial prévu par l'article 10 de la loi.

Elle est signée par le déclarant.

Elle fait connaître :

1° Les nom et prénoms, le sexe, la date et le lieu de la naissance de l'enfant ;

2° S'il est baptisé ou non ;

3° Les noms, prénoms, profession et domicile des parents ;

4° Les nom, prénoms et domicile de la nourrice, sevreuse ou gardeuse à laquelle l'enfant est confié ;

5° Les conditions du contrat intervenu avec la nourrice, sevreuse ou gardeuse.

ARTICLE 22.

Le déclarant doit produire le carnet délivré à la nourrice.

Le maire qui reçoit la déclaration transcrit sur le carnet de la nourrice les indications portées sous les n⁰ˢ 1, 2, 3 et 5 de l'article précédent.

ARTICLE 23.

Si l'enfant est envoyé dans une commune autre que celle où la déclaration est faite, le maire qui reçoit la déclaration en transmet copie dans les trois jours au maire de la commune où l'enfant doit être conduit.

ARTICLE 24.

Le maire, averti par suite d'une déclaration faite, soit par les parents en exécution de l'article 7 de la loi, soit par la nourrice en exécution de l'article 9, qu'un enfant est placé dans sa commune, en nourrice, en sevrage ou en garde, moyennant salaire, doit, dans les trois jours, transmettre une copie de la déclaration au médecin-inspecteur de la circonscription.

II° SECTION

DES OBLIGATIONS IMPOSÉES AUX NOURRICES, SEVREUSES ET GARDEUSES QUI PRENNENT DES ENFANTS CHEZ ELLES MOYENNANT SALAIRE

ARTICLE 25.

Il est interdit à toute nourrice d'allaiter un autre enfant que son nourrisson, à moins d'une autorisation spéciale et écrite donnée par le médecin-inspecteur, ou, s'il n'existe pas de médecin-inspecteur dans le canton, par un docteur en médecine ou un officier de santé.

ARTICLE 26.

Nulle sevreuse ou gardeuse ne peut se charger de plus de deux enfants à la fois, à moins d'une autorisation spéciale et écrite donnée par la commission locale et, à défaut de commission locale, par le maire.

ARTICLE 27.

Toute femme qui veut prendre chez elle un enfant en nourrice doit préalablement obtenir un certificat du maire de sa commune et un certificat médical. Elle doit, en outre, se munir du carnet spécifié à l'article 30.

ARTICLE 28.

Le certificat délivré par le maire doit être revêtu du sceau de la mairie et contenir les indications suivantes :

1° Nom, prénoms, signalement, domicile et profession de la nourrice, date et lieu de sa naissance;

2° État civil de la nourrice, nom, prénoms et profession de son mari;

3° Date de la naissance de son dernier enfant, et si cet enfant est vivant.

Le certificat fera connaître si le mari a donné son consentement; il contiendra les renseignements que pourra fournir le maire sur la conduite et les moyens d'existence de la nourrice, sur la salubrité et la propreté de son habitation. Il constatera la déclaration de la nourrice qu'elle est pourvue d'un garde-feu et d'un berceau.

Sur l'interpellation du maire, la nourrice déclarera si elle a déjà élevé un ou plusieurs enfants moyennant salaire ; elle indiquera l'époque à laquelle elle a été chargée de ces enfants, la date et la cause des retraits, et si elle est restée munie des carnets qui lui auraient été précédemment délivrés. Le maire mentionnera dans le certificat les réponses de la nourrice.

ARTICLE 29.

Le certificat médical est délivré par le médecin-inspecteur, ou, à défaut de médecin-inspecteur habitant la commune où réside la nourrice, par un docteur en médecine ou par un officier de santé ; il peut également être délivré dans la commune où la nourrice vient prendre l'enfant ; il est dûment légalisé et visé par le maire ; il doit attester :

1° Que la nourrice remplit les conditions désirables pour élever un nourrisson ;

2° Qu'elle n'a ni infirmités, ni maladie contagieuse ; qu'elle est vaccinée.

ARTICLE 30.

Le carnet est délivré gratuitement, à Paris, par le préfet de police ; à Lyon, par le préfet du Rhône; dans les autres communes, par le maire.

La nourrice peut l'obtenir soit dans la commune où elle réside, soit dans celle où elle vient chercher un enfant ; dans ce dernier cas, elle doit produire le certificat du maire de sa commune.

Elle doit se pourvoir d'un carnet nouveau chaque fois qu'elle prend un nouveau nourrisson.

Le certificat délivré à la nourrice par le maire de sa commune et le certificat médical sont inscrits sur le carnet. S'ils ont été délivrés à part, ils y sont textuellement transcrits.

Le carnet est disposé de manière à recevoir en outre les mentions suivantes :

1° L'extrait de l'acte de naissance de l'enfant, la date et le lieu de son baptême, les noms, profession et demeure des parents ou des ayants droit à défaut de parents connus, la date et le lieu de la déclaration faite en exécution de l'article 7 de la loi ;

2° La composition de la layette remise à la nourrice ;

3° Les dates des payements des salaires ;

4° Le certificat de vaccine ;

5° Les dates des visites du médecin-inspecteur et des membres de la commission locale, avec leurs observations ;

6° Les déclarations prescrites par l'article 9 de la loi.

Le carnet reproduit le texte des articles du Code pénal, du règlement d'administration publique et du règlement particulier fait par le préfet en exécution de l'article 12 de la loi, qui intéressent directement les nourrices, sevreuses ou gardeuses, les intermédiaires et les directeurs de bureaux de placement.

Il contient, en outre, des notions élémentaires sur l'hygiène du premier âge.

ARTICLE 31.

Les conditions concernant les certificats, l'inscription et le carnet sont applicables aux femmes qui veulent se charger d'enfants en sevrage ou en garde, à l'exception de la condition d'aptitude à l'allaitement au sein.

ARTICLE 32.

Si l'enfant n'a pas été vacciné, la nourrice doit le faire vacciner dans les trois mois du jour où il lui a été confié.

ARTICLE 33.

La nourrice, sevreuse ou gardeuse ne peut, sous aucun prétexte, se décharger, même temporairement, du soin d'élever l'enfant qui lui a été confié, en le remettant à une autre nourrice, sevreuse ou gardeuse, à moins d'une autorisation écrite donnée par les parents ou par le maire, après avis du médecin-inspecteur.

ARTICLE 34.

La nourrice, sevreuse ou gardeuse, qui veut rendre l'enfant confié à ses soins, avant qu'il lui ait été réclamé, doit en prévenir le maire.

III⁰ SECTION

DES BUREAUX DE NOURRICES, DES MENEURS ET MENEUSES

ARTICLE 35.

La demande en autorisation d'ouvrir un bureau de nourrices ou d'exercer la profession de placer des enfants en nourrice, en sevrage ou en garde, est adressée au préfet du département où le pétitionnaire est domicilié. Elle fait connaître les départements dans lesquels celui-ci se propose de prendre ou de placer des enfants.

Le préfet communique la demande aux préfets des autres départements intéressés, et s'assure de la moralité du demandeur. Il fait examiner les locaux affectés aux nourrices et aux enfants, s'il s'agit d'un bureau de placement, ou les voitures affectées au transport des nourrices et de leurs nourrissons, s'il s'agit de meneurs ou de meneuses.

L'arrêté d'autorisation détermine les conditions particulières auxquelles le permissionnaire est astreint dans l'intérêt de la salubrité, des mœurs et de l'ordre public.

Ces conditions sont affichées dans l'intérieur des bureaux, ainsi que les prescriptions légales et réglementaires imposées aux directeurs de bureaux et aux meneurs ou meneuses, et les peines édictées par l'article 6 de la loi contre ceux qui refuseraient de recevoir la visite des personnes autorisées en vertu de ladite loi.

L'autorisation peut toujours être retirée.

Dans le cas où l'industrie doit être exercée dans plusieurs départements, il est donné avis de l'arrêté d'autorisation ou de l'arrêté de retrait aux préfets de tous les départements intéressés.

ARTICLE 36.

Il est interdit aux directeurs des bureaux de nourrices et à leurs agents de s'entremettre pour procurer des nourrissons à des nourrices qui ne seraient pas munies des pièces mentionnées aux articles 27, 28, 29 et 30.

Il est défendu aux meneurs et aux meneuses de reconduire des nourrices dans leurs communes avec des nourrissons, sans qu'elles soient munies de ces pièces.

ARTICLE 37.

Les directeurs de bureaux et les logeurs de nourrices sont tenus d'avoir un registre coté et parafé, à Paris et à Lyon par le commissaire de police de leur quartier, et dans les autres communes par le maire. Sur ce registre doivent être nscrits les nom et prénoms, le lieu et la date de naissance, la profession et le domicile de la nourrice, le nom et la profession de son mari.

ARTICLE 38.

Aucun établissement destiné à recevoir en nourrice ou en garde des enfants au-dessous de deux ans ne peut subsister ni s'ouvrir sans l'autorisation du préfet de police dans le département de la Seine, et des préfets dans les autres départements.

L'autorisation peut toujours être retirée.

Les nourrices employées dans ces établissements sont assimilées aux nourrices sur lieu.

TITRE III

REGISTRES

PREMIÈRE SECTION

REGISTRES DES MAIRIES

ARTICLE 39.

Il est ouvert dans chaque mairie deux registres destinés à recevoir, le premier, les déclarations imposées par l'article 7 de la loi à toute personne qui place, moyennant salaire, un enfant en nourrice, en sevrage ou en garde ; le second, les déclarations imposées par l'article 9 à toute personne qui se charge d'un enfant dans ces conditions.

II⁰ SECTION

REGISTRES DES MÉDECINS - INSPECTEURS

ARTICLE 40.

Le médecin-inspecteur tient à jour un livre sur lequel il inscrit les nourrices, sevreuses ou gardeuses, et les enfants qui leur sont confiés.

Ce livre mentionne dans des colonnes spéciales :

1° Les noms, prénoms, professions et adresses des nourrices, sevreuses ou gardeuses;

2° La date des deux certificats et du carnet mentionnés à l'article 27 du présent règlement;

3° Les nom, prénoms, sexe, état civil de l'enfant, ainsi que la date et le lieu de sa naissance;

4° La date de son placement;

5° La date et le motif des visites du médecin étranger au service, qui aurait été appelé par la nourrice, ainsi que la date et le résultat de ses visites personnelles;

6° La date et les causes du retrait de l'enfant ou du décès, s'il y a lieu, chez la nourrice ;

7° Les observations concernant l'enfant et la nourrice, sevreuse ou gardeuse.

III⁰ SECTION

REGISTRE DES COMMISSIONS LOCALES

ARTICLE 41.

Le secrétaire de la commission locale devra tenir au courant un registre en deux parties, contenant, d'une part, les délibérations et les décisions de la commission, et, d'autre part, les noms et adresses de toutes les nourrices, sevreuses ou gardeuses de la commune, les noms des enfants qui leur sont confiés et la date des visites faites aux nourrices, sevreuses ou gardeuses, par les membres de la commission.

Le médecin-inspecteur appose mensuellement son visa sur ce registre.

ARTICLE 42.

Le Ministre de l'Intérieur et le Garde des sceaux, Ministre de la Justice et des Cultes, sont chargés, chacun en ce qui le concerne, de l'exécution du présent décret.

Paris. — Imprimerie des *Journaux officiels*, 31, quai Voltaire.

www.ingramcontent.com/pod-product-compliance
Ingram Content Group UK Ltd.
Pitfield, Milton Keynes, MK11 3LW, UK
UKHW021223140726
13695UKWH00002B/721